Stefan Zweig

Drei Dichter ihres Lebens

Casanova, Stendhal, Tolstoi

(Großdruck)

Stefan Zweig: Drei Dichter ihres Lebens. Casanova, Stendhal, Tolstoi (Großdruck)

Erstdruck: Insel, Leipzig 1928. Die Baumeister der Welt. Versuch einer Typologie des Geistes, Band 3. Maxim Gorki gewidmet.

Neuausgabe
Herausgegeben von Theodor Borken
Berlin 2019

Umschlaggestaltung von Thomas Schultz-Overhage unter Verwendung des Bildes: Casanova, Stendhal, Tolstoi. Tim Tempelhofer, 2015

Gesetzt aus der Minion Pro, 16 pt, in lesefreundlichem Großdruck

ISBN 978-3-8478-3792-3

Die Deutsche Nationalbibliothek verzeichnet diese Publikation in der Deutschen Nationalbibliografie; detaillierte bibliografische Daten sind im Internet über www.dnb.de abrufbar.

Henricus Edition Deutsche Klassik UG (haftungsbeschränkt), Berlin
Herstellung: BoD – Books on Demand, Norderstedt

Inhalt

Vorwort

>»The proper study of mankind is man.«

Pope

Innerhalb der darstellenden Reihe *Die Baumeister der Welt*, mit der ich versuche, den schöpferischen Geistwillen in seinen entscheidenden Typen und diese Typen wiederum durch Gestalten zu veranschaulichen, bedeutet dieser dritte Band gleichzeitig Gegenspiel und Ergänzung der vorangegangenen. *Der Kampf mit dem Dämon* zeigte Hölderlin, Kleist und Nietzsche als dreifach abgewandelte Wesensform der von dämonischer Macht getriebenen tragödischen Natur, die ebenso über sich selbst wie über die reale Welt hinaus dem Unendlichen entgegenwirkt. Die *Drei Meister* veranschaulichten Balzac, Dickens und Dostojewski als Typen der epischen Weltgestalter, die im Kosmos ihres Romans eine zweite Wirklichkeit neben die schon vorhandene setzen. Der Weg der *Drei Dichter ihres Lebens* führt nun nicht wie bei jenen ins Unendliche hinaus und nicht wie bei diesen in die reale Welt, sondern einzig in sich selbst zurück. Nicht den Makrokosmos abzubilden, die Fülle des Daseins, sondern den Mikrokosmos des eigenen Ich zur Welt zu entfalten, empfinden sie unbewußt als entscheidende Aufgabe ihrer Kunst: keine Wirklichkeit ist ihnen wichtiger als jene der eigenen Existenz. Indes also der weltschöpferische Dichter, der extrovertierte, wie ihn die Psychologie nennt, der weltzugewandte, sein Ich im Objektiven seiner Darstellung bis zur Unauffindbarkeit auflöst (am vollendetsten Shakespeare, der menschlich zum Mythos gewordene), wird der subjektiv Fühlende, der introvertierte, sich selbst zugewandte, alles Weltliche in seinem Ich enden lassen und vor allem Gestalter seines eigenen Lebens sein. Welche Form er auch wähle, Drama, Epos, Lyrik und Autobiographie, immer wird er unbewußt sein Ich in jedes Werk als Medium und Mitte hineingestalten, mit jeder Darstellung stellt er vor allem sich selber dar. Diesen Typus des selbstbeschäftigten subjektivistischen Künstlers und seine entscheidende Kunstform, die Autobiographie, an drei Gestalten, Casanova, Stendhal, Tolstoi, darzutun, bedeutet den Versuch und das Problem dieser dritten Folge.

Casanova, Stendhal, Tolstoi, diese drei Namen, ich weiß es, sie passen im ersten Zuklang mehr überraschend als überzeugend zusammen, und man wird sich zunächst das Wertniveau nicht erdenken können, auf dem sich ein lockerer, amoralischer Filou und zweifelhafter Künstler wie Casanova mit einem heroischen Ethiker, einem so vollkommenen Gestalter wie Tolstoi begegnet. Tatsächlich meint auch diesmal Beisammensein in einem Buche nicht Nebeneinandersein auf derselben geistigen Ebene; im Gegenteil, diese drei Namen symbolisieren drei Stufen, ein Übereinander also, eine immer erhöhte Wesensform gleicher Gattung, sie repräsentieren, ich wiederhole es, nicht drei gleichwertige Formen, sondern drei aufsteigende Stufen ebenderselben schöpferischen Funktion: der Selbstdarstellung. *Casanova* repräsentiert selbstverständlich nur die erste, die niederste, die primitive Stufe, nämlich die *naive* Selbstdarstellung, wo ein Mensch noch Leben mit äußerem sinnlichen und faktischen Erleben gleichsetzt und unbefangen Ablauf und Ereignisse dieses seines Daseins berichtet, ohne sie zu werten, ohne sich selbst zu durchforschen. Mit *Stendhal* erreicht die Selbstdarstellung schon eine höhere Stufe, die *psychologische*. Ihr genügt nicht mehr der bloße Bericht, das simple curriculum vitae, sondern das Ich ist auf sich selber neugierig geworden, es beobachtet den Mechanismus seines eigenen Antriebes, es sucht die Motive seiner Handlungen und Unterlassungen, die Dramatik im Seelenraum. Damit beginnt eine neue Perspektive, das Zweiaugensehen des Ich, als Subjekt und Objekt, die Doppelbiographie des Innen und Außen. Der Beobachtende beobachtet sich selber, der Fühlende untersucht sein Gefühl, – nicht nur das weltliche, sondern auch das psychische Leben ist bildnerisch in den Blickraum getreten. Im Typus *Tolstoi* erreicht diese seelische Selbstschau dann ihre höchste Stufe dadurch, daß sie gleichzeitig auch *ethisch-religiöse* Selbstdarstellung wird. Der exakte Beobachter schildert sein Leben, der präzise Psychologe die ausgelösten Reflexe des Gefühls: darüber hinaus aber betrachtet ein neues Element der Selbstschau, nämlich das unerbittliche Auge des Gewissens, jedes Wort auf seine Wahrheit, jede Gesinnung auf ihre Reinheit, jedes Gefühl auf seine fortwirkende Gewalt: die Selbstdarstellung ist über die neugierige Selbstdurchforschung hinaus moralische Selbstprüfung, ein Selbstgericht geworden. Indem er sich darstellt, fragt der Künstler nicht bloß mehr nach Art und Form, sondern auch nach Sinn und Wert seiner irdischen Manifestation.

Dieser Typus des selbstdarstellenden Künstlers weiß jede Kunstform mit seinem Ich zu erfüllen, aber nur in einer erfüllt er sich ganz: in der Autobiographie, im umfassenden Epos des eigenen Ich. Jeder unter ihnen strebt ihr unbewußt zu, wenige vermögen sie zu erreichen, erweist sich doch von allen Kunstformen die Selbstbiographie als die seltenst gelungenste, weil verantwortungsvollste aller Kunstgattungen. Selten wird sie versucht (kaum ein Dutzend geistwesentlicher Werke zählt die unermeßliche Weltliteratur), selten auch versucht sich an ihr psychologische Betrachtung, denn sie müßte unverweigerlich aus der geradgängigen literarischen Zone bis ins tiefste Labyrinth der Seelenwissenschaft hinabsteigen. Auch hier maßt sich selbstverständlich Verwegenheit nicht an, im Engpaß einer Vorrede die Möglichkeiten und Grenzen irdischer Selbstdarstellung bloß annähernd abzutasten: nur das Thematische des Problems sei zum Einklang mit einigen Andeutungen präludiert.

*

Unbefangen betrachtet, müßte Selbstdarstellung als die spontanste und leichteste Aufgabe eines jeden Künstlers erscheinen. Denn wessen Leben kennt der Gestalter besser als sein eigenes? Jedwedes Geschehnis dieser Existenz ist ihm gewärtig, das Geheimste bewußt, das Verborgenste von innen offenbar – so brauchte er, um »die« Wahrheit seines Daseins und Gewesenseins zu berichten, keine andere Anstrengung, als das Gedächtnis aufzublättern und die Lebensfakten abzuschreiben – ein Akt also, kaum mühevoller, als im Theater den Vorhang über schon gestaltetem Schauspiel aufzuziehen, die abschließende vierte Wand zwischen sich und der Welt zu entfernen. Und noch mehr! Sowenig Photographie malerisches Talent erfordert, weil ein phantasieloses, bloß mechanisches Einfangen einer schon geordneten Wirklichkeit, scheint die Kunst der Selbstdarstellung eigentlich gar keinen Künstler zu bedingen, nur einen rechtschaffenen Registratur; prinzipiell vermag ja auch jeder Beliebige sein eigener Selbstbiograph zu werden und seine Fährnisse und Schicksale literarisch zu gestalten.

Aber die Geschichte belehrt uns, daß niemals einem gewöhnlichen Selbstdarsteller mehr gelungen ist, als bloße Zeugnisleistung über Tatsachen, die ihm der pure Zufall verstattete, mitzuerleben; das innere Seelenbild aus sich selbst zu erschaffen, fordert dagegen immer den geübten, schauensmächtigen Künstler, und selbst unter ihnen wurden nur wenige diesem äußersten und verantwortungsvollsten Versuche vollendet gerecht. Denn kein Weg erweist sich als dermaßen ungangbar im Zwitterlicht zweifelhafter Irrlichtserinnerungen wie der Niederstieg eines Menschen von seiner offenbaren Oberfläche ins Schattenreich seiner Tiefen, aus seiner atmenden Gegenwart in seine überwachsene Vergangenheit. Wieviel Verwegenheit muß er aufbringen, um vorbei an seinen eigenen Abgründen, auf dem engen, glitschigen Gang zwischen Selbsttäuschung und willkürlichen Vergeßlichkeiten hinabzutasten in jene letzte Einsamkeit mit sich selbst, wo, wie bei Faustens Gang zu den

Müttern, die Bilder des eigenen Lebens nur noch als Symbole ihres einstmaligen wirklichen Daseins »reglos ohne Leben« schweben! Welch heroischer Geduld und Selbstsicherheit wird er bedürfen, ehe er das erhabene Wort berechtigt auszusprechen vermag »Vidi cor meum«, »Ich habe mein eigenes Herz erkannt!« Und wie mühsam die Rückkehr vom Innersten dieses Innern dann wieder empor in die widerstrebende Welt der Gestaltung, von der Selbstschau zur Selbstdarstellung! An nichts vermag man die unermeßliche Schwierigkeit solchen Unterfangens deutlicher zu erweisen als an der Seltenheit ihres Gelingens: die zehn Finger der Hand zählen die Menschen schon nach, denen seelenplastisches Eigenbildnis in geschriebenem Worte gelungen, und selbst innerhalb dieser relativen Vollendungen, wieviel Lücken und Sprünge, wieviel künstliche Ergänzungen und Verkleisterungen! Gerade das Naheliegendste erweist sich in der Kunst immer als das Schwierigste, das scheinbar Leichte als die gewaltigste Aufgabe: keinen Menschen seiner Zeit und aller Zeiten hat der Künstler mehr Not, wahrhaftig zu gestalten, als sein eigenes Ich.

Was aber drängt dennoch von Geschlecht zu Geschlecht immer wieder neue Versucher zu dieser vollendet kaum lösbaren Aufgabe? Ein elementarer Antrieb zweifellos und tatsächlich dem Menschen zwanghaft zugeteilt: das eingeborene Verlangen nach Selbstverewigung. In Fließendes gestellt, von Vergängnis umschattet, zu Wandlung und Verwandlung bestimmt, fortgerissen von der unaufhaltsam strömenden Zeit, ein Molekül innerhalb von Milliarden, sucht jeder unwillkürlich (dank der Intuition der Unsterblichkeit) sein Einmal und Niemehrwieder in irgendeiner dauernden, ihn überdauernden Spur zu erhalten. Zeugen und Sichbezeugen, das meint im tiefsten Grunde eine und die gleiche urtümliche Funktion, ein und dasselbe identische Bestreben, wenigstens eine flüchtige Kerbe im beharrlich weiterwachsenden Stamme der Menschheit zu hinterlassen. Jede Selbstdarstellung bedeutet darum nur die intensivste Form eines solchen Sich-bezeugen-Wollens, und ihre ersten Versuche entraten noch der Kunstform des Bildes, der Hilfe der Schrift; Steinblöcke über einem Grab geschichtet, Tafeln, die in ungelenken Keilen verschollene Taten rühmen, geritzte Holzrinden – in dieser quadernen Sprache redet die erste Selbstdarstellung einzelner Menschen zu uns durch den hohlen Raum von Jahrtausenden. Unerforschlich sind längst diese Taten geworden, unverständlich die Sprache jenes zerstäubten Geschlechts: aber unverkennbar spricht aus ihnen der Impuls, sich zu gestalten, zu erhalten und über den eigenen Atemzug eine Spur des Einen und Einzigen, der man gewesen, lebendigen Geschlechtern zu übermitteln. Dieser unbewußte, dumpfe Wille zur Selbstverewigung ist also der elementare Anlaß und Anbeginn jeder Selbstdarstellung.

Erst später, tausend und abermals Hunderte von Jahren später in einer bewußteren und wissenderen Menschheit gliedert ein zweiter Wille dem noch nackten und dumpfen Selbstbezeugungstriebe sich zu, das individuale Verlangen, sich als ein Ich zu erkennen, sich zu deuten um des Selbstwissens willen: die Selbstschau. Wenn ein Mensch, wie Augustinus so wundervoll sagt, »sich selbst zur Frage wird« und eine Antwort, die ihm und nur ihm allein gehörige Antwort sucht, wird er, um ihn deutlicher, übersichtlicher zu erkennen, den Weg seines Lebens wie eine Landkarte vor sich entrollen. Nicht den andern wird er sich erklären wollen, sondern zunächst sich selbst; hier beginnt eine Wegscheide (heute noch in jeder Selbstbiographie erkenntlich) zwischen Darstellung des Lebens oder des Erlebens, der Veranschaulichung für andere oder der Selbstveranschaulichung, der objektiv äußerlichen oder der subjektiv innerlichen Autobiographie – Mitteilung oder Selbstmitteilung. Die eine Gruppe tendiert immer der Offenkundlichkeit zu, und die Beichte wird ihre eigentliche Formel, Beichte vor der Gemeinde oder Beichte im Buche; die andere ist monologisch gedacht und genügt sich meist im Tagebuch. Nur die wahrhaft komplexen Naturen wie Goethe, Stendhal, Tolstoi haben hier eine vollendete Synthese versucht und in beiden Formen sich verewigt.

Selbstschau aber, noch ist sie ein bloß vorbereitender, ein noch unbedenklicher Schritt: jede Wahrhaftigkeit hat es noch leicht, wahr zu bleiben, solange sie sich selber gehört. Erst mit ihrer Übermittlung beginnt die eigentliche Not und Qual des Künstlers, erst dann ist Heroismus der Aufrichtigkeit von jedem Selbstdarsteller gefordert. Denn gleich urtümlich, wie jener kommunikative Zwang uns drängt, das Einmalige unserer Person brüderlich allen mitzuteilen, waltet im Menschen ein Gegentrieb, der ebenso elementare Wille zur Selbstbewahrung, zur Selbstverschweigung: er spricht zu uns durch die Scham. Genau wie die Frau körperlich zur Hingabe durch Willen des Blutes strebt und durch Gegenwillen des wachen Gefühls sich selbst bewahren will, so ringt im Geistigen jener Beichtwille, uns der Welt anzuvertrauen, mit der Seelenscham, die uns rät, unser Geheimstes zu verschweigen. Denn der Eitelste selbst (und gerade er) empfindet sich nicht als vollkommen, nicht als dermaßen vollendet, wie er vor den andern erscheinen möchte: darum begehrt er, seine häßlichen Heimlichkeiten, seine Unzulänglichkeiten und Kleinlichkeiten mit sich sterben zu lassen, indes er gleichzeitig will, daß sein Bildnis unter den Menschen lebt. Scham also, sie ist die ewige Widersacherin jeder wahrhaften Selbstbiographie, denn sie sucht schmeichlerisch zu verleiten, uns nicht derart darzustellen, wie wir wirklich sind, sondern wie wir gesehen zu werden wünschen. Mit allen Tücken und Katzenklugheiten wird sie den zur Selbstehrlichkeit redlich bereiten Künstler verführen, sein Intimstes zu verbergen, sein Gefährliches zu verschatten, sein Diskretestes zu verdecken; unbewußt lehrt sie die bildnerische Hand, entstellende Kleinigkeiten (die allerwesentlichsten im psychologischen Sinne!) wegzulassen oder lügnerisch zu verschönen, durch geschickte Verteilung von Licht und Schatten charakteristische Züge ins Idealische umzuretuschieren. Aber wer ihrem schmeichlerischen Drängen schwächlich nachgibt, gelangt statt zur Selbstdarstellung unfehlbar zur Selbstapotheose oder Selbstverteidigung. Darum wird jede ehrliche Autobiographie statt eines bloßen und sorglosen Erzählens ein fortwährendes Auf-der-Hut-sein-Müssen vor dem Einbruch der Eitelkeit zur Voraussetzung fordern, eine erbitterte Defensive gegen die unaufhaltsame Tendenz der eigenen irdischen Natur, sich im Bildnis gegen die Welt gefällig zu adjustieren; gerade hier tut zur Künstlerehrlichkeit noch ein besonderer, ein unter Millionen immer nur einmaliger Mut not, eben weil hier niemand anderes die Wahrhaftigkeit kontrollieren und konfrontieren kann als das eigene Ich – Zeuge und Richter, Ankläger und Verteidiger in einer Person.

Für diesen unvermeidlichen Kampf gegen die Selbstbelügung gibt es kein vollkommenes Gerüstet- und Gepanzertsein. Denn wie in jedem Kriegshandwerk wird für stärkeren Küraß immer eine durchschlagskräftigere Kugel gefunden: und an jeder Wissenschaft des Herzens lernt gleichzeitig die Lüge mit. Sperrt ein Mensch ihr entschlossen die Türe zu, so wird sie sich schlangenhaft geschmeidig machen und durch die Ritzen kriechen. Durchforscht er psychologisch ihre Tücken und Findigkeiten, um sie zu parieren, so wird sie sich unfehlbar neue, geschicktere Finten und Paraden erlernen; wie ein Panther wird sie sich hinterlistig im Dunkel verstecken, um heimtückisch im ersten unbewachten Augenblick vorzuspringen: gerade also mit der Erkenntnisfähigkeit und psychologischen Nuancierung eines Menschen verfeinert und sublimiert sich seine Selbstbelügekunst. Solange einer nur grob und plump die Wahrheit handhabt, bleiben seine Lügen gleichfalls plump und leicht erkennbar; erst bei dem subtilen Erkenntnismenschen werden sie raffiniert und wieder nur dem Erkennenden erkenntlich, denn sie verkriechen sich in die verwirrendsten, verwegensten Täuscheformen, und ihre gefährlichste Maske ist immer die scheinbare Aufrichtigkeit. Wie Schlangen am liebsten unter Felsen und Gestein, so nisten die gefährlichsten Lügen am liebsten gerade im Schatten der großen, pathetischen, der scheinheroischen Geständnisse; man sei also in jeder Autobiographie gerade an jenen Stellen, wo sich der Erzähler am kühnsten, am überraschendsten entblößt und selbst attackiert, am sorgfältigsten auf der Hut, ob nicht gerade diese wilde Art der Beichte ein noch geheimeres Geständnis hinter ihrem lauten Sich-an-die-Brust-Schlagen zu verstecken sucht: es gibt ein Kraftmeiertum in der Selbstkonfession, das fast immer auf eine geheime Schwäche hindeutet. Denn zu dem Grundgeheimnis der Scham gehört, daß der Mensch lieber und leichter sein Grausigstes und Widerwärtigstes entblößt, als auch nur den winzigsten Wesenszug zu verraten, der ihn lächerlich machen könnte: die Furcht vor dem ironischen Lächeln ist immer und überall die gefährlichste Verführung in jeder Autobiographie. Selbst ein so ehrlich Wahrheitsgewillter wie Jean-Jacques Rousseau wird mit einer verdächtigen Gründlichkeit alle seine sexuellen Abwegigkeiten auspauken und reuig bekennen, er habe seine Kinder, er der Verfasser des »Émile«, des berühmten Erziehungstraktates, im Findelhause verkommen lassen, aber in Wirklichkeit deckt dies scheinheroische Eingestehen nur das weit menschlichere, aber ihm schwierigere zu, daß er wahrscheinlich nie Kinder gehabt hat, weil er unfähig war, solche zu zeugen. Tolstoi wird sich lieber als Hurer, Mörder, Dieb, Ehebrecher in seiner Beichte anprangern, statt mit einer Zeile die Kleinlichkeit einzugestehen, daß er ein Leben lang Dostojewski, seinen großen Rivalen, verkannte und ungroßmütig behandelte. Sich hinter einem Geständnis zu verstecken, gerade im Bekennen sich zu verschweigen, ist der geschickteste, der täuscherischste Trick der Selbstlüge inmitten der Selbstdarstellung. Gottfried Keller hat einmal grimmig eben um dieser Ablenkungsmanöver willen alle Autobiographien ironisiert. »Der bekannte alle sieben Todsünden und verheimlichte, daß er an der linken Hand nur vier Finger habe; jener erzählt und beschreibt alle Leberflecken und

Muttermälchen seines Rückens, allein daß ein falsches Zeugnis sein Gewissen drückt, verschweigt er wie das Grab. Wenn ich so alle miteinander vergleiche mit ihrer Aufrichtigkeit, die sie für kristallklar halten, so frage ich mich, gibt es einen aufrichtigen Menschen, und kann es ihn geben?«

Tatsächlich, absolute Wahrhaftigkeit von einem Menschen in seiner Selbstdarstellung (und überhaupt) zu verlangen, wäre so unsinnig wie eine absolute Gerechtigkeit, Freiheit und Vollendetheit innerhalb des irdischen Weltraums. Der leidenschaftlichste Vorsatz, der entschlossenste Wille, tatsachengetreu zu bleiben, wird ja von vornherein schon unmöglich durch die unleugbare Tatsache, daß wir überhaupt kein verläßliches Organ der Wahrheit besitzen, daß wir schon vor dem Einsetzen unserer Selbsterzählung von unserer Erinnerung bereits um die wirklichen Erlebnisbilder betrogen sind. Denn unser Gedächtnis ist keineswegs eine bürokratisch wohlgeordnete Registratur, wo in festgelegter Schrift, historisch verläßlich und unabänderlich, Akt an Akt, alle Tatsachen unseres Lebens dokumentarisch hinterlegt sind; was wir Gedächtnis nennen, ist eingebaut in die Bahn unseres Bluts und von seinen Wellen überströmt, ein lebendiges Organ, allen Wandlungen und Verwandlungen unterworfen und durchaus kein Gefrierschrank, kein stabiler Konservierungs-Apparat, in dem jedes einstige Gefühl sein natürliches Wesen, seinen urtümlichen Duft, seine historisch gewesene Form behält. In diesem Fließenden und Durchströmten, das wir eilfertig in einen Namen fassen und Gedächtnis nennen, verschieben sich die Ereignisse wie Kiesel am Grunde eines Bachs, sie schleifen sich eins am andern ab bis zur Unkenntlichkeit. Sie passen sich an, sie ordnen sich um, sie nehmen in geheimnisvoller Mimikry Form und Farbe unseres Wunschwillens an. Nichts oder fast gar nichts bleibt unentstellt erhalten in diesem transformatorischen Element; jeder spätere Eindruck verschattet den früheren, jede Neu-Erinnerung lügt die ursprüngliche bis zur Unkenntlichkeit und oft Gegenteiligkeit um. Stendhal hat als erster diese Unredlichkeit des Gedächtnisses und die eigene Unfähigkeit zur absoluten historischen Treue einbekannt; sein Geständnis, daß er nicht mehr unterscheiden könne, ob das Bild, das er als »Übergang über den Großen Sankt Bernhard« in sich finde, wirklich Erinnerung an die selbsterlebte Situation sei oder Erinnerung bloß an eine später gesehene Kupferstich-Darstellung dieser Situation, darf als klassisches Beispiel gelten. Und Marcel Proust, sein Geisterbe, führt diese Umstimmungsfähigkeit des Gedächtnisses noch schlagender an dem Exempel durch, wie der Knabe die Schauspielerin Berma in einer ihrer berühmtesten Rollen erlebt. Noch ehe er sie gesehen hat, baut er sich aus der Phantasie ein Vorgefühl, dieses Vorgefühl löst sich vollkommen und verschmilzt in dem unmittelbaren Sinneseindruck; dieser Eindruck wird wiederum getrübt durch die Meinung seines Nachbars, am nächsten Tage abermals verwischt und entstellt durch die Kritik der Zeitung; und als er Jahre später die gleiche Künstlerin in derselben Rolle sieht, er ein anderer und sie eine andere seitdem, vermag schließlich seine Erinnerung nicht mehr festzustellen, was eigentlich der ursprüngliche »wahre« Eindruck gewesen. Das mag als Symbol gelten für die Unverläßlichkeit jeder Erinnerung: das Gedächtnis, dieser scheinbar unerschütterliche Pegel aller Wahrhaftigkeit, ist selbst schon Feind der Wahrheit, denn ehe ein Mensch sein Leben zu schildern anheben kann, war in ihm ein Organ bereits produzierend statt reproduzierend tätig, das Gedächtnis hat unaufgefordert selbst schon alle dichterischen Funktionen geübt, so da sind: Auslese des Wesentlichen, Verstärkung und Verschattung, organische Gruppierung. Dank dieser schöpferischen Phantasiekraft des Gedächtnisses wird also unwillkürlich jeder Darsteller eigentlich Dichter seines Lebens: dies hat der weiseste Mensch unserer neuen Welt gewußt, Goethe, und der Titel seiner Autobiographie mit dem heroischen Titel »Dichtung und Wahrheit« gilt für jede Selbstkonfession.

Kann derart keiner »die« Wahrheit, die absolute seines eigenen Daseins aussagen, und muß jeder Selbstbekenner zwanghaft bis zu einem gewissen Grade Dichter seines Lebens werden, so wird doch gerade die Anstrengung, wahr zu bleiben, das Höchstmaß ethischer Ehrlichkeit in jedem Bekenner herausfordern. Zweifellos ist die »Pseudokonfession«, wie sie Goethe nennt, das Beichten sub rosa, in der durchsichtigen Verhüllung des Romans oder des Gedichts, ungleich leichter und oftmals auch im künstlerischen Sinne eindringlicher, als die Darstellung mit aufgezogenem Visier. Aber eben weil hier nicht nur Wahrheit gefordert ist, sondern die nackte Wahrheit, stellt die Selbstbiographie einen besonders heroischen Akt jedes Künstlers dar, denn nirgends wird der sittliche Umriß eines Menschen so vollkommen verräterisch wie in seinem Selbstverrat. Nur dem gereiften, dem seelisch wissenden Künstler kann sie gelingen; darum ist auch die psychologische Selbstdarstellung erst so spät in der Reihe der Künste erschienen; sie gehört einzig unserer, der neuen und der noch werdenden Zeit. Erst mußte das Wesen Mensch seine Kontinente entdeckt, seine Meere durchmessen, seine Sprache erlernt haben, ehe es den Blick wandte in das Weltall seines Innern. Das ganze Altertum ahnt noch nichts von diesen geheimnisvollen Wegen: seine Selbstschilderer, Cäsar und Plutarch, reihen nur Fakten und sachliche Geschehnisse aneinander und denken nicht daran, nur einen Zoll tief ihre Brust zu eröffnen. Bevor er seine Seele belauschen kann, muß der Mensch ihrer Gegenwart bewußt geworden sein, und diese Entdeckung beginnt wahrhaft erst mit dem Christentum: die »Confessiones« des Augustinus eröffnen die innere Schau, doch ist der Blick des großen Bischofs im Bekennen weniger sich selbst zugewandt als vielmehr der Gemeinde, die er an dem Exempel seiner Wandlung zu bekehren, zu belehren hofft; sein Traktat will als Gemeindebeichte wirken, als vorbildliche Buße, also teleologisch, einem Zwecke zu und nicht sich selbst als Antwort und Sinn. Noch müssen Jahrhunderte hingehn, ehe Rousseau, dieser merkwürdig bahnbrechende, überall Tor und Riegel aufsprengende Mann, ein Selbstbildnis schafft um seiner selbst willen, selbst erstaunt und erschreckt von der Neuheit seines Unterfangens. »Ich plane ein Unternehmen«, hebt er an, »das kein Vorbild hat ... ich will vor meinesgleichen einen Menschen in aller Wahrheit der Natur zeichnen, und dieser Mensch bin ich selbst.« Aber mit der Gutgläubigkeit jedes Anfängers vermeint er noch das »Ich als eine unteilbare Einheit, als etwas Kommensurables« und die »Wahrheit« als eine faßbare und tastbare, noch glaubt er naiv »mit dem Buche in der Hand, wenn die Posaune des Gerichts erschallt, vor den Richter treten zu können und sprechen zu dürfen: Dies bin ich gewesen.« Unser späteres Geschlecht hat nicht Rousseaus brave Gutgläubigkeit mehr, dafür ein volleres, ein kühneres Wissen um die Vieldeutigkeit und Geheimnistiefe der Seele: in immer feineren Zerspaltungen, in immer verwegeneren Analysen versucht seine selbstanatomische Neugier Nerv und Ader jedes Gefühls und Gedankens bloßzulegen. Stendhal, Hebbel, Kierkegaard, Tolstoi, Amiel, der tapfere Hans Jäger entdecken ungeahnte Reiche der Selbstwissenschaft durch ihre Selbstdarstellung, und ihre Nachfahren werden, inzwischen mit feineren Instrumenten von der Psychologie versehen, immer weiter, Schicht um Schicht, Raum um Raum vordringen in unsere neue Welt-Unendlichkeit: in die Tiefe des Menschen.

Das mag Trost bieten all jenen, die einen Niedergang der Kunst innerhalb einer technischen und wachgewordenen Welt unablässig verkündet hören. Die Kunst endet nie, sie wendet sich nur. Zweifellos mußte die mythische Bildnerkraft der Menschheit nachlassen: immer ist ja Phantasie am mächtigsten im Kindwesen, immer erfindet jedes Volk sich nur in seiner Lebensfrühe Mythos und Symbol. Aber für die schwindende Traumkraft tritt die klare und dokumentarische des Wissens ausgleichend hervor; man sieht diese schöpferische Versachlichung in unserm zeitgenössischen

Roman, der heute deutlich am Wege ist, exakte Seelenwissenschaft zu werden, statt frei und verwegen zu fabulieren. Aber in dieser Bindung von Dichtung und Wissenschaft wird die Kunst durchaus nicht erdrückt, es erneuert sich nur ein uraltes geschwisterliches Band, denn als die Wissenschaft begann, bei Hesiod und Heraklit, war sie Dichtung noch, dunkeltöniges Wort und schwingende Hypothese; nun eint sich nach tausenden Jahren der Trennung wieder der forschende Sinn dem schöpferischen an, statt Fabelwelten schildert die Dichtung nunmehr Magie unserer Menschlichkeiten. Nicht aus dem Unbekannten ihres Erdballs kann sie mehr ihre Kräfte ziehen, denn entdeckt sind alle Tropen und antarktischen Zonen, durchforscht alle Tiere und Wunder der Fauna und Flora bis an den amethystenen Grund aller Meere. Nirgends kann sich Mythos im Irdischen mehr, es sei denn an den Gestirnen, anranken in unserem ausgemessenen, um und um mit Namen und Zahl bezeichneten Erdball – so wird sich der ewig Erkenntnis wollende Sinn mehr und mehr nach innen wenden müssen, seinem eigenen Mysterium zu. Das internum aeternum, die innere Unendlichkeit, das seelische Weltall, eröffnet der Kunst noch unerschöpfliche Sphären: die Entdeckung ihrer Seele, die Selbsterkennung, wird die künftig immer kühner gelöste und doch unlösbare Aufgabe unserer wissend gewordenen Menschheit sein.

Salzburg, Ostern 1928

Casanova

Il me dit qu'il est un homme libre, citoyen du monde.
Muralt über Casanova in einem Brief an Albrecht
von Haller, 21. Juni 1760

Casanova figuriert als Sonderfall, als einmaliger Glücksfall innerhalb der Weltliteratur, vor allem deshalb, weil dieser famose Scharlatan eigentlich genauso unberechtigt in das Pantheon des schöpferischen Geistes geraten ist wie Pontius ins Credo. Denn mit seinem dichterischen Adel steht's nicht minder windig als mit jenem frech aus dem Alphabet zusammengeklitterten Chevalierstitel de Seingalt: seine paar Verse, hastig zwischen Bett und Spieltisch zu Ehren eines Dämchens hinimprovisiert, muffeln nach Moschus und akademischem Leim, und wenn unser guter Giacomo gar zu philosophieren anfängt, tut man gut, sich die Kinnbacken gegen Gähnkrampf zu sperren. Nein, er gehört sowenig zum dichterischen Adel, Casanova, wie in den Gotha, auch hier Parasit, Eindringling ohne Rechte und Rang. Aber ebenso verwegen, wie er's zeitlebens zuwege bringt, als schäbiger Schauspielersohn, fortgejagter Priester, abgetakelter Soldat, anrüchiger Kartendreher, bei Kaisern und Königen zu verkehren und schließlich in den Armen des letzten Edelmannes, des Prinzen de Ligne, zu sterben, hat sein nachschweifender Schatten sich unter die Unsterblichen eingedrängt, obzwar kleiner Schöngeist scheinbar nur, unus ex multis, Asche im Streuwind der Zeit. Aber – kurioses Faktum! – nicht er, sondern alle seine berühmten Landsleute und sublimen Poeten Arkadiens, der »göttliche« Metastasio, der edle Parini e tutti quanti sind Bibliotheksschutt und Philologenfutter geworden, indes sein Name, in ein respektvolles Lächeln gerundet, noch heute von allen Lippen schwebt. Und aller irdischen Wahrscheinlichkeit nach wird seine erotische Ilias noch

Dauer und entzündete Leser finden, wenn längst »La Gerusalemme liberata« und der »Pastor fido« als würdige historische Antiquitäten ungelesen in den Bücherschränken stauben. Mit einem Coup hat der gerissene Glücksspieler alle Dichter Italiens seit Dante und Boccaccio überspielt.

Und noch toller: für so unendlichen Gewinst wagt Casanova gar keinen Einsatz, er hat schlankweg die Unsterblichkeit um ihren Preis geprellt. Nie erahnt dieser Spielmensch die unsagbare Verantwortung des wirklichen Künstlers. Er weiß nichts von Nächten, die durchwacht, von Tagen, die hingebracht werden müssen im dumpfen, sklavischen Feilwerk der Worte, bis endlich der Sinn rein und regenbogenhaft die Linse der Sprache durchstrahlt, nichts von der vielfältigen und doch unsichtbaren, von der unbelohnten, oft erst nach Menschenaltern erkenntlichen Werkarbeit des Dichters, nichts auch von seinem heroischen Verzicht auf Wärme und Weite des Daseins. Er, Casanova, hat, weiß Gott, das Leben sich immer nur leicht gemacht, kein Gran seiner Freude, kein Quentchen seiner Genießerei, keine Stunde seines Schlafes, keine Minute seiner Lust der strengen Göttin Unsterblichkeit geopfert: er rührt sein Lebtag keinen Finger arbeitend um den Ruhm, und doch fällt er ihm, dem Glücklichen, strömend in die Hände. Solange er noch einen Goldfuchs in der Tasche, einen Tropfen Öl in seiner Liebeslampe spürt, denkt er nicht daran, sich die Finger ernstlich mit Tinte zu beschmutzen. Erst hinausgeworfen aus allen Türen, ausgelacht von den Frauen, einsam, bettelhaft, impotent, erst dann flüchtet er, ein verschabter mürrischer Greis, in die Arbeit als Surrogat des Erlebens; und nur aus Nichtlust, aus Langeweile, aufgekratzt von Ärger wie ein zahnloser Köter von der Räude, macht er sich knurrend und murrend daran, dem abgestorbenen siebzigjährigen Casaneus-Casanova sein eigenes Leben zu erzählen.

Er erzählt sich sein Leben – dies seine ganze literarische Leistung –, aber freilich, welch ein Leben! Fünf Romane, zwanzig Komödien, ein Schock Novellen und Episoden, eine traubige, überreife Fülle scharmantester Situationen und Anekdoten, eingekeltert in eine einzige strömende und überströmende Existenz: hier erscheint eben ein Leben, selbst schon füllig und rund als vollendetes Kunstwerk ohne ordnende Beihilfe des Künstlers und Erfinders. Und so löst sich auf überzeugendste Weise jenes erst verwirrende Geheimnis seines Ruhmes – denn nicht, wie er sein Leben beschreibt und berichtet, zeigt Casanova als Genie, sondern wie er es gelebt. Was ein anderer erfinden muß, hat er atmend erfahren, was ein anderer mit dem Geist, hat er mit seinem warmen wollüstigen Leib gestaltet, darum brauchen hier Feder und Phantasie die Wirklichkeit nachträglich nicht zeichnerisch auszuschmücken: genug daß sie Pausblatt sind einer schon dramatisch durchgeformten Existenz. Kein Dichter seiner Zeit hat dermaßen viel erfunden an Variationen und Situationen, wie Casanova erlebte, und schon gar kein wirklicher Lebenslauf schwingt in so kühnen Kurven durch ein ganzes Jahrhundert hin. Versucht man, an reinem Geschehnisgehalt (nicht an geistiger Substanz und Erkenntnistiefe) etwa die Biographien Goethes, Jean-Jacques Rousseaus und anderer Zeitgenossen mit der seinen zu vergleichen, wie arm an Abwechslung, wie eng im Raum, wie provinziell in der geselligen Sphäre erscheinen jene zielhaften und von schöpferischem Willen beherrschten Lebensläufe gegen diesen einen stromhaften und elementaren des Abenteurers, der Länder, Städte und Stände, Berufe, Welten und Weiber wechselt wie Wäsche an immer gleichem Leib – Dilettanten sie alle im Genießen wie jener Dilettant in der Gestaltung. Denn dies ist ja die ewige Tragik des Geistmenschen, daß gerade er, berufen und sehnsüchtig, alle Weite und Wollust des Daseins zu kennen, doch gebunden bleibt an seine Aufgabe, Sklave seiner Werkstatt, unfrei durch selbst auferlegte Pflichten, gefesselt an Ordnung und Erde. Jeder wahrhafte Künstler lebt die größere Hälfte seines Daseins in Einsamkeit und Zwiekampf mit seiner

Schöpfung – voll hingegeben an die unmittelbare Wirklichkeit, frei und verschwenderisch vermag nur der Unschöpferische, der reine Genießer zu sein, der das Leben lebt um des Lebens willen. Wer sich Ziele setzt, geht am Zufall vorbei: jeder Künstler gestaltet zumeist immer nur, was er versäumte zu erleben.

Den lockern Genießern aber, ihren Gegenspielern, ihnen mangelt fast immer die Macht, das vielfältig Erlebte auszuformen. Sie verlieren sich an den Augenblick, und damit geht dieser Augenblick allen andern verloren, indes der Künstler auch das geringste Erleben zu verewigen weiß. So klaffen die Enden auseinander, statt sich fruchtbar zu ergänzen: dem einen fehlt der Wein, dem andern der Becher. Unlösbare Paradoxie: die Tatmenschen und Genießer hätten mehr Erlebnis zu melden als alle Dichter, aber sie vermögen es nicht – die Schöpferischen wiederum müssen dichten, weil sie selten genug Geschehnis erlebten, um es zu berichten. Nur selten haben Dichter eine Biographie und selten wiederum die Menschen der wahrhaften Biographien die Fähigkeit, sie zu schreiben.

Da ereignet sich nun jener herrliche und beinahe einzige Glücksfall Casanova: endlich erzählt einmal ein passionierter Genußmensch, der typische Augenblicksvielfraß, sein ungeheures Leben, erzählt es ohne moralische Beschönigung, ohne poetisierende Versüßlichung, ohne philosophische Verbrämung, sondern ganz sachlich, ganz wie es war, leidenschaftlich, gefährlich, verlumpt, rücksichtslos, amüsant, gemein, unanständig, frech, ludrig, immer aber spannungsvoll und unvermutet – und erzählt überdies nicht aus literarischem Ehrgeiz oder dogmatischer Prahlerei oder bußfertiger Reue oder exhibitionistisch gereizter Bekenntniswut, sondern ganz unbelastet und unbekümmert, wie ein Veteran am Wirtshaustisch mit der Pfeife im Mund ein paar knusperige und vielleicht brenzlige Abenteuer vorurteilslosen Zuhörern zum besten gibt. Hier dichtet nicht ein mühseliger Phantast und Erfinder, sondern aller Dichter Meister, das Leben selbst, er aber, Casanova, hat nur der bescheidensten Anforderung des Künstlers zu genügen: das kaum Glaubwürdige glaubhaft zu machen. Dazu langt vollkommen trotz einem barocken Französisch seine Kunst und seine Kraft. Aber nicht im Traum hat dieser zittrige, von der Gicht verwackelte Murrgreis in seiner Sinekure zu Dux daran gedacht, daß über diese Erinnerungen einstmals graubärtige Philologen und Historiker forschend sich beugen würden als den kostbarsten Palimpsest des achtzehnten Jahrhunderts, und so selbstgefällig er sich zu spiegeln liebte, der gute Giacomo, dies hätte er doch als groben Spaß seines verruchten Widersachers, des Herrn Haushofmeisters Feltkirchner, vermerkt, daß sich eine eigene Société Casanovienne hundertzwanzig Jahre nach seinem Tod etablieren werde, nur um jedes Zettelchen seiner Hand, jedes Datum zu überprüfen und den sorgfältig ausradierten Namen der so angenehm kompromittierten Damen auf die Spur zu kommen. Nehmen wir's als Glück, daß dieser Eitle seinen Ruhm nicht ahnte und darum mit Ethos, Pathos und Psychologie haushälterisch blieb, denn nur das Absichtslose erreicht jene unbesorgte und darum elementare Aufrichtigkeit. Ganz lässig wie immer ist der alte Glücksspieler in Dux an seinen Schreibtisch als den letzten Hasardtisch seines Lebens getreten und hat als letzten Coup seine Memoiren dem Schicksal hingeschmissen: dann stand er auf, vorzeitig weggeholt, ehe er die Wirkung sah. Und wunderbar, gerade dieser letzte Wurf ging bis in die Unsterblichkeit. Ja, er hat sein Spiel vortrefflich gewonnen, der alte »commediante in fortuna«, dieser unübertreffliche Schauspieler seines Glücks, und dagegen nützt nun kein Pathos mehr und kein Protest. Man kann ihn verachten, unsern verehrten Freund, wegen mangelnder Moral und geringen sittlichen Ernstes, man kann ihn widerlegen als Historiker und desavouieren als Künstler. Nur eines kann man nicht mehr: ihn wieder totmachen, denn trotz allen Dichtern und Denkern hat die Welt seitdem keinen romantischeren

Roman als sein Leben erfunden und keine phantastischere Gestaltung als seine Gestalt.

Bildnis des jungen Casanova

Wissen Sie, Sie sind ein sehr schöner Mann.
Friedrich der Große, 1764 im Park von Sanssouci,
plötzlich innehaltend und ihn betrachtend, zu Casanova

Theater in einer kleinen Residenzstadt: die Sängerin hat eben mit kühner Koloratur ihre Arie geendet, wie knatternder Hagel ist Beifall niedergeprasselt, jetzt aber, während der mählich einsetzenden Rezitative lockert sich allgemein die Aufmerksamkeit. Die Stutzer machen Besuche in den Logen, die Damen lorgnettieren, essen mit silbernen Löffeln die sublimen Gelati und den orangefarbenen Sorbett: beinahe unnötig, daß auf der Bühne indes Harlekin seine Lazzi mit einer pirouettierenden Kolumbine wirbelt. Da, mit einemmal wenden sich alle Blicke neugierig einem Fremden zu, der kühn und lässig zugleich mit der rechten Desinvoltura eines vornehmen Mannes verspätet das Parkett betritt, jedem unbekannt. Reichtum umrauscht die herkulische Gestalt, ein aschfarben geschorenes Samtkleid schlägt sich faltig auf über zierlich durchstickter Brokatweste, und kostbare Spitzen, goldene Litzen zeichnen von den Halsspangen des Brüsseler Jabots hinab bis zu den seidenen Strümpfen die dunkleren Linien des Prunkgewandes mit. Die Hand trägt wie achtlos einen weißfedrigen Paradehut, ein dünner, süßer Duft von Rosenöl oder neumodischer Pomade weht dem vornehmen Fremden nach, der jetzt an die Brüstung der ersten Reihe sich nachlässig hinrekelt, die ringgespickte Hand hochmütig auf den juwelenbeschlagenen Degen aus englischem Stahl gestützt. Als spüre er nicht das allgemeine Bemerktwerden, hebt er sein goldenes

Lorgnon, um mit gespielter Gleichgültigkeit die Logen zu mustern. Von allen Sitzen und Bänken zischelt's schon: ein Fürst, ein reicher Ausländer? Köpfe drängen zusammen, ehrfurchtsvolles Flüstern deutet auf den diamantumringten Orden, der quer über die Brust an karmoisinrotem Bande schwingt (und den er derart mit glitzernden Steinen überwuchert hat, daß niemand mehr das erbärmliche päpstliche Sporenkreuz erkennt, billiger als Brombeeren). Die Sänger auf der Bühne spüren sofort das Nachlassen der Aufmerksamkeit, lockerer fließen die Rezitative, denn über Violine und Gamba hinweg spähen die vorgehuschten Tänzerinnen aus der Kulisse, ob da nicht ein Dukatenherzog herwehe für ergiebige Nacht.

Aber ehe Hunderte im Saale die Scharade dieses Fremden, das Rätsel seiner Herkunft, zu lösen vermögen, haben die Frauen in den Logen schon ein anderes bemerkt, mit Bestürzung fast: wie schön dieser fremde Mann ist, wie schön und wie sehr Mann. Mächtig von Wuchs, breit gequadert die Schultern, griffig die durchmuskelten fleischigen Hände, keine weichliche Linie in dem angespannten, stählern-männischen Leib, steht er da, den Nacken ein wenig gesenkt, wie ein Stier vor dem Ansturm. Von der Seite gesehen, dünkt dies Antlitz eine römische Münze, so messerscharf und metallen ist jede einzelne Linie von dem Kupfer dieses dunklen Hauptes abgeschrägt. Mit schönem Schwung wirft eine Stirne, um die jeder Dichter diesen Fremden beneiden dürfte, sich aus kastanienfarbenem, zärtlich gelocktem Haar – ein frecher, kühner Haken springt die Nase vor, starkknochig das Kinn und unter dem Kinn wieder ein doppelnußgroßer wölbiger Adamsapfel (nach dem Weiberglauben die sicherste Bürgschaft tatkräftiger Männlichkeit): unverkennbar, jeder Zug in diesem Gesicht meint Vorstoß, Eroberung, Entschlossenheit. Einzig die Lippe, sehr rot und sinnlich, wölbt sich weich und feucht und zeigt wie Granatapfelfleisch die weißen Kerne der Zähne. Langsam wendet der schöne Mann jetzt das Profil den dunklen Schaukasten des Theaters entlang: unter den ebenmäßigen, sehr rund geschwungenen, buschigen Brauen flackert aus schwarzen Pupillen ein ungeduldiger Unruheblick, recht ein Jäger- und Beuteblick, bereit, mit einem Ruck adlerhaft auf ein Opfer zu stürzen. Aber noch flackert er nur, noch brennt er nicht ganz, bloß als tastendes Blinkfeuer streift er die Logen entlang und mustert an den Männern vorbei, wie etwas Käufliches das Warme, Nackte, Weiße in den schattigen Nestern: die Frauen. Er betrachtet sie eine nach der andern, wählerisch, kennerisch, und fühlt sich betrachtet; dabei lockert sich ein wenig die sinnliche Lippe auf, ein beginnender Hauch von Lächeln um den satten, südländischen Mund läßt zum erstenmal das breite, schneeweiße Tiergebiß blank vorleuchten. Noch gilt dies Lächeln keiner einzigen Frau, noch gilt es ihnen allen, dem Wesen Weib, das da nackt und heiß unter den Kleidern sich birgt. Aber jetzt hat er in der Loge eine Bekannte erspäht: sofort sammelt sich der Blick, sofort überfließt ein samtiger und gleichzeitig glitzernder Glanz das eben noch frech fragende Auge, die linke Hand läßt den Degen, die rechte faßt nach dem schweren Federhut, und so tritt er heran, ein angedeutetes Wort des Erkennens auf den Lippen. Graziös beugt er den Muskelnacken zum Kuß über die dargebotene Hand und spricht sie höflichst an; aber man merkt am Zurückweichen und Verwirrtsein der Umschmeichelten, wie zärtlich schmelzend das Arioso der Stimme in sie eindringt, denn sie biegt sich verlegen zurück und stellt den Fremden ihren Begleitern vor: »Le chevalier de Seingalt.« – Verbeugungen, Zeremonien, Höflichkeiten, man bietet dem Gast einen Platz in der Loge, den er bescheiden zurückweist, und aus dem courtoisen Hin und Her faltet sich endlich Gespräch. Allmählich erhebt Casanova die Stimme, über die andern hinweg. Nach Schauspielerart läßt er die Vokale weich sich aussingen, die Konsonanten rhythmisch rollen, und immer sichtlicher spricht er über die Loge hinweg, laut und ostentativ; denn er will, daß die herangebeugten Nachbarn hören, wie geistvoll und gewandt er französisch, italienisch konversiert, wie geschickt er seinen Horaz zitiert. Scheinbar zufälligerweise hat er die Ringhand solcherart auf die Logenbrüstung gelegt, daß man von weit her die kostbaren Spitzenmanschetten und vor allem den riesigen Solitär an seinem Finger funkeln sehen kann – jetzt bietet er aus diamantenbesetzter Dose den Kavalieren mexikanischen Schnupftabak an. »Mein Freund, der spanische Gesandte, hat ihn mir gestern durch den Kurier geschickt« (– man hört es bis in die Nachbarloge –); und da einer der Herren höflich das Miniaturbild auf der Dose bewundert, äußert er nachlässig, aber doch laut genug, damit sich's im Saal verbreite: »Ein Präsent von meinem Freund und gnädigen Herrn, dem Kurfürsten von Köln.« Ganz absichtslos scheint er so zu plaudern, aber inmitten dieses Paradierens wirft der Bramarbas immer wieder einen raschen Raubvogelblick nach rechts und links, um die eigene Wirkung zu erspähen. Ja, alles beschäftigt sich mit ihm, er fühlt die Frauenneugier an sich hängen, spürt, daß er bemerkt ist, bewundert, geehrt, und das macht ihn noch kühner. Mit einer geschickten Wendung dreht er das Gespräch bis hinüber in die Nachbarloge, wo die Favoritin des Fürsten sitzt und – er fühlt es – wohlgefällig seinem echt Pariser Französisch lauscht; und mit devoter Geste streut er, von einer schönen Frau erzählend, eine galante Artigkeit vor sie hin, die sie lächelnd quittiert. Und nun bleibt seinen Freunden nichts übrig, als den Chevalier der hohen Dame vorzustellen. Schon ist das Spiel gewonnen. Morgen mittag wird er mit den Vornehmsten der Stadt speisen, morgen abend wird er in irgendeinem der Paläste den Vorschlag zu einem kleinen Pharaospiel machen und seine Gastgeber plündern, morgen nachts wird er mit einer dieser funkelnden, unter ihren Kleidern nackten Frauen schlafen – und alles dies kraft seines kühnen, sicheren und energischen Auftretens, seines Siegerwillens und der männlich freien Schönheit seines braunen Gesichts, dem er alles dankt: das

Lächeln der Frauen und den Solitär am Finger, die diamantene Uhrkette und die goldenen Litzen, den Kredit bei den Bankherren und die Freundschaft des Adels und herrlicher als dies: Freiheit in der unendlichen Vielfalt des Lebens.

Unterdessen hat sich die Primadonna bereit gemacht, die neue Arie zu beginnen. Nach einer tiefen Verbeugung, schon dringlich eingeladen von den durch seine weltmännische Konversation bezauberten Kavalieren, bereits zum Lever der Favoritin gnädigst bestellt, tritt Casanova wieder an seinen Platz zurück und läßt sich nieder, die Linke auf den Degen gestützt, das schöne braune Haupt vorgeneigt, um kennerisch dem Gesang zu lauschen. Hinter ihm zischelt von Loge zu Loge die gleiche indiskrete Frage und als Antwort zurück von Mund zu Mund: »Der Chevalier von Seingalt.« Mehr weiß niemand von ihm, nicht, woher er gekommen, nicht, was er treibt, nicht, wohin er geht, nur der Name summt und surrt den ganzen dunklen und neugierigen Saal und tanzt – unsichtbar, flirrende Lippenflamme – bis hinauf zur Bühne, zu den gleichfalls neugierigen Sängerinnen. Aber plötzlich lacht eine kleine venezianische Tänzerin auf. »Chevalier de Seingalt? Oh, dieser Schwindler! Das ist ja Casanova, der Sohn der Buranella, der kleine Abbate, der meiner Schwester vor fünf Jahren die Jungfernschaft abgeschwatzt hat, der Hofnarr des alten Bragadin, Aufschneider, Lump und Abenteurer.« Jedoch das muntere Mädchen scheint ihm seine Untaten nicht sonderlich übelzunehmen, denn aus den Kulissen zwinkert sie ihm erkennerisch zu und führt die Fingerspitzen kokett an die Lippe. Er merkt's und entsinnt sich: nur unbesorgt, sie wird ihm sein Spielchen mit den vornehmen Narren nicht stören und lieber heute nachts mit ihm schlafen.

Die Abenteurer

Weiß sie, daß dein einziges Vermögen die Dummheit der Menschen ist?

Casanova zum Falschspieler Croce

Vom Siebenjährigen Krieg bis zur Französischen Revolution, ein knappes Vierteljahrhundert dunstet Windstille über Europa, die großen Dynastien Habsburg, Bourbon und Hohenzollern haben sich müde gekriegt. Die Bürger blasen Tabak behaglich in stillen Kringeln vor sich hin, die Soldaten pudern ihre Zöpfe und putzen die nutzlos gewordenen Gewehre, die geplagten Länder können endlich ein wenig verschnaufen. Aber die Fürsten langweilen sich ohne Krieg. Sie langweilen sich mörderisch, alle die deutschen und italienischen und sonstigen Duodezfürsten in ihren liliputanischen Residenzen, und möchten gern amüsiert sein. Gräßlich ennuyant haben es diese Armen, diese kleingroßen, scheingroßen Kurfürsten und Herzöge auf ihren noch kaltnassen, frischaufgebauten Rokokoschlössern trotz allen Lustgärten, Fontänen und Orangerien, trotz Zwingern, Galerien, Wildparks und Schatzkammern. Aus Langeweile werden sie sogar Kunstgönner und Schöngeister, korrespondieren mit Voltaire und Diderot, sammeln chinesisches Porzellan, mittelalterliche Münzen, barocke Bilder, bestellen sich französische Komödien, italienische Sänger und Tänzer, und nur der Herr in Weimar hat mit gutem Griff sich ein paar Deutsche, namens Schiller, Goethe und Herder, an seinen Hof geladen. Sonst aber wechseln nur Sauhatzen und Wasserpantomimen mit theatralischem Divertissement, denn immer, wenn die Welt müde wird, erzwingt sich die Spielweh, das Theater, Mode und Tanz besondere Wichtigkeit, und so überbieten sich damals die Fürsten mit Geld und diplomatischen Aktionen, um einer dem andern die interessantesten Amüseure, die besten Tänzer, Musiker, Kastraten, Philosophen, Goldsucher, Kapaunenmäster und Orgelspieler abzujagen. Gluck und Händel, Metastasio und Hasse, das wird sich ebenso wechselseitig abgeluchst wie Kabbalisten und Kokotten, Feuerwerker und Sauhetzer, Textschreiber und Ballettmeister. Und nun haben sie glücklich Zeremonienmeister und Zeremonien, Steintheater und Opernsäle, Bühnen und Ballette, nun fehlt nur noch eines, um der Langeweile der Kleinstadt Schach zu bieten und der rettungslosen Monotonie der ewig gleichen sechzig Adelsgesichter den Anschein von wirklicher Gesellschaft zu geben: vornehme Visiten, interessante Gäste, ein paar Rosinen für den Sauerteig der kleinstädtischen Langeweile, ein wenig Wind von großer Welt in die Stickluft der Dreißigstraßenresidenz.

Dies hören von einem Hof, und, rutsch! schon sausen sie her, die Abenteurer in Hunderten von Masken und Verkleidungen, niemand weiß, aus welchem Windwinkel und Versteck. Aber über Nacht sind sie da, mit einem Reisewagen und englischen Kutschen kommen sie vorgefahren und mieten mit lockerer Hand gleich die nobelste Zimmerfront der vornehmsten Herberge. Sie tragen phantastische Uniformen irgendeiner hindostanischen oder mongolischen Armee und führen pompöse Namen, die in Wirklichkeit pierre de Strass sind, falsche Edelsteine wie ihre Schuhschnallen. Sie sprechen alle Sprachen, behaupten, alle Fürsten und großen Leute zu kennen, sie haben angeblich in allen Armeen gedient und an allen Universitäten studiert. Ihre Taschen stecken voller Projekte, ihr Mundwerk klappen von kühnen Versprechen, sie planen Lotterien und Extrasteuern, Staatsbündnisse und Fabriken, sie offerieren Weiber und Orden und Kastraten; und obwohl sie selbst keine zehn Goldstücke in der Tasche haben, flüstern sie jedem zu, sie wüßten das Geheimnis der Tinctura auri. Die Abergläubischen fangen sie mit Horoskopen, die Leichtgläubigen mit Projekten, die Spieler mit falschen Karten und die Ahnungslosen mit mondäner Vornehmheit –, all dies aber in den faltenrauschenden, undurchsichtigen Nimbus von Fremdartigkeit und Geheimnis gehüllt, unerkennbar und dadurch doppelt interessant. Wie Irrlichter plötzlich aufglänzend und ins Gefährliche führend, flackern und zucken sie in der trägen, brackigen Sumpfluft der Höfe hin und her, kommend und verschwindend im gespenstigen Lügentanz.

Man empfängt sie bei den Höfen, amüsiert sich über sie, ohne sie zu achten, fragt sowenig nach ihrer Adelsechtheit wie ihre Frauen nach dem Ehering und die mitgebrachten Mädchen nach ihrer Jungfernschaft. Denn wer Pläsier gibt, auch eine Stunde nur die Langeweile, diese gräßlichste aller Fürstenkrankheiten, lindert, ist dieser amoralischen, von materialistischer Philosophie aufgelockerten Atmosphäre ohne viel Fragen willkommen. Wie die Dirnen duldet man sie gern, solange sie amüsieren und nicht gar zu frech räubern. Manchmal kriegt das Künstler- und Gaunerpack (etwa wie Mozart) einen erlauchten Fußtritt in den Hintern, manchmal rutschen sie aus dem Ballsaal ins Gefängnis und sogar, wie der kaiserliche Theaterdirektor Afflisio, bis hinab in die Galeeren. Die Gerissensten zecken sich fest, werden Steuereinnehmer, Kurtisanenliebhaber oder als gefälliger Gatte einer Hofhure sogar echte Edelmänner und Barone. Aber meist tun sie wohl, nicht zu warten, bis der Braten brenzlig wird, denn ihr ganzer Zauber beruht in ihrer Neuheit und ihrem Inkognito; biegen sie zu frech die Karten, greifen sie unmäßig tief in die Taschen, machen sie sich gar zu lange häuslich an einem Hofe, so kann plötzlich einer kommen, der ihnen den Mantel aufhebt und darunter das Diebsmal oder die Staupe des Sträflings zeigt. Nur häufiger Luftwechsel kann sie vom Galgen salvieren, darum kutschieren auch diese Glücksritter unablässig in Europa herum, Geschäftsreisende ihres dunklen Handwerks, Zigeuner von Hof zu Hof, und so dreht sich durch das ganze achtzehnte Jahrhundert ein einziges Gaunerkarussell mit denselben Gestalten von Madrid bis Petersburg, von Amsterdam bis Preßburg, von Paris bis Neapel; erst nennt man's Zufall, daß

Casanova an jedem Spieltisch und bei jedem Höflein denselben Lumpenbrüdern begegnet, dem Talvis, dem Afflisio, dem Schwerin und Saint Germain, aber diese unablässige Wanderschaft bedeutet für die Adepten mehr Flucht als Vergnügen – nur in der Kurzfristigkeit sind sie sicher, nur durch Zusammenspiel können sie sich decken, denn sie alle zusammen bilden eine einzige Sippe, eine Freimaurerschaft ohne Kelle und Zeichen, den Abenteurerorden. Wo sie einander begegnen, halten sie, Gauner dem Gauner, die Leiter, einer schiebt den andern in die vornehme Gesellschaft hinein und legitimiert sich, indem er seinen Spielkumpan anerkennt; sie tauschen die Weiber, die Röcke, die Namen und nur eines nicht: den Beruf. Sie alle, die um die Höfe schmarotzen, Schauspieler, Tänzer, Musiker, Glücksritter, Huren und Goldmacher, sind mit den Jesuiten und Juden damals die einzigen Internationalen der Welt zwischen einem seßhaften, engstirnigen, kleingeistigen Hochadel und einem noch unfreien, dumpfen Bürgertum, ein modernes Zeitalter bricht an mit ihnen, eine neue Kunst der Ausbeuterei; sie plündern nicht mehr die Wehrlosen und berauben keine Straßenkutschen, sondern sie bluffen die Eitlen und erleichtern die Leichtsinnigen. Diese neue Art Beutelschneiderei hat ein Bündnis gemacht mit dem Weltbürgertum und soignierten Manieren; statt nach alter Mordbrennerart, rauben sie mit gestochenen Karten und geschobenen Wechseln. Sie haben nicht mehr die plumpen Fäuste, die versoffenen Gesichter, die rüden Manieren der Soldatenkapitäne, sondern edel beringte Hände und eine gepuderte Perücke über der nachlässigen Stirn. Sie lorgnettieren und pirouettieren wie Tänzer, sprechen ein bravouröses Parlando wie Schauspieler, tun dunkel wie Erzphilosophen: kühn ihren unruhigen Blick verdeckend, schlagen sie am Spieltisch die Volte und schmieren den Frauen mit geistreicher Konversation ihre Liebestinkturen und falschen Juwelen an.

Nicht zu leugnen: ein gewisser Zug ins Geistige und Psychologische steckt in ihnen allen, der sie sympathisch macht, und einige unter ihnen reichen bis ins Geniale hinein. Die zweite Hälfte des achtzehnten Jahrhunderts bedeutet ihr Heldenzeitalter, ihre goldene Epoche, ihre klassische Periode; genau wie vordem unter Ludwig XV. eine glänzende Plejade die französischen Dichter und später in Deutschland der wunderbare Augenblick von Weimar die schöpferische Form des Genius in wenige und dauernde Gestalten zusammenfaßt, so glänzt damals das große Siebengestirn der sublimen Schwindler und unsterblichen Abenteurer sieghaft über die europäische Welt. Bald genügt ihnen nicht mehr der Griff in fürstliche Taschen, grob und großartig greifen sie ins Zeitgeschehen und drehen das riesige Rouletterad der Weltgeschichte. John Law, ein hergelaufener Ire, zerpulvert mit seinen Assignaten die französischen Finanzen, D'Eon, ein Zwitter von Mann und Weib, zweifelhaften Geschlechts und Rufs, leitet die internationale Politik, ein kleiner rundköpfiger Baron Neuhoff wird wahr und wahrhaftig König von Korsika, um dann freilich im Schuldturm zu enden; Cagliostro, ein sizilianischer Landbursche, der sein Leben lang nicht recht Lesen und Schreiben erlernte, dreht aus dem berüchtigten Halsband dem Königtum den Strick, der es erwürgt. Der alte Trenck, der tragischste von allen, weil Abenteurer ohne Unedelkeit, und der schließlich mit dem Kopf gegen die Guillotine rennt, tragiert mit roter Mütze den Heros der Freiheit, Saint Germain, der Magier ohne Alter, sieht den König von Frankreich demütig zu seinen Füßen und narrt noch heute mit dem Geheimnis seiner unentdeckten Geburt den Eifer der Wissenschaft. Alle haben sie mehr Macht in Händen als die Mächtigsten, sie blenden die Gelehrten, verführen die Frauen, sie plündern die Reichen und ziehen ohne Amt und Verantwortung heimlich die Fäden der politischen Marionetten. Und der letzte, nicht der schlechteste, unser Giacomo Casanova, der Historiograph dieser Gilde, der sie alle darstellt, indem er sich selber erzählt, rundet die Siebenzahl der Unvergessenen und Unvergeßlichen in ergötzlichster Weise –, jeder einzelne berühmter als alle Dichter, wirksamer als alle Politiker ihrer Zeit, kurzfristige Herren einer schon dem Untergang verschworenen Welt. Denn nur dreißig oder vierzig Jahre im ganzen dauert die Heldenzeit dieser großen Talente der Frechheit und mystischen Schauspielerei in Europa, dann zerstört sie sich selbst durch ihren vollendeten Typus, durch ihr vollkommenstes Genie, durch den wahrhaft dämonischen Abenteurer, Napoleon. Immer macht das Genie großartig Ernst, wo das Talent nur spielt, es begnügt sich nicht mit Episodenrollen, sondern fordert schöpferisch die ganze Bühne der Welt für sich allein. Wenn der kleine korsische Habenichts Bonaparte sich Napoleon nennt, so versteckt sich nicht wie bei Casanova-Seingalt, bei Balsamo-Cagliostro das Bürgerliche feig mehr hinter edelmännischer Maske, sondern herrisch tritt der Anspruch geistiger Überlegenheit vor die Zeit und heischt den Triumph als sein Recht, statt ihn listig zu erschleichen. Mit Napoleon, dem Genie all dieser Talente, dringt das Abenteurertum aus dem Vorzimmer der Fürsten in den Thronsaal; er beendet, indem er ihn vollendet, den Aufstieg des Illegitimen zur Höhe der Macht und setzt dem Abenteurertum die Krone Europas aufs Haupt.

Bildung und Begabung

Man sagt, daß er ein Literat sei, aber mit einem an Kabalen reichen Geist, daß er in England und Frankreich gewesen ist, bei Kavalieren und Frauen unerlaubte Vorteile zog, da es immer seine Art war, auf Kosten anderer zu leben und leichtgläubige Leute für sich einzunehmen ... wenn man mit besagtem Casanova sich vertraut macht, sieht man in ihm Unglauben, Betrug, Unzucht und Wollüstigkeit in schreckenerregender Art vereint.

Geheimbericht der Venezianischen Inquisition 1755

Niemals leugnet Casanova, Abenteurer gewesen zu sein, im Gegenteil, mit vollen Backen rühmt er sich stolz, lieber den Narrenfänger als den Genarrten, lieber den Pelzscherer als den Geschorenen gespielt zu haben in einer Welt, die, wie schon der Lateiner weiß, allzeit gerne betrogen sein will. Aber nur eines lehnt er strikte ab, deshalb schon verwechselt zu werden mit den Galeerenbrüdern und Galgenschlingeln, die grob und geradeheraus die Taschen plündern, statt kultiviert und elegant den Dummen das Geld aus den Händen zu zaubern. Immer klopft er sich in den Memoiren sorgfältig den Mantel ab, wenn er eine Begegnung (und in Wahrheit Halbpartkompanie) mit den Falschspielern Afflisio oder Talvis zugestehen muß, denn obwohl er und sie sich da auf gleicher Ebene begegnen, so kommen sie doch aus anderen Welten, Casanova von oben, aus der Kultur, und jene von unten, aus dem Nichts. Genauso, wie der ehemalige Student, Schillers ethischer Räuberhauptmann Karl Moor, seine Spießgesellen Spiegelberg und Schufterle verachtet, weil sie als rüdes und blutiges Handwerk treiben, was ihn ein verkehrt getriebener Enthusiasmus ergreifen ließ, so sondert sich auch Casanova immer energisch von dem Falschspielergesindel ab, das dem herrlichen, dem göttlichen

Abenteurertum allen Adel und Anstand nimmt. Denn tatsächlich, eine Art Edelmannstitel fordert unser Freund Giacomo für die Abenteurerei, als eine sehr subtile Kunst will er die Komödiantenfreude des Scharlatans gewertet wissen. Hört man ihm zu, so bleibt dem Philosophen auf Erden keine andere sittliche Pflicht, als sich weidlich auf Kosten aller Dummen zu amüsieren, die Eitlen zu düpieren, die Einfältigen zu prellen, die Geizigen zu erleichtern, die Ehemänner zum Hahnrei zu machen, ja kurzweg als Abgesandter der göttlichen Gerechtigkeit alle Narrheit dieser Erde zu bestrafen. Betrug ist für ihn nicht nur Kunst, sondern eine übermoralische Pflicht, und er übt sie, dieser wackere Prinz Vogelfrei, mit blühweißem Gewissen und einer unvergleichlichen Selbstverständlichkeit.

Und wirklich, dies darf man Casanova glauben, daß er nicht bloß aus Geldnot und Arbeitsfaulheit Abenteurer geworden ist, sondern aus eingeborenem Temperament, aus unaufhaltsamem Genie. Von Vater und Mutter her mit Schauspielertum belastet, macht er sich die ganze Welt zur Bühne und Europa zur Kulisse; Bluffen, Blenden, Düpieren und Narren ist ihm wie weiland Eulenspiegel eine blutnatürliche Funktion, und er könnte nicht leben ohne die Karnevalsfreude an Maske und Spaß. Hundertmal hat er Gelegenheit, in brave Berufe sich einzupassen, aber keine Versuchung kann ihn halten, keine Lockung ihn im Bürgerlichen heimisch machen. Schenkt ihm Millionen, bietet ihm Amt und Würde, er wird sie nicht nehmen, sondern immer wieder zurückflüchten in sein urtümliches, heimatloses, flügelleichtes Element. So steht es ihm Rechtens zu, sich von den andern Glücksrittern mit einem gewissen Hochmut zu unterscheiden. Messer Casanova ist immerhin ehelich geboren und aus leidlich achtbarer Familie, seine Mutter, »la buranella« genannt, eine berühmte Cantatrice, die auf allen Opernbühnen Europas exzelliert, seines Bruders Francesco Namen findet man in jeder Kunstgeschichte und seine großen Schlachtenschinken noch heute in allen Galerien der Christenheit. Alle seine Verwandten betreiben hochanständige Berufe, tragen die respektable Toga des Advokaten, des Notars, des Priesters – man sieht also, er kommt durchaus nicht aus der Gosse, unser Casanova, sondern aus der gleichen künstlerisch angefärbten Bürgerschicht wie Mozart und Beethoven. Genau wie jene genießt er vortreffliche humanistische und europäische Sprachbildung, er lernt trotz allen Narrenspossen und früher Kenntnis des Weibes doch trefflich Latein, Griechisch, Französisch, Hebräisch, ein wenig Spanisch und Englisch – nur unser geliebtes Deutsch bleibt ihm dreißig Jahre lang ungekaut zwischen den Zähnen. In Mathematik exzelliert er ebenso wie in Philosophie, als Theologe hält er in einer venezianischen Kirche schon im sechzehnten Jahr seine Jungfernrede, als Violinist erfiedelt er sich ein Jahr lang im Theater San Samuele das tägliche Brot. Ob sein Rechtsdoktorat in Padua, das er mit achtzehn Jahren erworben haben will, rechtmäßig oder geflunkert war, über dies wichtige Problem liegen sich heute noch die illustren Casanovisten in den Haaren; jedenfalls hat er viel Akademisches gelernt, denn er kennt sich aus in Chemie, Medizin, Geschichte, Philosophie, Literatur und vor allem in den erträglicheren, weil dunkleren Wissenschaften, wie Astrologie, Goldmacherei, Alchimie. Dazu brilliert der hübsche, flinke Bursche noch in allen höfischen und körperlichen Künsten, in Tanzen, Fechten, Reiten, Kartenspielen wie nur irgendein vornehmer Kavalier, und nimmt man zu all diesem gut und geschwind Gelernten noch das Faktum eines geradezu phänomenalen Gedächtnisses, das innerhalb von siebzig Jahren keine Physiognomie vergißt, nichts Gehörtes, Gelesenes, Gesprochenes, Geschautes aus dem Erinnern verliert, so gibt das alles zusammen schon eine Qualität besonderen Ranges: beinahe einen Gelehrten, beinahe einen Dichter, beinahe einen Philosophen, beinahe einen Kavalier.

Ja, aber nur beinahe, und dieses »beinahe« markiert unbarmherzig die Fraktur für Casanovas vielfältiges Talent. Er ist alles beinahe, ein Dichter und doch nicht ganz, ein Dieb und doch kein professioneller. Er streift hart bis an die höchste geistige Sphäre, hart gleichfalls an die Galeere, aber keine einzige Begabung, keinen einzigen Beruf füllt er völlig aus. Als der vollendetste und universalste Dilettant weiß er viel von allen Künsten und Wissenschaften, sogar unglaublich viel, und nur ein Kleines fehlt ihm, um wirklich produktiv zu werden: der Wille, die Entschlossenheit und die Geduld. Ein Jahr hinter den Büchern, und man fände keinen bessern Juristen, keinen geistreicheren Geschichtsschreiber, er könnte Professor werden jeder Wissenschaft, aber Casanova denkt niemals daran, irgend etwas gründlich zu tun. Er will nichts sein, ihm genügt, alles nur zu scheinen: der Schein trügt ja die Menschen, und Betrügen bleibt für ihn die ergötzlichste Betätigung von allen. Er weiß, daß, um die Narren zu täuschen, nicht viel profunde Gelehrsamkeit sich als nötig erweist; in welcher Materie er nur ein Quentchen Kenntnis hat, da springt ihm sofort ein herrlicher Helfer bei: seine ganz kolossalische Unverfrorenheit. Stellt Casanova was für eine Aufgabe immer, niemals wird er zugeben, in diesem Fache ein Neuling zu sein, sofort wird er die allerernsteste, fachmännischste Miene aufsetzen, als geborener Schwindler geschickt lavieren, und sich fast immer mit Anstand auch aus der anrüchigsten Affäre ziehen. In Paris fragte ihn der Kardinal de Bernis, ob er etwas vom Lotteriewesen verstünde. Natürlich hat er keine blasse Ahnung, aber ebenso natürlich für den Mauldrescher, daß er ernst die Frage bejaht und vor einer Kommission mit seiner unerschütterlichen Suada Finanzprojekte entwickelt, als wäre er zwanzig Jahre schon gerissener Bankier. In Valencia fehlt der Text für eine italienische Oper: Casanova setzt sich nieder und dichtet ihn aus dem Handgelenk. Würde man ihm angeboten haben, auch die Musik zu schreiben, er kratzte sie zweifellos aus alten Opern geschickt zusammen. Bei der Kaiserin von Rußland erscheint er als Kalenderreformer und gelehrter Astronom, in Kurland inspiziert er als rasch improvisierter Fachmann die Bergwerke, der Republik Venedig empfiehlt er ein neues Verfahren zum Färben von Seide, in Spanien tritt er auf als Bodenreformer und Kolonisator, dem Kaiser Joseph II. überreicht er ein umfangreiches Elaborat gegen den Wucher. Für den Herzog von Waldstein dichtet er Komödien, der Herzogin von Urfé baut er den Baum der Diana und ähnliche alchimistische Gaunerstücke, der Madame Roumains öffnet er mit dem Schlüssel Salomons den Geldschrank, für die französische Regierung kauft er Aktien, in Augsburg figuriert er als portugiesischer Gesandter, in Bologna pamphletiert er über Medizin, in Triest schreibt er die Geschichte des polnischen Reiches und übersetzt die Ilias in Ottaverime – kurz, Hans Dampf in allen Gassen hat kein Steckenpferd, aber er weiß auf jedem zu reiten, das man ihm zwischen die Beine schiebt. Blättert man das Verzeichnis seiner nachgelassenen Schriften durch, so glaubt man, einen Universalphilosophen, einen neuen Leibniz erstanden. Da liegt ein dickleibiger Roman neben der Oper Odysseus und Circe, ein Versuch über die Kubusverdopplung, ein politischer Dialog mit Robespierre; und hätte von ihm jemand verlangt, theologisch das Dasein Gottes zu beweisen oder einen Hymnus auf die Keuschheit zu dichten, er hätte nicht zwei Minuten lang gezögert.

Immerhin, welche Begabung! In jede Richtung eingesetzt, in Wissenschaft, Kunst, Diplomatie, Geschäftstüchtigkeit, hätte sie genügt, Erstaunliches zu erreichen. Aber Casanova zersprengt bewußt seine Talente in den Augenblick, und der alles werden könnte, zieht vor, nichts zu sein, nichts – aber frei. Ihn beglückt Freiheit, Ungebundenheit, das lockere Schweifen unendlich intensiver, als Hausung und Heimstatt in irgendeinem Beruf. »Der Gedanke, mich irgendwo festzusetzen, war mir immer widerwärtig, ein verständiger Lebenswandel vollkommen gegen die Natur.« Sein wahrer Beruf, so fühlt er, ist: keinen Beruf zu haben, alle Metiers und Wissenschaften nur locker auszuproben und dann zu tauschen wie der Schauspieler Gewand und Rolle. Wozu auch sich festlegen: er will ja nichts haben und behalten, nichts gelten und nichts besitzen, denn nicht ein Leben, sondern Hunderte in dieser einen Existenz zu leben verlangt seine ungestüme Leidenschaft. »Mein größter Schatz ist«, sagt er stolz, »daß ich mein eigener Herr bin und nicht Angst vor dem Unglück habe« – eine männliche Devise, die diesen Tapfern mehr adelt als sein abgeborgter Chevalierstitel de Seingalt. Er denkt nicht daran, was die andern über ihn denken, er saust über ihre moralischen Hürden mit bezaubernder Sorglosigkeit hinweg; nur im Schwung, im Getriebensein spürt er die eigene Daseinslust, nie im Ruhen und behaglichen Rasten, und dank diesem leichten und ludrigen Dahin über alle Hemmungen, aus seiner Flugperspektive kommen ihm darum alle die braven Menschen recht lächerlich vor, die sich warm eingesponnen haben in ihre eine und immer dieselbe Beschäftigung: weder die Kriegsherren imponieren ihm, schnauzbärtig ihren Säbel klirrend und doch einknickend vor dem Anschrei ihres Generals, noch die Gelehrten, diese Holzwürmer, die Papier, Papier, Papier fressen aus einem Buch ins andere hinein, noch die Geldmenschen, ängstlich sitzend auf ihren Geldsäcken und schlaflos vor ihren Truhen – ihn lockt kein Stand, kein Land, kein Gewand. Keine Frau kann ihn in ihren Armen, kein Herrscher in seinen Grenzpfählen, kein Beruf in seiner Langeweile halten: auch hier bricht er kühn alle Bleidächer durch, lieber sein Leben wagend als es versauernd, übermütig im Glück und gleichmütig im Unglück, immer und überall aber voll Mut und Zuversicht. Denn Mut, das ist der rechte Kern von Casanovas Lebenskunst, die Begabung seiner Begabungen: er sichert nicht, sondern er wagt sein Leben; hier wirft sich einmal inmitten der Vielen und Vorsichtigen einer auf, der wagt, der alles wagt, sich selbst und jede Chance und jede Gelegenheit. Das Schicksal aber gibt den Frechen mehr als den Fleißigen, den Groben lieber als den Geduldigen, und so mißt es diesem einen Maßlosen mehr zu als sonst einem ganzen Geschlecht; es packt und wirft ihn auf und nieder, rollt ihn durch die Länder, schnellt ihn nach oben und stellt ihm im schönsten Sprunge das Bein. Es füttert ihn mit Frauen und narrt ihn am Spieltisch, es kitzelt ihn mit Leidenschaften und prellt ihn mit Erfüllungen: nie aber läßt es ihn los und in Langeweile fallen, immer findet und erfindet das Unermüdliche diesem Unermüdlichen, seinem rechten und spielwilligen Partner, neue Wendung und Wagnis. Und so wird dieses Leben weit, farbig, vielfach, abwechslungsreich, phantastisch und bunt wie kaum eines in Jahrhunderten, und bloß, indem er es berichtet, wird er einer der unvergleichlichsten Dichter des Daseins, freilich nicht durch seinen Willen, sondern durch jenen des Lebens selbst.

Philosophie der Oberflächlichkeit

Ich habe als Philosoph gelebt.
Casanovas letzte Worte

Einer so breit ausströmenden Weite des Lebens entspricht freilich fast immer ein geringer seelischer Tiefgang. Um flink und behend wie Casanova auf allen Wassern tanzen zu können, muß man vor allem leicht sein wie Kork. Und so liegt, genau besehen, das Spezifikum seiner vielbewunderten Lebenskunst gar nicht in einer besonders positiven Tugend und Kraft, sondern vor allem in einem Negativum: in dem völligen Unbelastetsein von jeder ethischen und moralischen Hemmung. Weidet man dieses saftige, blutüberfüllte, leidenschaftstrotzende Stück Mensch psychologisch aus, so konstatiert man zunächst das restlose Fehlen aller sittlichen Organe. Herz, Lunge, Leber, Blut, Gehirn, Muskeln und nicht zum mindesten die Samenstränge, all das ist bei Casanova auf das kräftigste

41

und normalste entwickelt, nur dort, an jenem seelischen Punkt, wo sich sonst sittliche Eigenheiten und Überzeugungen zum geheimnisvollen Gebilde des Charakters verdichten, überrascht einen bei Casanova ein vollkommenes Vakuum, ein luftleerer Raum, Null, nichts. Mit allen Säuren und Laugen, mit Lanzetten und Mikroskopen vermag man in diesem sonst erzgesunden Organismus nicht einmal ein Rudiment jener Substanz nachzuweisen, die man Gewissen nennt. Und damit erklärt sich das ganze Geheimnis von Casanovas Leichtigkeit und Genie: er hat, der Glückliche, nur Sinnlichkeit und keine Seele. Nichts von dem, was anderen Menschen heilig oder nur wichtig scheint, gilt ihm nur einen Skudo. Versucht, ihm moralische oder zeitliche Bindungen zu erklären – er wird sie ebensowenig verstehen wie ein Neger Metaphysik. Liebe zum Vaterland? – Er, der Weltbürger, der durch dreiundsiebzig Jahre kein eigenes Bett besitzt und immer nur im Zufall wohnt, er bläst auf Patriotismus. Ubi bene, ibi patria, wo er die Taschen am besten vollkriegt und die Weiber am leichtesten ins Bett, dort spreizt er behaglich die Beine unter den Tisch und fühlt sich zu Hause. Achtung vor Religion? – Er würde jede annehmen, sich beschneiden oder einen Chinesenzopf wachsen lassen, brächte ihm das Bekenntnis nur einen winzigen Happen Vorteil: denn wozu braucht einer Religion, der an kein Jenseits glaubt und nur an das warme, wilde, diesseitige Leben? »Dahinter gibt es wahrscheinlich nichts, oder man wird es schon zur rechten Zeit erfahren«, argumentiert er höchst uninteressiert und nonchalant – also strichweg mit allen metaphysischen Spinnweben! Carpe diem, genieße den Tag, fasse jeden Augenblick fest, saug ihn aus wie eine Traube und wirf die Treber vor die Säue – das ist seine einzige Maxime. Streng sich an die Sinnenwelt halten, an das Sichtbare, Erreichbare, jeder Minute mit Daumschrauben das Maximum an Süße und Wollust auspressen – so weit und nicht einen Zoll weiter treibt Casanova Philosophie, und deshalb kann er all die ethisch-bürgerlichen

Bleikugeln, wie Ehre, Anstand, Pflicht, Scham und Treue, die den freien Auslauf ins Unmittelbare hindern, lachend hinter sich werfen. Denn Ehre? Was soll Casanova mit ihr anfangen? Er wertet sie nicht viel anders als der feiste Falstaff, der das Unzweifelhafte feststellt, man könne sie nicht essen und trinken, und als jener wackere englische Parlamentsmann, der einmal in voller Sitzung die Frage stellte, er höre immer vom Nachruhm sprechen, und er möchte doch endlich einmal wissen, was die Nachwelt schon für Englands Wohlstand und Wohlbehagen getan. Ehre läßt sich nicht genießen, sondern hemmt durch Pflichten und Verpflichtungen sogar noch den Genuß, ergo erweist sie sich als überflüssig. Denn nichts auf Erden haßt Casanova dermaßen wie Pflicht und Ver-pflichtung. Er erkennt keine anderen Pflichten an und will keine anderen kennen als die einzig bequem-natürliche, seinen braven, krafttätigen Leib mit Genuß zu füttern und den Frauen möglichst viel von dem gleichen Lustelixier zu spenden. Deshalb fragt er durchaus nicht, ob sein heißes Stück Dasein den anderen gut oder böse, süß oder sauer schmeckt, ob sie sein Verhalten als ehrlos oder schamlos ankreiden. Denn Scham – welch sonderbares Wort wiederum, welch unbegreifbarer Begriff! Diese Vokabel fehlt voll-kommen in seinem Lebenslexikon. Mit der Nonchalance eines Lazzaroni läßt er sich vor versammeltem Publico munter die Hosen herunter, zeigt, lachend bis in die Augen hinauf, seine Sexualia, plaudert mit vollem Munde gemütlich aus, was ein anderer auch auf der Folter nicht zugeben würde, seine Gaunereien, seine Ver-sager, seine Blamagen, seine geschlechtlichen Havarien und syphi-litischen Kuren, weil ihm jedweder Nerv für ethische Unterschiede, jedes Organ für sittliche Komplexe vollkommen fehlt. Würde man ihm vorwerfen, falsch gespielt zu haben, er antwortete nur erstaunt: »Ja, ich habe doch damals kein Geld gehabt!« Würde man ihn beschuldigen, eine Frau verführt zu haben, er lachte bloß: »Ich habe sie doch gut bedient!« Nicht mit einem Wort fällt ihm jemals bei, sich zu entschuldigen, wackeren Bürgern die Ersparnisse aus der Tasche magnetisiert zu haben, im Gegenteil, er unterpolstert in den Memoiren noch seine Gaunereien mit dem zynischen Argument: »Man rächt die Vernunft, wenn man einen Dummkopf betrügt.« Er verteidigt sich nicht, er bereut nichts und nie, und statt am Aschermittwoch über sein verpfuschtes Leben zu klagen, das mit völligem Bankbruch in erbärmlichster Armut und Abhängigkeit endet, schreibt der alte zahnlose Dachs die frech-entzückenden Zeilen: »Ich würde mich für schuldig halten, wenn ich heute reich wäre. Aber ich habe nichts, ich habe alles verschwendet, und das tröstet und rechtfertigt mich.«

In eine Nußschale also geht die ganze Philosophie Casanovas bequem hinein, sie beginnt und endet mit der Vorschrift: ganz diesseitig leben, unbekümmert und spontan, sich nicht prellen zu lassen durch Aussichten auf ein allenfalls mögliches, doch höchst ungewisses Himmelreich. Irgendein sonderbarer Gott hat uns diesen Spieltisch Welt aufgestellt; wollen wir uns dort amüsieren, so müssen wir die Spielregeln akzeptieren, tel quel, ganz wie sie eben sind, ohne nach richtig oder falsch zu fragen. Und tatsächlich: nicht eine Sekunde seiner Zeit hat jemals Casanova mit dem theoretischen Nachdenken über das Problem verloren, diese Welt könnte oder sollte eigentlich anders sein. »Lieben Sie die Menschheit, aber lieben Sie sie so, wie sie ist«, sagte er im Gespräch zu Voltaire. Nur sich nicht einmengen in das fremde Geschäft des Weltschöpfers, der für diese sonderbare Angelegenheit die volle Verantwortung hat, nur nicht den alten Sauerteig aufrühren und sich damit die Hände beschmutzen, sondern viel einfacher: die Rosinen mit flinken Fingern herausklauben. Daß es den Dummköpfen schlecht geht, findet Casanova ganz in der Ordnung, den Klugen wiederum hilft zwar nicht Gott, aber es liegt nur an ihnen, sich selber zu helfen. Ist die Welt schon einmal so vertrackt eingestellt, daß die einen seidenbestrumpft in Karossen fahren und den andern unter ihren zerlumpten Fetzen der Magen kracht, je nun, dann kann für den Vernünftigen nur eine Aufgabe gelten: selber in die Karosse zu kommen.

Niemals wird er Entrüstung trommeln oder wie weiland Hiob an Gott unziemliche Fragen stellen nach dem Warum und Wieso: jedes Faktum nimmt er – ungeheure Ökonomie des Gefühls! – einfach als faktisch, ohne ihm den Zettel Gut oder Böse anzukleben. Daß die O'Morphi, ein kleines holländisches Dreckmensch von fünfzehn Jahren, heute noch verlaust in ihrem Bett liegt, freudigst bereit, ihre Jungfräulichkeit für zwei kleine Taler zu verkaufen, und dieselbe vierzehn Tage später als Mätresse des Allerchristlichsten Königs ihr Palais im Hirschpark hat, übersät mit Edelsteinen und bald Gemahlin eines gefälligen Barons, oder daß er selbst, gestern noch erbärmlicher Geigenspieler in einer venezianischen Vorstadt, am nächsten Morgen Stiefsohn eines Patriziers wird, Diamanten an den Fingern und ein reicher Jüngling, solche Dinge verzeichnet er als Kuriosa, ohne sich darüber aufzuregen. Mein Gott, so ist eben die Welt, völlig ungerecht und unberechenbar, und eben, weil sie ewig so sein wird, versuche man nicht, irgendein Gravitationsgesetz oder einen komplizierten Mechanismus für diese Rutschbahn zu konstruieren. Man kratze sich mit Nägeln und Fäusten das Beste heraus, voilà toute la sagesse, man sei bloß Philosoph für sich selbst, nicht für die Menschheit, und das heißt in Casanovas Sinn: stark, gierig, unbedenklich und ohne Rücksicht auf die nächste Stunde im Wellenspiel rasch die strömende Sekunde fassen und sie ausschöpfen bis zum letzten Rest. Nur was atmet, Lust mit Lust erwidert, was an die heiße Haut, mit Leidenschaft und Liebkosung antwortend, andrängt, nur dies dünkt diesem entschlossenen Antimetaphysikus wirklich real und interessant.

So reduziert sich Casanovas Weltneugier einzig auf das Organische, auf den Menschen: keinen Blick hat er vielleicht zeitlebens sinnend emporgehoben zum Sternengewölke, und schon die Natur bleibt ihm völlig indifferent: nie kann dieses eilfertige Herz an ihrer Ruhe und Grandiosität sich entzünden. Man blättere doch einmal die sechzehn Bände seiner Memoiren durch: da reist ein helläugiger, wachsinniger Mensch durch die schönsten Landschaften Europas, vom Posilip bis Toledo, vom Genfer See bis in die russischen Steppen, aber vergeblich wird man eine einzige Zeile der Bewunderung für die Schönheit dieser tausend Landschaften suchen: eine kleine schmutzige Magd im Winkel einer Soldatenspelunke scheint ihm wichtiger als alle Kunstwerke Michelangelos, ein Kartenspiel in schlecht gelüfteter Wirtsstube schöner als ein sorrentinischer Sonnenuntergang. Natur und Architektur, derlei bemerkt Casanova überhaupt nicht, weil ihm das Organ, dank dessen wir kosmisch verbunden sind, weil ihm die Seele vollkommen fehlt. Für ihn heißen Welt einzig die Städte mit ihren Galerien und Promenaden, wo abends die Karossen vorbeirollen, diese dunkel-schaukelnden Nester der schönen Frauen, wo Kaffeehäuser gefällig warten, in denen man eine Pharaobank zum Schaden der Neugierigen auflegen kann, wo Opern und Bordelle locken, in denen man sich rasch neues Nachtfleisch holt, Gasthöfe, in denen Köche in Saucen und Ragouts dichten und mit hellen und dunklen Weinen musizieren. Nur die Städte sind für diesen Lustmenschen Welt, dort wohnen die Frauen in der einzig ihm möglichen Form, in der Vielzahl, in wandelhaftem Plural, und innerhalb der Städte wiederum liebt er am meisten die Hofsphäre, den Luxus, weil dort das Wollüstige sich zum Künstlerischen sublimiert, denn, obzwar sinnlich wie nur einer, ist dieser breitbrüstige Bursche Casanova keineswegs ein grober Sinnenmensch. Eine Arie, kunstvoll gesungen, kann ihn bezaubern, ein Gedicht ihn beglücken, ein kultiviertes Gespräch wärmt erst richtig den Wein; mit klugen Männern über ein Buch zu reden, schwärmerisch an eine Frau gelehnt, vom Dunkel einer Loge her Musik zu lauschen, das steigert ihm zauberisch die Daseinslust. Aber täuschen wir uns darum nicht: diese Liebe zur

46

Kunst reicht bei Casanova nie über das Spielhafte, die gefällige Dilettantenfreude hinaus. Der Geist muß für ihn dem Leben dienen, nie das Leben dem Geist: so achtet und betrachtet er die Kunst nur als Aphrodisiakum, als schmeichlerisches Mittel, die Sinne zu erregen, als feineres Vorvergnügen des groben Genusses im Fleische. Er wird gern ein Gedichtchen machen, um es mit einem Strumpfband einer begehrten Dame zu überreichen, er wird Ariost rezitieren, um sie in Feuer zu versetzen, über Voltaire und Montesquieu sehr geistreich mit Kavalieren plaudern, um sich intellektuell zu legitimieren und einen Handstreich auf ihre Börse geschickt zu maskieren – nie aber begreift dieser südländische Sensualist die Kunst, die Wissenschaft, sobald sie Selbstzweck und Weltsinn werden will. Aus Instinkt lehnt dieser Spielmensch die Tiefe ab, weil er nur Oberfläche will, Mensch der Minute und der raschen Verwandlung. Veränderung ist ihm das »Salz des Vergnügens« und Vergnügen wiederum der einzige Sinn der Welt.

Leicht also wie eine Eintagsfliege, leer wie eine Seifenblase und nur funkelnd vom Gegenlicht der Geschehnisse, so flirrt er hin durch die Zeit: kaum kann man sie jemals recht fassen und halten, diese unablässig sich ändernde Seelengestalt und noch weniger ihren Kern vom Charakter auslösen. Wie ist Casanova eigentlich, gut oder böse? Ehrlich oder verlogen, ein Held oder ein Lump? Nun – ganz, wie es die Stunde will: er färbt ab von den Umständen, er verwandelt sich mit den Verwandlungen. Gut bei Kasse, findet man keinen vornehmeren Kavalier als ihn. Mit bezauberndem Übermut, einer strahlenden Grandezza, liebenswürdig wie ein hoher Prälat und locker wie ein Page wirft er das Geld mit vollen Händen um sich – »Sparsamkeit war nie meine Sache« –, lädt überschwenglich, gleich einem hochgeborenen Gönner, den Fremdesten an seinen Tisch, schenkt ihm Dosen und Dukatenrollen, gewährt ihm Kredit und umsprüht ihn mit einem Feuerwerk von Geist. Schlottern aber die seidenen Pludertaschen leer, knistern im Portefeuille die unbezahlten Wechsel, dann würde ich jedem abraten, dem Galantuomo beim Kartenspiel Paroli zu halten. Nein, er ist kein guter Charakter und ist auch kein schlechter – er ist gar keiner. Er handelt weder moralisch noch unmoralisch, sondern naturhaft amoralisch: seine Entschließungen springen glattweg aus dem Gelenk, seine Reflexe aus den Nerven und Adern, völlig unbeeinflußt von Vernunft, Logik und Sittlichkeit. Eine Frau wittern, und die Ader hämmert schon wie toll, blindwütig rennt er vorwärts in der Richtung seines Temperaments. Einen Spieltisch sehen, und die Hand zuckt ihm in die Tasche: ohne daß er es weiß und will, klirrt sein Geld schon auf dem Tisch. Versetzt ihn in Zorn, und die Venen springen auf, als wollten sie platzen, bitterer Speichel gerinnt ihm im Mund, die Augen rollen ihr Rot heraus, die Faust krampft sich, und er schlägt blindwütig zu, er stößt in die Richtung seines Zorns, »comme un bue«, wie sein Landsmann und Bruder Benvenuto Cellini sagt, ein tollwütiger Stier. »Zur Selbstüberwindung bin ich nie imstande gewesen und werde es niemals sein.« Er denkt nicht nach und denkt nicht voraus; erst in der Not schießen ihm listige und oft geniale Eingebungen rettend zu, nie aber bereitet er planend, berechnend – dazu wäre er zu ungeduldig – auch nur die kleinste Aktion vor. Hundertmal kann man's in seinen Memoiren bestätigt finden, daß alle entscheidenden Handlungen, die dümmsten Possenstreiche wie die witzigsten Gaunereien, aus der gleichen Schußlinie einer plötzlich explodierenden Laune stammen, nie aus geistigem Kalkül. Mit einem Ruck wirft er eines Tages den Rock des Abbé ab, mit einem Spornstoß reitet er plötzlich als Soldat zur feindlichen Armee hinüber und gibt sich gefangen, er fährt nach Rußland oder Spanien einfach der Nase nach, ohne Stellung, ohne Empfehlung, ohne sich selbst gefragt zu haben, warum und wozu. Alle seine Entschlüsse kommen wie ungewollt losgeknallte Pistolenschüsse aus den Nerven, aus der Laune, aus einer angespannten Langeweile. Und wahrscheinlich dankt er nur dieser couragierten Planlosigkeit die Fülle des Erlebens, denn more logico, brav sich erkundigend und kalkulierend, wird man nicht Abenteurer und mit strategischem System kein so phantastischer Meister des Lebens.

Nichts fehlgängerischer darum als die sonderbare Mühe aller Dichter, unserm Casanova, sobald sie diesen heißen Triebmenschen als Helden einer Komödie oder Erzählung heranholen, so etwas wie eine wache Seele, ein Nachdenkliches oder gar Faustisch-Mephistophelisches einzubauen, ihm, dessen Reiz und Schwungkraft doch einzig aus dem Nichtnachdenken, der amoralischen Sorglosigkeit resultiert. Preßt ihm nur drei Tropfen Sentimentalität ins Blut, belastet ihn mit Wissen und Verantwortlichkeit, und schon ist er Casanova nicht mehr; kostümiert ihn düster-interessant, unterkellert ihn mit Gewissen, und schon steckt er in fremder Haut. Denn wenn etwas, so ist dieses lockere Weltkind nicht dämonisch, durchaus nicht: der einzige Dämon, der Casanova treibt, hat einen sehr bürgerlichen Namen und ein dickes, schwammiges Gesicht, er heißt höchst simpel: Langeweile. Unproduktiv von innen, muß er ohne Unterlaß Lebensmaterial heranraffen, aber dies sein unaufhörliches Alleshabenwollen liegt meilenweit ab vom Dämonischen des wirklichen Raffmenschen, eines Napoleon, der Land und Land und Königreich und Königreich begehrt aus Durst nach Unendlichkeit, oder eines Don Juan, der alle Frauen zu verführen sich gepeitscht fühlt, um die Welt der Frau, diese andere Unendlichkeit, als Alleinherrscher sein eigen zu wissen – der bloße Genußmensch Casanova sucht niemals so bergsteigerische Superlative, sondern nur die Kontinuität des Vergnügens. Nur nicht allein sein, nicht in diesem Frost von Leere einsam schauern, nur keine Einsamkeit! Man beobachte doch nur Casanova, wenn ihm das Spielzeug Unterhaltung fehlt, jede Art Ruhe wird dann sofort zur fürchterlichsten Unruhe. Er kommt abends in eine fremde Stadt: nicht eine Stunde hält es ihn in seinem Zimmer allein mit sich selbst oder einem Buch. Sofort schnuppert er nach allen Seiten, ob ihm nicht der Wind des Zufalls Amüsement bringt, die Magd allenfalls als Wärmflasche dienen könnte für die Nacht. Er wird unten in der Wirtsstube mit zufälligen Gästen zu plaudern beginnen, verdächtigen Falschspielern in jeder Spelunke Paroli halten, mit der erbärmlichsten Hure nächtigen, überall drängt ihn übermächtig die innere Leere dem Lebendigen, den Menschen zu, denn nur die Reibung mit andern entzündet seine Vitalität; mit sich selbst allein ist er wahrscheinlich einer der trübseligsten, gelangweiltesten Gesellen: man merkt es an seinen Schriften (mit Ausnahme der Memoiren) und weiß es von den einsamen Jahren in Dux, wo er die Langeweile »die Hölle« nannte, »die Dante zu schildern vergessen«. Wie ein Kreisel unablässig gepeitscht werden muß, sonst kollert er jämmerlich zu Boden, so braucht Casanova für seinen Schwung den spornenden Antrieb von außen: er ist (wie unzählig viele) Abenteurer aus Armut an produktiver Kraft.

Darum wird er immer, kaum daß die natürliche Spannung des Lebens aussetzt, die künstliche einschalten: das Spiel. Denn das Spiel wiederholt in genialer Verkürzung die Lebensspannung, es schafft künstliche Gefahr und Abbreviatur des Schicksals: Asyl darum aller Augenblicksmenschen, ewige Unterhaltung aller Müßigen. Dank dem Spiel läßt sich gleichsam im Wasserglas Ebbe und Flut des Gefühls stürmisch erregen und wird so unersetzbare Beschäftigung der innerlich Unbeschäftigten. Casanova ist ihm verfallen wie keiner. Sowenig er eine Frau sehen kann, ohne sie zu begehren, vermag er Geld auf einem Spieltisch umrollen sehen, ohne daß ihm die Finger aus der Tasche zucken; und selbst, wenn er im Bankhalter einen notorischen Plünderer erkennt, einen Kollegen im Falschspiel, so wagt er, obwohl er ihn verloren weiß, seinen letzten Dukaten. Nichts zeigt seine Spielversessenheit, seine maßlose, haltlose Hasardwütigkeit offensichtlicher, als daß er, obzwar selbst Plünderer, immer wieder sich plündern läßt, weil er auch der übelsten Chance nicht widerstehen kann. Nicht einmal, sondern zwanzig-, hundertmal verliert er die Beute mühsamer Prellerei an die immer neu herausgeforderte Chance des Kartenfalls. Aber gerade dies stempelt ihn ja zum wahrhaften und urtümlichen Spieler, daß er nicht spielt, um zu gewinnen (wie langweilig wäre das), sondern um zu spielen. Niemals sucht er die endgültige Entspannung, sondern dauerndes Gespanntsein, das ewige Abenteuer in der Abbreviatur von Schwarz und Rot, Karo und As, das zuckende Auf und Ab, in dem er erst seine Nerven spürt und seine Leidenschaft als strömend empfindet – wie Systole und Diastole, wie Aus- und Einatmen des feurigen Weltstoffs braucht er diese funkelnde Gegensätzlichkeit von Gewinst und Verlust am Spieltisch, das Erobern und Wegwerfen der Frauen, den Kontrast von Armsein und Reichsein, das ins Unendliche verlängerte Abenteuer. Und da selbst ein so kinohaft buntes Leben noch Intervalle hat an Plötzlichkeiten, Überraschungen und Wetterstürzen, füllt er diese leeren Pausen mit der künstlichen Spannung des Kartenfatums, und erst dank seinen tollwütigen Hasardwürfen erreicht er die plötzlichen Kurven von oben nach unten, diese schmetternden Niederstürze ins Nichts: heute noch die Taschen voll Gold, Grandseigneur, zwei Diener hinter der Karosse, und morgen die Diamanten rasch einem Juden verkauft und die Hosen – kein Scherz dies, man hat die Quittung gefunden! – im Leihhaus in Zürich versetzt. Aber genau so und nicht anders will ja dieser Erzabenteurer sein Leben – weit auseinandergefetzt von diesen plötzlichen Explosionen des Glücks und der Verzweiflung: um ihretwillen wirft er immer wieder sein ganzes vehementes Wesen als letzten und einzigen Einsatz dem Schicksal hin. Zehnmal steht er im Duell einen Zoll breit vor dem Tod, dutzendmal vor dem Zuchthaus oder der Galeere, Millionen strömen ihm zu und wieder fort, und er biegt nicht einmal die Hand, einen Tropfen zu halten. Aber gerade weil er immer sich hingibt und immer ganz an jedes Spiel, jede Frau, jeden Augenblick, jedes Abenteuer, gerade darum gewinnt, der als erbärmlicher Bettler in fremdem Ausgedinge stirbt, schließlich das Höchste: unendliche Fülle des Lebens.

Homo eroticus

Verführt ich jemals? Nein, ich war zur Stelle.
Wenn just mit holder Zauberei Natur
Ihr Werk begonnen, auch verließ ich keine,
Denn ewig jeder dankbar blieb mein Herz.
Arthur Schnitzler, Casanova in Spa

Er dilettiert recht und meist schlecht in allen Künsten, schreibt stolperige Verse und narkotische Philosopheme, er kratzt mittelmäßig die Geige und konversiert bestenfalls wie ein Enzyklopädist. Trefflicher schon versteht er jene Spiele, die der Teufel erfunden und so da sind: Pharao, Karten, Biribi, Würfel, Domino, Bauernfängerei, Alchimie und Diplomatie. Aber als Magier und Meister exzelliert Casanova einzig im Liebesspiel. Hier binden sich in schöpferischer Chemie seine hundert verpfuschten und stückhaften Talente zum reinen Element des vollkommenen Erotikers, hier und nur hier hat dieser zweideutige Dilettant unwidersprechlich Genie. Sein Körper schon scheint sichtlich dem Dienst der Cythere zugeschaffen. Ausnahmsweise verschwenderisch, mit voller Faust hat die sonst sparsame Natur in den Tiegel gegriffen, um alles an Saft, Sinnlichkeit, Kraft und Schönheit zusammenzuraffen, damit den Frauen zur Freude wieder einmal ein rechter Mann entstehe, eine mâle, ein Mannskerl oder Männchen, ganz wie man's übersetzen will, ein vollwichtiges und doch federndes, ein hartes und doch heißes Exemplar dieses guten Geschlechts. Denn man geht fehl, Casanova, den Eroberer, physisch nach unserem schlankschmalen, modischen Schönheitstypus zu denken: dieser bei uomo ist kein

Ephebe, durchaus nicht, sondern ein rechter Mannshengst mit Schultern des Farnesischen Herkules, Muskeln eines römischen Ringers, der braunen Schönheit eines Zigeunerburschen, der Stoßkraft und Frechheit eines Kondottiere und der Brünstigkeit eines wirrhaarigen Waldgottes. Metall sein Körper, strotzend von Überschuß und Kraft: viermalige Syphilis, zwei Vergiftungen, ein Dutzend Degenstiche, die grau-gräßlichen Jahre unter den Bleidächern und in stinkenden spanischen Kerkern, die plötzlichen Reisen von sizilianischer Hitze in moskowitischen Frost erschüttern keinen Zoll seiner phallischen Bereitschaft und Kraft. Wo immer und wann immer, es genügt der Funke eines Blicks, der physische Fernkontakt weiblicher Nähe, und schon flammt und funktioniert diese unbesiegbare Sexualitas. Ein ganzes emsiges Vierteljahrhundert bewährt er den sagenhaften Messer sempre pronto, den Herrn Allzeitbereit der italienischen Schwanke, lehrt unermüdlich die Frauen höhere Mathematik als die wackersten ihrer Liebhaber, und das ärgerliche Fiasko im Bett (dem Stendhal in seinem Traktat »l'Amour« die Wichtigkeit eines eigenen Kapitels zumißt) kennt er bis zum vierzigsten Jahre nur vom Hörensagen und Gerücht. Ein Körper, der nie ermattet, wenn die Begierde ihn aufruft, eine Begierde wiederum, die nie aussetzt, die wachnervig allem Weiblichen auflauert, eine Leidenschaft, die trotz wütigster Verschwendung nicht armt, ein Spieltrieb, der keinen Einsatz scheut – tatsächlich, selten hat die Natur einem Meister ein derart vollsaitiges Körperinstrument, eine solche viola d'amore zum Spiel für ein ganzes Leben anvertraut.

Aber Meisterschaft fordert zur rechten Bewährung noch besonderes Unterpfand: die völlige Hingabe, die restlose Konzentration. Nur der Monogam eines Triebs erreicht das Maximum in der Leidenschaft, nur völlige Zusammengefaßtheit in eine Richtung schafft vollendete Leistung; wie dem Musiker Musik, dem Dichter Gestaltung, dem Geizigen Geld, dem Sportwütigen Rekord, muß einem vollgültigen Erotiker die Frau, ihre Umwerbung, Begehrung und Besitz zum wichtigsten, nein zum einzigen Weltgut werden. Wegen der ewigen Eifersucht aller Leidenschaften widereinander darf er nur dieser einen und einzigen unter allen Passionen sich hingeben, einzig in ihr und in ihr allein Sinn und Unendlichkeit der Welt erfassen. Casanova, der ewig Untreue, bleibt sich treu in der Weibsleidenschaft. Bietet ihm den Dogenring von Venedig, die Schätze der Fuggers, Adelsbrief, Haus und Bestallung, Feldherrn- und Dichterruhm, er wird mit lockerer Hand diesen Firlefanz, diese dummen Wertlosigkeiten wegwerfen für den Duft einer neuen Haut, den unersetzbar süßen Anblick und Augenblick nachgiebigen Gewährens. Alle Verheißungen der Welt, Ehre, Amt und Würde, Zeit, bläst er weg wie Pfeifenrauch für ein Abenteuer, ja mehr noch, sogar für die bloße Möglichkeit eines Abenteuers. Denn dieser erotische Spielmensch braucht gar kein Verliebtsein für sein Begehren; schon die Ahnung, die knisternde, noch nicht faßbare Nähe eines Abenteuers, hitzt seine Phantasie. Von Hunderten bloß ein Beispiel: die Episode gleich zu Anfang des zweiten Bandes, wo Casanova in wichtigster Angelegenheit mit Eilpost nach Neapel reist. Da sieht er unterwegs in einem Gasthaus in einem Nachbarzimmer, in einem fremden Bett, bei dem ungarischen Hauptmann eine schöne Frau – nein, toller noch, er weiß ja damals noch nicht, ob sie schön ist, denn er hat die unter der Bettdecke Verborgene gar nicht gesehen. Er hat nur ein junges Lachen gehört, Lachen einer Frau, und schon beben ihm die Nüstern. Nichts weiß er von ihr, nicht, ob sie verlockend ist, ob schön oder häßlich, jung oder alt, willig oder abwehrend, frei oder schon gebunden, und doch, sofort wirft er mit dem Felleisen alle Pläne unter den Tisch, läßt die schon bereiten Pferde ausspannen und bleibt in Parma, nur weil ihn, den immer spiellüsternen Hasardeur, schon diese winzige und ganz ungestaltete Chance eines Abenteuers toll macht. So scheinbar sinnlos und so weise in seinem eigensten, natürlichsten Sinn handelt Casanova jederzeit und jedes Orts. Für eine Stunde mit einer unbekannten Frau wird er Tag oder Nacht, morgens oder abends unfehlbar zu jeder Torheit bereit sein. Wo er begehrt, schreckt ihn kein Preis, wo er erobern will, kein Widerstand. Um eine Frau wiederzusehen, jene deutsche Bürgermeisterin, die ihm anscheinend nicht besonders wichtig ist und von der er gar nicht weiß, ob sie ihn wird beglücken können, geht er mit frecher Stirn ungeladen und bewußt unerwünscht in Köln in eine fremde Gesellschaft, muß mit verbissenen Zähnen sich vom Gastgeber abkanzeln, von den anderen verlachen lassen; aber was fühlt, wenn er brünstig ist, der Hengst von den Prügeln, die auf ihn niederprasseln? Hungernd und frierend zwischen Ratten und Ungeziefer wird Casanova eine Nacht im eiskalten Kellerraum gern erdulden, winkt nur im Morgengrauen eine durchaus nicht bequeme Schäferstunde, er riskiert dutzendmal Degenstiche, Pistolenschüsse, Beschimpfungen, Erpressungen, Krankheiten, Erniedrigungen – und zwar nicht, was schon immerhin begreiflicher wäre, für eine Anadyomene, für eine einzig und wahrhaft Geliebte, sondern für Frau Jedermann, für Frau Irgendwer, für jede gerade erreichbare Frau, nur weil sie Frau ist, Spezies von jenem andersartigen und für ihn so begehrlichen Geschlecht. Jeder Kuppler, jeder Zuhälter kann den weltberühmten Verführer auf das bequemste ausrauben, jeder zugängliche Gatte oder gefällige Bruder ihn in die schmutzigsten Geschäfte reiten, sofern nur seine Sinne gereizt sind – aber wann wären sie es nicht, wann Casanovas erotischer Durst jemals vollkommen gestillt? Semper novarum rerum cupidus, allzeit neuer Beute gierig, vibrieren seine Lüste unablässig einem Unbekannten entgegen. Wie Sauerstoff, Schlaf und Bewegung braucht dieser männische Leib unablässig sein weich wollüstiges Bettfutter und der unstete Sinn die flirrende Spannung des Abenteuers. Keinen Monat, keine Woche, kaum einen Tag, nirgends und niemals kann er sich wohl fühlen ohne Frauen. Enthaltsamkeit heißt, aus Casa-

novas Vokabular übersetzt, ganz einfach: Stumpfsinn und Langeweile.

Kein Wunder, daß bei so robustem Appetit und beharrlichem
Konsum die Qualität seiner Weiblichkeit nicht durchgängig vollwertig bleibt. Mit solch einem Kamelmagen der Sinnlichkeit wird
man nicht Feinschmecker, kein Gourmet, sondern simpler Vielfraß,
bloßer Gourmand. Darum bedeutet, Casanovas Geliebte gewesen
zu sein, an sich durchaus noch keine besondere Empfehlung, denn
man muß weder Helena noch Jungfrau und keusch, noch sonderlich geistvoll, wohlerzogen und verlockend sein, damit der hohe
Herr sich herablasse; dem Leichtverführbaren genügt meist die
bloße Tatsache, daß sie Frau ist, Weib, Vagina, polares Geschlechts-
wesen, von der Natur geformt, ihm seine Sinnlichkeit abzufüllen.
Deshalb beliebe man gründlich abzuräumen mit etwa vorhandenen
romantischen oder ästhetischen Vorstellungen dieses weitläufigen
Hirschparks; wie immer bei dem professionellen, also wahllosen
Erotiker erweist sich die Kollektion Casanovas als durchaus un-
gleichwertig und, weiß Gott, nicht durchweg als eine Schönheits-
galerie. Einige Gestalten zwar, zarte, süße, halbwüchsige Mädchen-
gesichter, möchte man gezeichnet wissen von seinen malerischen
Landsleuten Guido Reni und Raffael, einige auch von Rubens ge-
malt oder von Boucher mit zartem Rötel auf seidene Fächer hinge-
deutet, aber daneben, welche Gestalten auch, englische Gassenhu-
ren, deren freche Fratze nur der grimmige Stift Hogarths wieder-
geben könnte, zerluderte alte Hexen, die Goyas Grimm herausgefordert hätten, verseuchte Dirnengesichter im Stil des Toulouse-
Lautrec, Bauernmenscher und Dienstboten, ein tolles Kunterbunt
von Schönheit und Schmutz, Geist und Gemeinheit. Denn dieser
Panerotiker hat in der Wollust rüde Geschmacksnerven, und der
Radius seiner Begierde dehnt sich bedenklich weit ins Absonderli-
che und Abwegige. Casanovas Abenteuer beginnen bei Altersklas-
sen, die in unseren reglementierten Zeiten ihn schonungslos mit

dem Staatsanwalt in Konflikt brächten, und reichen hinauf bis zum grausen Geripppe, bis zu jener siebzigjährigen Ruine, der Herzogin von Urfé – die schauerlichste Schäferstunde, die wohl jemals ein Mann im geschriebenen Wort der Nachwelt schamlos anvertraute. Durch alle Länder, durch alle Klassen wirbelt diese keineswegs klassische Walpurgisnacht; zarteste, reinste Gestalten, erglühend im Schauer erster Scham, vornehme Frauen, spitzenübersät und im Glanz ihrer Edelsteine, reichen dem Abhub der Bordelle, den Scheusalen der Matrosenschenken hastig die Hand zum Reigen, die zynische Bucklige, die perfide Hinkende, lasterhafte Kinder, brünstige Greisinnen, all das tritt sich die Füße im Hexentanz. Die Tante räumt der Nichte das noch warme Bett, die Mutter der Tochter, Kuppler schieben ihre Kinder, gefällige Ehemänner dem immer Begehrlichen die eigenen Frauen ins Haus, Soldatendirnen tauschen mit Edeldamen das gleiche geschwinde Vergnügen derselben Nacht – nein, man gewöhne sich's endlich ab, die Liebestaten Casanovas unbewußt in der Art der galanten Kupferstiche des Dix-huitième und mit anmutigen, amourösen Appetitlichkeiten zu illustrieren nein, und siebenmal nein, man habe doch endlich den Mut, hier einmal die wahllose Erotik als Pandämonium der männlichen Sinnlichkeit zu sehen. Eine so unerschöpflich wahllose Libido wie die Casanovas geht über Stock und Stein und vor allem an nichts vorbei; ihn lockt das Abstruse nicht minder als das Alltägliche, es gibt keine Anomalie, die ihn nicht hitzte, keine Absurdität, die ihn ernüchterte. Verlauste Betten, verschmutzte Wäsche, zweifelhafte Gerüche, Kameradschaft mit Zutreibern, die Gegenwart heimlicher oder bestellter Zuschauer, gemeine Ausbeutungen und die üblichen Krankheiten, all das sind unfühlsame Kleinigkeiten für diesen göttlichen Stier, der, ein anderer Jupiter, Europa umarmen will, die ganze Weibwelt in jeder Form und Entformung, in jeder Gestalt und in jedem Geripppe – maßlos neugierig ebenso auf das Phantastische wie auf das Natürliche in seiner panischen und fast schon manischen Lust. Aber typisch für das Männliche dieser Erotik: so ständig und stürmisch ihre Blutwelle strömt, niemals überflutet sie dabei das natürliche Bett. Brüsk hält Casanovas Instinkt an der Geschlechtsgrenze inne. Ekel schüttelt ihn bei der Berührung eines Kastraten, mit dem Stock prügelt er Lustknaben weg; alle seine Umwegigkeiten und Perversionen gelten in merkwürdiger Treue nur immer der Weibwelt als seiner vollkommenen und eingeborenen Sphäre. Hier aber freilich kennt sein Furor keine Grenze, keine Hemmung und keinen Halt, wahllos, zahllos und ohne Unterlaß strahlt diese Begierde jeder entgegen mit der ewig trunkenen, von jeder neuen Frau neu berauschten Lustkraft eines griechischen Waldgottes.

Gerade aber dieses Panische, dieses Rauschhafte und Naturhafte seines Begehrens gibt Casanova unerhörte Macht über die Frauen, eine Beinahe-Unwiderstehlichkeit. Mit jähem Instinkt vom Blute her spüren sie in ihm das Manntier, den brennenden, lodernden, ganz ihnen entgegengeschnellten Menschen, und sie lassen sich besitzen von ihm, weil er von ihnen vollkommen besessen ist, sie fallen ihm zu, weil er ihnen verfallen ist, und zwar nicht ihr, der einzelnen, sondern der Pluralität, der Frau in ihnen, dem Gegensatz, dem andern Pol. Hier ist endlich einer, so fühlen sie aus Intuition des Geschlechts, dem nichts wichtiger ist als wir, der nicht wie die andern, müde von Geschäften und Pflichten, verdrossen und ehemännisch, nur so zwischendurch und nebensächlich uns umwirbt, sondern einer, der uns entgegenstürzt mit der vollen, wildbachhaften Wucht seines Wesens, einer der nicht spart, sondern verschwendet, der nicht zögen und wählt. Und wirklich, restlos weiß er sich hinzugeben: den letzten Tropfen Lust aus seinem Leibe, den letzten Dukaten aus der Tasche, alles wird er immer bereit sein, für eine jede, nur weil sie Frau ist und in diesem Augenblick seinen Weibsdurst stillt, unbedenklich hinzuopfern. Denn Frauen glücklich zu sehen, selig überrascht, entzückt, lachend und hingerissen, ist für Casanova Endgenuß alles Genießens. Er überhäuft, solange er noch Geld hat, eine jede mit zärtlich gewählten Geschenken, schmeichelt mit Luxus und Leichtsinn ihren Eitelkeiten, er liebt, sie üppig zu kleiden, in Spitzen zu hüllen, ehe er sie nackt enthüllt, sie zu überraschen mit nie gesehenen Kostbarkeiten, sie zu überraschen mit Sturzwellen der Verschwendung und Flammenspiel der Leidenschaft – wirklich ein Gott, ein schenkender Jupiter, der zugleich mit der Glut seiner Adern auch mit goldenem Regen die Geliebte überströmt. Und daß er, auch hierin Jupiter gleich, dann bald wieder in Wolken entschwindet – »ich habe die Frauen rasend geliebt, aber ich habe ihnen stets die Freiheit vorgezogen« –, das mindert nicht, nein, erhöht nur seinen Nimbus, denn gerade durch das Gewitterhafte seines Einbruchs und Entschwindens bleibt ihnen Erinnerung an diesen Einen und Außergewöhnlichen, das unwiederholbare herrliche Abenteuer, und ernüchtert sich nicht wie bei andern zu Gewohnheit und banaler Beischläferei. Jede dieser Frauen fühlt instinktiv einen Mann wie diesen unmöglich als Gatten: nur als an den Liebhaber, den Gott einer Nacht, wird sie sich seiner im Blute erinnern. Obwohl er jede verläßt, wird keine ihn doch anders wollen, als er gewesen: darum braucht Casanova nur genau so zu sein, wie er ist, also ehrlich in seiner ungetreuen Leidenschaft, und er wird jede gewinnen.

Ich sagte eben: ehrlich, ein bei Casanova erstaunliches Wort. Aber es hilft nichts: gerade im Liebesspiel muß man diesem abgestraften Falschspieler und gerissenen Gauner eine Art Redlichkeit zuerkennen. Casanovas Beziehung zu den Frauen ist wirklich ehrlich, weil bloß bluthaft, bloß sinnlich. Beschämend, dies zu vermerken, aber immer beginnt ja die Unwahrhaftigkeit in der Liebe erst mit der Einmengung höherer Gefühle. Der dumpfe brave Bursche Körper selbst lügt nicht, er übertreibt niemals seine Überspannungen und Begehrlichkeiten über das naturgemäß Erreichbare hinaus. Erst wenn der Geist und das Gefühl sich einmengen, sie, die ihrem beflügelten Wesen gemäß ins Grenzenlose führen, wird alle Leidenschaft übertreiblich und phantasiert Ewigkeiten in unsere irdischen Beziehungen hinein. Casanova, der nie über den Rand des Körperlichen hinaus schwelgt, hat es darum leicht, zu halten, was er verspricht, er gibt aus dem prachtvollen Magazin seiner Sinnlichkeit Lust gegen Lust, Leib gegen Leib, und gerät niemals in Seelenschuld. Darum fühlen sich auch seine Frauen post festum nicht in platonischen Erwartungen betrogen, denn gerade weil dieser scheinbar Frivole keine anderen Entzückungen als die Spasmen des Geschlechts von ihnen fordert, weil er sie nicht in Unendlichkeiten des Gefühls hinaufredet, wird er ihnen immer Ernüchterung ersparen. Es steht jedem frei, solche Art der Erotik niedere Liebe, bloß geschlechtliche, hauthafte, seelenlose und animalische zu nennen, aber man rüttle nicht an ihrer Redlichkeit. Denn handelt nicht wirklich dieser lockere Luftikus mit seinem offenen und kerzengeraden Habenwollen wahrhafter und wohltätiger an den Frauen als die romantischen Schwärmer? Während hinter Goethes und Byrons Lebensweg eine Unzahl Frauen als zerbrochene, verbogene, zerschellte Existenzen zurückbleiben, eben weil Naturen höherer und kosmischer Art in der Liebe unwillkürlich das Seelische einer Frau so ausweiten, daß sie dann, dieses feurigen Hauchs nicht mehr teilhaftig, ihre irdische Form nicht mehr finden, richtet die Zunderhitzigkeit Casanovas eigentlich herzlich wenig Seelenschaden an. Er schafft keine Niederbrüche, keine Verzweiflungen, er hat viele Frauen glücklich gemacht und keine hysterisch, alle kehren sie aus dem rein sinnlichen Abenteuer unbeschädigt in den Alltag zurück, entweder zu ihren Männern oder zu andern Geliebten. Er streift über sie alle nur wie ein tropischer Wind hinweg, daran sie aufblühen zu heißerer Sinnlichkeit. Er überglüht, aber versengt sie nicht, er erobert, ohne zu zerstören, er verführt, ohne zu verderben, und eben weil sich diese seine Erotik im festeren Gewebe der Epidermis abspielt und nicht im leichter zu beschädigenden der wirklichen Seele, zeitigen seine Eroberungen keine Katastrophen.

Seine Passion kennt als bloß erotische nicht die Ekstase der äußersten einmaligen Leidenschaft. Man beunruhige sich deshalb nicht, wenn er furchtbar verzweifelt tut, sobald Henriette oder die schöne Portugiesin ihn verläßt, er wird nicht zur Pistole greifen, und tatsächlich, zwei Tage später finden wir ihn schon bei einer andern oder in einem Bordell. Kann die Nonne C. C. nicht mehr von Murano ins Kasino kommen, und erscheint an ihrer Stelle die Klosterschwester M. M., so gelingt die Tröstung überraschend geschwind, jede eine ersetzt jede andere, und so hat man's nicht schwer, herauszufinden, daß er als echter Erotiker niemals vollkommen verliebt war in eine seiner vielen einzelnen Frauen, sondern in den ewigen Plural, in den unablässigen Wechsel, die Vielzahl der Abenteuer. Selbst glitscht ihm einmal das gefährliche Wort aus: »Schon damals fühlte ich dunkel, daß Liebe nur eine mehr oder weniger lebhafte Neugierde sei«, und diese Definition fasse man an, um ihn zu fassen, und breche das Wort Neugierde gut auseinander: Neu-Gierde, immer neue Gier nach immer Neuem, nach immer anderen Erfahrungen an immer anderen Frauen. Ihn reizt niemals das Individuum, sondern die Variante, die unablässig neue Kombination auf dem unerschöpflichen Schachbrett des Eros. Wie Einatmen und Ausatmen, so selbstverständlich und naturgemäß ist sein Nehmen und Lassen, und dies rein funktionelle Genießen erklärt, warum Casanova als Künstler eigentlich keiner seiner tausend Frauen uns wahrhaft seelenplastisch macht: herzhaft gesagt, erregen alle seine Schilderungen den Verdacht, er habe allen seinen Geliebten gar nie recht ins Gesicht gesehen, sondern sie eben nur in certo punto, aus einer gewissen, höchst mittleren Perspektive betrachtet. Was ihn begeistert, ihn »entflammt«, sind nach echter Südländerart immer dieselben Dinge, die grobsinnlichen, bauerngewahrsamen, tastbar und in das Auge springenden Geschlechts-

momente des Weibes, immer und immer wieder (bis zum Über-
druß) der »Alabasterbusen«, die »göttlichen Halbkugeln«, die »ju-
nonische Gestalt«, die immer wieder durch andern Zufall entblößten »geheimsten Reize«, genau dasselbe also, was einem geilen
Gymnasiasten bei der Dienstmagd die Pupille kitzelt. So bleibt von
den unzähligen Henrietten, Irenen, Babetten, Mariuccias, Ermelinen,
Markolinen, Ignazias, Lucias, Esthers, Saras und Klaras (man
müßte eigentlich den ganzen Kalender abschreiben!) nicht viel
anderes zurück als ein fleischfarbenes Gelee warmer, wollüstiger
Frauenkörper, ein bacchantisches Durcheinander von Ziffern und
Zahlen, Leistungen und Begeisterungen – durchaus die Darstel-
lungsart eines Berauschten am Morgen, der, schweren Kopfes
aufwachend, nicht mehr weiß, was und wo und mit wem er
nachtsüber getrunken. Er hat sie alle nur in der Haut genossen,
in der Epidermis gefühlt, einzig im Fleische erkannt. Und so verrät
uns deutsamer der präzise Maßstab der Kunst als das Leben selbst
den ungeheuren Unterschied zwischen dem bloß Erotischen und
dem wahrhaft Liebenden, zwischen dem, der alles gewinnt und
nichts behält, und jenem, der weniges erringt, aber durch Seelenkraft dies Flüchtige zum Dauerhaften steigert. Ein einziges Erlebnis
Stendhals, dieses im Faktischen ziemlich tristen Liebeshelden,
sondert mehr seelische Substanz durch Sublimierung ab als hier
dreitausend Nächte, und in welche ekstatische Zonen des Geistes
der Eros emporzuführen vermag, davon geben alle sechzehn Bände
Casanovas weniger Ahnung als ein vierstrophiges Goethegedicht.
Im höheren Sinn betrachtet, sind darum Casanovas Memoiren
mehr ein statistisches Referat als Roman, mehr Feldzugserlebnis
als Dichtung, eine Odyssee der Wanderungen im Fleische, eine
Ilias der ewigen Mannesbrunst nach der ewigen Helena. Ihr Wert
beruht auf Quantität, nicht auf Qualität, sie werden wertvoll durch
die Varianten und nicht den Einzelfall, nur durch Vielform, nicht
aber durch seelische Bedeutsamkeit.

Eben aber um der Fülle dieser Erlebnisse willen hat unsere Welt, die fast immer nur den Rekord registriert und selten die Seelenkraft mißt, Giacomo Casanova zum Symbol des phallischen Triumphators erhoben und mit dem kostbarsten Kranze ihres Ruhms, der Sprichwörtlichkeit, gekrönt. Ein Casanova, das heißt heute zu deutsch und in allen europäischen Sprachen: Ritter Unwiderstehlich, Frauenvielfraß, Meisterverführer, und repräsentiert im männlichen Mythos genau was Helena, Phryne, Ninon de Lenclos im weiblichen. Immer muß ja die Menschheit, um aus ihren Millionen Eintagslarven den unsterblichen Typus zu schaffen, dem allgemeinen Fall die Abbreviatur eines einzelnen Gesichts zuweisen, und so gelangt dieser venezianische Schauspielersohn zur unvermuteten Ehre, als Inkarnation des Liebeshelden für alle Zeiten zu gelten. Freilich muß er dies beneidenswerte Postament noch mit einem zweiten und sogar legendarischen Gefährten teilen; neben ihm steht, edleren Geblüts, dunklerer Art und dämonischer in der Erscheinung, sein spanischer Rivale Don Juan. Oftmals ist der latente Kontrast zwischen diesen beiden Mannesmeistern der Verführung angedeutet worden, doch sowenig sich die geistige Antithese Leonardo-Michelangelo, Tolstoi-Dostojewski, Plato und Aristoteles jemals erschöpft, weil jedes Geschlecht sie typologisch wiederholt, so ergiebig bleibt diese Gegenüberstellung der beiden Urformen der Erotik. Denn obgleich sie beide in gleiche Richtung vorstoßen, beide Habichte der Weiber, immer neu einbrechend in ihre scheue oder selig erschreckte Schar, so weist sie doch der seelische Habitus vollkommen verschiedener Rasse zu. Don Juan ist Hidalgo, Edelmann, Spanier und selbst in der Revolte noch Katholik im Gefühl. Als Pursangre-Spanier kreist sein ganzes Gefühlsdenken um den Begriff der Ehre, als mittelalterlicher Katholik gehorcht er unbewußt der kirchlichen Wertung aller Fleischlichkeit als »Sünde«. Außereheliche Liebe bedeutet (doppelt reizvoll darum), aus dieser transzendenten Perspektive der Christlichkeit gesehen, etwas Teuflisches,

Gottwidriges und Verbotenes, und das Weib, die Frau, das Instrument dieser Sünde. Ihr Wesen, ihr Dasein selbst schon ist Verführung und Gefährdung, darum auch die scheinbar vollkommenste Tugend beim Weibe nur eben Schein, Täuschung und Larve der Schlange. Don Juan glaubt keiner aus diesem Teufelsgeschlecht ihre Reinheit und Keuschheit, er weiß jede nackt unter ihren Kleidern, zugänglich der Verführung, und diese Hinfälligkeit des Weibes an mille e tre Beispielen zu entlarven, sich, der Welt und Gott zu beweisen, daß alle diese unnahbaren Doñas, diese schein-getreuen Gattinnen, die schwärmerischen Halbkinder, die gottver-schworenen Bräute Christi, alle ohne Ausnahme ins Bett zu kriegen sind, nur anges à l'église und singes au lit, Engel bloß in der Kirche, aber unfehlbar alle äffisch sinnlich im Bett – dies und nur dies peitscht diesen Weibswütigen unablässig zur jedesmal neu leiden-schaftlich wiederholten Tat der Verführung.

Nichts Dümmeres daher, als Don Juan, den Erzfeind des weibli-chen Geschlechts, als amoroso, als Frauenfreund, als Liebhaber hinzustellen, denn niemals bewegt ihn je wahrhafte Liebe und Zuneigung zu einer von ihnen, sondern Urhaß der Männlichkeit treibt ihn dämonisch gegen das Weib. Sein Nehmen ist niemals ein Habenwollen für sich, immer nur ein Ihr-Wegnehmen-Wollen, ein Entreißen ihres Kostbarsten: der Ehre. Seine Lust springt nicht wie bei Casanova ab von den Samensträngen, sie stammt aus dem Gehirn, denn in jeder einzelnen will dieser seelische Sadist immer die ganze Weiblichkeit erniedrigen, beschämen und kränken; sein Genuß geschieht durchaus umwegig als ein phantastisches Voraus-genießen der Verzweiflung jeder geschändeten Frau, die er entehrt. Darum steigert sich der Jagdreiz (im Gegensatz zu Casanova, dem diejenige am besten taugt, die am raschesten aus ihren Kleidern fährt) für Don Juan am Maße der Schwierigkeit; je unnahbarer eine Frau, um so vollwertiger und beweiskräftiger für seine These dann der endgültige Triumph. Wo kein Widerstand, fehlt Don

Juan jeder Antrieb: unmöglich, ihn sich wie Casanova in einem Bordell zu denken, ihn, den nur die diabolische Tat der Erniedrigung reizt, das In-die-Sünde-Stoßen, der einmalige und unwiederholte Akt des Ehebruchs oder der Nonnenentehrung. Hat er eine gehabt, so ist das Experiment erledigt, die Verführte nur noch Ziffer und Zahl im Register, für das er sich tatsächlich eine Art eigenen Buchhalter anstellt, seinen Leporello. Nie denkt er daran, zärtlich die Geliebte der letzten, der einzigen Nacht noch ein einziges Mal anzublicken, denn sowenig wie der Jäger beim abgeschossenen Wild, wird dieser professionelle Verführer nach beendigtem Experiment bei seinem Opfer bleiben, er muß weiter und weiter, immer andere jagen, möglichst viele, denn sein Urtrieb – und dies erhebt seine luziferische Gestalt ins Dämonische – peitscht ihn unvollendbarer Mission und Leidenschaft zu, nämlich an allen Frauen und damit restlos seinen Weltbeweis von der Hinfälligkeit des Weibes zu führen. Eine Don-Juan-Erotik sucht und findet keine Ruhe und keinen Genuß; in einer Art Blutrache steht er als Mann ewig im Krieg gegen die Frau verschworen, und der Teufel hat ihm dafür die vollendetsten Waffen gegeben, Reichtum, Jugend, Adel, körperliche Anmut und das Wichtigste: vollkommene, eiskalte Fühllosigkeit.

Und tatsächlich denken die Frauen, sobald sie seiner kalten Technik verfallen sind, an Don Juan wie an den Teufel selbst, sie hassen mit aller Inbrunst ihrer gestrigen Liebe den betrügerischen Erzfeind, der am nächsten Morgen schon ihre Leidenschaft mit dem eiskalten Guß höhnischen Lachens überschüttet (Mozart hat es uns unsterblich gemacht). Sie schämen sich ihrer Schwäche, sie wüten, sie rasen, sie toben in ohnmächtigem Zorn gegen den Schurken, der sie belogen, betrogen, geprellt, und sie hassen in ihm das ganze männliche Geschlecht. Jede Frau, Doña Anna, Doña Elvira, sie alle, die tausendunddrei, die seinem berechnenden Drängen nachgegeben, bleiben für immer seelisch vergiftet in ihrer

Weiblichkeit. Die Frauen hingegen, die Casanova sich hingegeben haben, danken ihm wie einem Gott, denn nicht nur nichts genommen hat er ihnen von ihren Gefühlen, nicht gekränkt in ihrer Weiblichkeit, sondern sie beschenkt mit einer neuen Sicherheit ihres Daseins. Gerade das, was der spanische Satanist Don Juan sie als Teufelsaugenblick zu verachten zwingt, das glühende Leib-in-Leib, das lodernde Sich-sinken-Lassen, eben das lehrt sie Casanova, der zärtliche Magister artium eroticarum, als den wahren Sinn, als die seligste Pflicht ihrer weibgeborenen Natur erkennen. Mit leichter und liebender Hand streift er gleichzeitig mit den Kleidern alle Verschüchterung, Verängstigung diesen Halbfrauen ab – sie werden erst ganz Frauen, sobald sie sich gegeben haben – er beglückt sie, indem er sich selber beglückt, er entschuldigt ihr Mitgenießen durch die eigene dankbare Ekstase. Denn jeder Genuß einer Frau wird Casanova erst vollkommen, sobald er ihn von seiner Partnerin in Nerv und Adern geteilt und mitempfunden weiß – »vier Fünftel des Genusses bestanden für mich immer darin, die Frauen glücklich zu machen« –, er braucht Gegenlust für seine Lust wie ein anderer Gegenliebe für seine Liebe, und seine herkulischen Leistungen wollen nicht so sehr den eigenen Leib, sondern den der umfangenen Frau erschöpfen und entzücken. Nie lockt ihn wie seinen spanischen Widerpart das grobe und sportliche Gehabthaben, sondern einzig das Gegebenhaben. Deshalb wird jede Frau, die sich ihm hingegeben, mehr Frau, weil wissender, wollüstiger und hemmungsloser, und darum suchen sie auch sofort neue Gläubige dieses beglückenden Kults: die Schwester führt die jüngere zur linden Opferung an den Altar, die Mutter ihre Tochter dem zarten Lehrer zu, jede Geliebte drängt die andere in den Ritus und Reigen des schenkenden Gottes. Genau aus demselben unfehlbaren Instinkt der Weibschwesterschaft, mit dem jede von Don Juan Verführte die neu Umworbene (immer vergeblich!) als vor dem Feinde ihres Geschlechtes warnt, empfiehlt eifersuchtslos eine der andern Casanova als den rechten Vergöttlicher ihres Geschlechtes, und so, wie er über die einzelne Gestalt hinaus die Ganzheit des Weibes, lieben sie über ihn hinweg die Ganzheit des leidenschaftlichen Mannes und Meisters.

Die Jahre im Dunkel

> Wie oft habe ich in meinem Leben etwas getan, was mir selber zuwider war und was ich nicht begriff. Aber ich wurde durch eine geheime Macht getrieben, der ich bewußt keinen Widerstand leistete.
>
> *Casanova in den Memoiren*

Gerechterweise dürfen wir es den Frauen gar nicht vorwerfen, so widerstandslos dem großen Verführer verfallen zu sein: geraten wir doch selbst jedesmal, wenn wir ihm begegnen, in Versuchung, seiner lockenden und lodernden Lebenskunst zu erliegen. Denn es ist für keinen Mann leicht, Casanovas Memoiren ohne rabiaten Neid zu lesen, und in manchen ungeduldig unbefriedigten Augenblicken dünkt uns dieses Abenteurers tolle Existenz, sein mit vollen Händen zupackendes Raffen und Genießen, sein das ganze Dasein wild ansaugendes Epikureertum weiser und wirklicher als unser ephemeres Schweifen im Geiste, seine Philosophie lebensfülliger als alle mürrischen Lehren Schopenhauers und die steinkalte Dogmatik Vater Kants. Denn wie arm scheint unsere festgerammte, nur durch Verzicht gefestigte Existenz in solchen Sekunden, der seinen verglichen! Wir haben Vorurteile und Nachurteile, wir schleifen Kettenkugeln des Gewissens klirrend hinter jedem Schritt, Gefangene unserer selbst, und gehen darum mit schweren Füßen, indes dieses Leichtherz, dieser Leichtfuß alle Frauen faßt, alle Länder überfliegt und auf der sausenden Schaukel des Zufalls sich in alle Himmel und Höllen schnellt. Kein wirklicher Mann kann, er leugne es nicht, die Memoiren Casanovas lesen, ohne sich stümperhaft zu fühlen gegen den illustren Meister der Lebenskunst, und manchmal, nein, hundertmal wollte man lieber er sein als Goethe, Michelangelo oder Balzac. Lächelt man anfangs ein wenig kühl über die Schöngeistereien und breiten Radamontaden dieses philosophisch verkleideten Filous, so ist man im sechsten, im zehnten, im zwölften Bande schon geneigt, ihn für den weisesten Menschen und seine Philosophie der Oberflächlichkeit für die klügste und bezauberndste aller Lehren zu halten.

Aber glücklicherweise bekehrt uns Casanova selbst von dieser vorzeitigen Bewunderung. Denn sein Register der Lebenskunst hat ein gefährliches Loch: er hat das Altern vergessen. Eine epikureische Genießertechnik wie die seine, einzig dem Sinnlichen zudrängend, ist ausschließlich auf junge Sinne, auf Saft und Kraft des Körpers aufgebaut. Und sobald die Flamme nicht mehr so munter im Blute brennt, verdampft sofort und erkaltet die ganze Philosophie des Genusses zu einem flauen, ungenießbaren Brei: nur mit frischen Muskeln, mit festen, weißblanken Zähnen kann man sich dermaßen des Lebens bemächtigen, aber wehe, wenn sie auszufallen beginnen und die Sinne versagen, dann versagt auch mit einemmal die gefällige, die selbstgefällige Philosophie. Für den groben Genußmenschen geht die Daseinskurve unfehlbar nach abwärts, denn der Verschwender lebt ohne Reserven, er verludert und verliert seine ganze Wärme an den Augenblick, indes der Geistmensch, der scheinbar Verzichtende, gleichsam in einem Akkumulator Wärme in beharrender Fülle in sich staut. Wer dem Geistigen sich verschworen hat, erfährt auch im Niederschatten der Jahre und oft bis in patriarchalische Zeit (Goethe!) Klärungen und Verklärungen; noch gekühlten Blutes steigert er das Dasein zu intellektuellen Erhellungen und Überraschungen, und für die verminderte Spannkraft des Leibes entschädigt das kühn aufschwingende Spiel der Begriffe. Der reine Sinnesmensch aber, den nur der Schwung der Geschehnisse innerlich in Strömung setzt, bleibt stehen wie ein Mühlrad im ausgetrockneten Bach. Altern ist für ihn Untergang ins Nichts statt Übergang in ein Neues; das Leben fordert, ein unerbittlicher Gläubiger, mit Zins zurück, was zu früh und zu rasch die ungebärdigen Sinne genommen. Und so endet auch Casanovas Weisheit mit seinem Glück, sein Glück mit seiner Jugend; er scheint nur weise, solange er schön, sieghaft und vollkräftig auftritt. Hat man ihn heimlich bis zu seinem vierzigsten Jahre beneidet, von seinem vierzigsten an bemitleidet man ihn.

Denn Casanovas Karneval, dieser bunteste aller venezianischen, endet vorzeitig und trist in einem melancholischen Aschermittwoch. Ganz langsam schleichen Schatten in seine vergnügliche Lebenserzählung wie Runzeln über ein alterndes Antlitz, immer weniger Triumphe hat er zu berichten, immer mehr Ärgerlichkeiten zu verzeichnen: immer häufiger wird er – natürlich jedesmal unschuldig – in Affären von geschobenen Wechseln, falschen Banknoten, verpfändeten Juwelen eingemengt, immer seltener an Fürstenhöfen empfangen. Aus London muß er bei Nacht und Nebel fliehen, knapp ein paar Stunden vor der Verhaftung, die ihn an den Galgen spedieren würde; aus Warschau jagt man ihn fort wie einen Verbrecher, in Wien und Madrid wird er ausgewiesen, in Barcelona vierzig Tage ins Gefängnis gesetzt, in Florenz wirft man ihn hinaus, in Paris weist ihn ein »lettre de cachet« an, unverzüglich die geliebte Stadt zu verlassen: niemand will Casanova mehr, jeder schiebt und schüttelt ihn ab wie eine Laus aus dem Pelz. Erstaunt fragt man sich zuerst, was der gute Junge verbrochen, daß mit einemmal sich die Welt zu ihrem einstigen Liebling dermaßen ungnädig und streng moralisch zeigt. Ist er bösartig geworden, betrügerisch, hat er seinen liebenswürdig suspekten Charakter geändert, daß sich alles von ihm so plötzlich abwendet? Nein, er ist derselbe geblieben, er wird immer derselbe bleiben, Blender und Scharlatan, Amüseur und Schöngeist bis zum letzten Atemzug, ihm beginnt nur das

Element zu fehlen, das seine Schwungkraft so herrlich gestrafft und gespannt: sein Selbstbewußtsein, das sieghafte Gefühl des Jungseins. Wo er am meisten gesündigt, da wird er bestraft: zuerst verlassen die Frauen ihren Liebling, eine kleine jämmerliche Delila hat diesem Simson des Eros den Genickfang gegeben, das listige Luder, die Charpillon in London. Diese Episode, die herrlichste von allen seinen Memoiren, weil die wahrste, die menschlichste, bildet den Wendepunkt. Zum erstenmal wird der erprobte Verführer von einem Weib geprellt, und nicht zwar von einer edlen, unzugänglichen Frau, die aus Tugend sich ihm verweigert, sondern von einem gerissenen blutjungen Hürchen, das versteht, ihn toll zu machen, ihm das ganze Geld aus den Taschen zu locken und ihn trotzdem nicht einen Zoll breit an ihren ludrigen Leib heranzulassen. Ein Casanova, obwohl er bezahlt und überbezahlt, verächtlich zurückgewiesen, ein Casanova verschmäht und mitanschauen müssend, wie jene kleine Dirne gleichzeitig gratis ein dummes, freches Bürschchen, einen Friseurgehilfen mit all dem beglückt, was er mit gierigen Sinnen, mit Aufbietung von Geld, List und Gewalt vergebens erstrebt – das ist der Mordschlag für Casanovas Selbstbewußtsein, und von jener Stunde an wird sein triumphierendes Auftreten irgendwie unsicher und schwank. Vorzeitig, im vierzigsten Jahr, muß er erschrocken feststellen, daß der Motor, der ihm den sieghaften Vorstoß in die Welt gegeben, nicht mehr tadellos funktioniert, und zum erstenmal überkommt ihn Angst, steckenzubleiben: »Am meisten Kummer bereitete mir, daß ich einen Beginn von Abspannung eingestehen mußte, der gewöhnlich mit dem herannahenden Alter verbunden ist. Ich besaß nicht mehr jene sorglose Zuversicht, welche Jugend und Kraftbewußtsein verleihen.« Aber Casanova ohne Selbstzuversicht, Casanova ohne seine allzeitbereite, frauenberauschende Übermanneskraft, ohne Schönheit, ohne Potenz, ohne Geld, ohne das frech aufpochende, willensgewisse, siegsichere Paradieren als des Phallus und der Fortuna

Liebling, was ist er noch, sobald er diesen Haupttrumpf im Weltspiel verloren? »Ein Herr von gewissem Alter«, erwidert er selbst melancholisch, »von dem das Glück nichts mehr wissen will und die Frauen erst recht nicht«, ein Vogel ohne Flügel, ein Mann ohne Männlichkeit, ein Liebhaber ohne Glück, ein Spieler ohne Kapital, ein trister gelangweilter Körper ohne Spannkraft und Schönheit. Zerblasen alle Fanfaren vom Triumph und der Alleinweisheit des Genießens: zum erstenmal schleicht sich das gefährliche Wörtchen »Verzicht« in seine Philosophie. »Die Zeit, wo ich Frauen verliebt gemacht habe, ist vorüber, ich muß entweder auf sie verzichten oder ihre Gefälligkeit erkaufen.« Verzichten, der unfaßbarste Gedanke für einen Casanova, wird grausam wahr, denn um Weiber zu kaufen, brauchte er Geld, das Geld aber schafften ihm immer nur die Weiber: der wundervolle Kreislauf stockt, das Spiel geht zu Ende, der langweilige Ernst beginnt auch für den Meister aller Abenteuer. Und so wird – alter Casanova, armer Casanova – der Genießer zum Schmarotzer, der Weltneugierige zum Spion, der Spieler zum Betrüger und Bettler, der heitere Gesellige zum einsamen Schreiber und Pasquillanten.

Erschütterndes Schauspiel: Casanova rüstet ab, der alte Held unzähliger Liebesschlachten, er wird vorsichtig und bescheiden, der göttliche Frechling und verwegene Spielmensch; ganz leise, ganz drückerisch und still tritt der große commediante in fortuna von der Bühne seiner Erfolge. Er legt die prunkvollen Kleider ab, »die meiner Lage nicht mehr entsprachen«, legt mit Ringen und Diamantschnallen und Dosen auch seinen herrlichen Hochmut ab, wirft seine Philosophie wie eine gestochene Karte unter den Tisch, beugt alternd den Nacken vor dem ehern unerbittlichen Gesetz des Lebens, demzufolge verblühte Dirnen zu Kupplerinnen, Spieler zu Falschspielern, Abenteurer zu Tellerleckern werden müssen. Seit ihm das Blut nicht mehr so warm im Leib umrollt, beginnt der alte Citoyen du monde plötzlich zu frieren inmitten seiner einst so geliebten Weltunendlichkeit und sich ganz sentimental nach Heimat zu sehnen. So senkt der ehemalige Stolze – armer Casanova, der nicht edel zu enden wußte! – reumütig das schuldige Haupt und bittet das venezianische Governo kläglich um Verzeihung: er schreibt speichelleckerische Berichte an die Inquisitoren, verfaßt ein patriotisches Libell, eine »refutatione« der Angriffe auf die venezianische Regierung, in der er sich nicht zu schreiben schämt, die Bleidächer, in denen er geschmachtet, seien »Räume mit guter Luft« und geradezu ein Paradies der Humanität. Von diesen traurigsten Episoden seines Lebens steht nichts mehr in den Memoiren: sie enden vorzeitig und erzählen nicht mehr die Jahre der Schande. Er tritt ins Dunkel zurück, vielleicht, um ein Erröten zu verbergen, und fast freut man sich dessen, denn wie traurig parodiert dieser ausgebälgte Hahn, dieser ausgesungene Sänger den sieghaft Frohen, den wir so lange beneidet!

Und dann schleicht ein paar Jahre lang über die Merceria ein dicker sanguinischer Herr, nicht sehr edelmännisch gekleidet, horcht emsig, was die Venezianer reden, setzt sich in die Weinschänken, um die Verdächtigen zu beobachten, und skribelt abends langwierige Spionenberichte an die Inquisitoren. Angelo Pratolini sind diese unsauberen Informationen unterschrieben. Deckname eines begnadigten Lockspitzels und betulichen Spiönchens, das für ein paar Goldstücke fremde Menschen in dieselben Gefängnisse bringt, die er selbst in seiner Jugend gekannt und deren Schilderung ihn berühmt gemacht. Ja, aus dem schabrackenhaft aufgeputzten Chevalier de Seingalt, dem Liebling der Frauen, aus Casanova, dem funkelnden Verführer, ist Angelo Pratolini geworden, der nackte niedrige Angeber und Schuft; die einst diamantberingten Hände wühlen in schmutzigen Geschäften und spritzen Tintengift und -galle nach rechts und links, bis sogar Venedig sich des quengelnden Querulanten mit einem Fußtritt entledigt. Die Nachrichten schweigen über die nächsten Jahre, und niemand weiß, auf welchen traurigen Wegen dann noch das halb kaputte Wrack gefahren ist, ehe es endgültig in Böhmen scheitert; man weiß nur, noch einmal zigeunert der alte Abenteurer durch Europa, balzt vor den Aristokraten, scharwenzelt um die Reichen, versucht seine alten Künste: Falschspiel, Kabbala und Kuppelei. Aber die fördernden Götter seiner Jugend, Frechheit und Zuversicht, haben ihn verlassen, die Frauen lachen ihm höhnisch in die Runzeln hinein, er bringt es nicht mehr hoch, er fristet und frettet sich mühsam durch, Sekretär (und wahrscheinlich wieder Spion) beim Gesandten in Wien, kläglicher Skribler, unnützer, unerwünschter und von der Polizei immer bald wieder hinauskomplimentierter Gast aller europäischen Städte. In Wien will er schließlich eine Grabennymphe heiraten, um durch ihren einträglichen Beruf einigermaßen gesichert zu sein; auch dies mißlingt ihm. Schließlich liest der steinreiche Graf Waldstein, ein Adept in den geheimen Wissenschaften, den

> »poète errant de rivage en rivage
> Triste jouet des flots et rebut de naufrage«

an einer Tafel in Paris, wo er sich einschmarotzt hat, mitleidig auf, findet Spaß an dem gesprächigen, abgetakelten, aber immer noch amüsanten Zyniker und nimmt ihn Gnaden halber als Bibliothekar, alias Hofnarr, nach Dux mit; tausend Gulden Jahresgehalt, freilich immer schon von den Gläubigern vorgepfändet, kaufen dies Kuriosum, ohne es zu überzahlen. Und dort in Dux lebt oder, besser gesagt, stirbt er dreizehn Jahre lang.

In Dux taucht plötzlich seine Gestalt aus jahrelanger Verschattung, Casanova oder vielmehr etwas, was an Casanova vage erinnert, seine Mumie, eingetrocknet, dürr, spitz, nur durch die eigene Galle noch konserviert, ein sonderbares Museumsstück, das der Herr Graf gern seinen Gästen präsentiert. Ein ausgebrannter Krater, meinen sie, ein amüsantes, ungefährliches, durch seine südländische

Cholerik possierliches Männchen, das in dem böhmischen Vogelbauer langsam an Langeweile zugrunde geht. Aber noch einmal narrt der alte Betrüger die Welt. Denn während sie alle schon glauben, er sei abgetan und bloß Anwärter auf Kirchhof und Sarg, baut er aus Erinnerung noch einmal sein Leben und abenteuert sich listig hinein in die Unsterblichkeit.

Bildnis des alten Casanova

Altera nunc rerum facies, me quaero, nec adsum,
Non sum, qui fueram, non putor esse: fui.
Unterschrift seines Altersbildnisses

1797, 1798 – der blutige Besen der Revolution hat Kehraus gemacht mit dem galanten Jahrhundert, die Köpfe des Allerchristlichsten Königs und der Königin liegen im Korb der Guillotine, und zehn Dutzend Fürsten und Fürstlein, mitsamt den venezianischen Herren Inquisitoren, hat ein kleiner korsischer General zum Teufel gejagt. Man liest nicht mehr die Enzyklopädie, Voltaire und Rousseau, sondern die hartgehämmerten Bulletins vom Kriegsschauplatz. Aschermittwoch staubt über Europa, die Karnevale sind zu Ende und das Rokoko, es ist vorbei mit den Reifröcken und gepuderten Perücken, den silbernen Schuhschnallen und Brüsseler Spitzen. Man trägt keine Samtröcke mehr, nur Uniform oder Bürgergewand.

Aber sonderbar, da hat einer die Zeit vergessen, ein uraltes Männchen ganz droben in Böhmens dunkelstem Winkel: wie der Herr Ritter Gluck in E. T. A. Hoffmanns Legende stapft dort am hellichten Tag ein farbiges Vogelmännchen mit Samtweste, vergoldeten Knöpfen, verschlissenem gelbem Spitzenkragen, seidenen Zwickelstrümpfen, geblümten Strumpfbändern und weißem Galafederhut vom Schloß Dux das buckelige Katzenpflaster hinab in die Stadt. Noch trägt das Kuriosum den Haarbeutel nach alter

Sitte, schlecht gepudert zwar (man hat keine Bedienten mehr!), und die zittrige Hand stützt sich pompös auf einen altmodischen Rohrstock mit Goldspitze, wie man sie im Palais Royal Anno 1730 getragen. Wahrhaftig, es ist Casanova oder vielmehr seine Mumie, er lebt noch immer, trotz Armut, Ärger und Syphilis. Pergamenten die Haut, ein Hakenschnabel die Nase über dem zittrigen, speichelnden Mund, die buschigen Brauen struppig und weiß; all das muffelt schon nach Alter und Verwesung, nach Eingetrocknetsein in Galle und Bücherstaub. Einzig die pechschwarzen Augen haben die alte Unruhe noch, böse und spitz fahren sie unter den halbgeschlossenen Lidern vor. Aber er sieht nicht viel nach links und rechts, er grummelt und brummelt nur unwirsch vor sich hin, denn er ist nicht guter Laune, Casanova, nie mehr guter Laune, seit ihn das Schicksal auf diesen böhmischen Misthaufen geworfen. Wozu aufschauen, jeder Blick wäre zuviel für die dummen Gaffer, für diese breitmäuligen, deutschböhmischen Kartoffelfresser, die nie ihre Nase über ihren Dorfdreck hinaussteckten und ihn, den Chevalier de Seingalt, der seinerzeit dem Hofmarschall von Polen eine Kugel in den Bauch gejagt und vom Papst die goldenen Sporen eigenhändig empfangen, nicht einmal pflichtgemäß grüßen. Und ärgerlicher noch, auch die Frauen respektieren ihn nicht, sondern halten die Hände vor den Mund, damit nicht ein dickes dörfisches Lachen herausplatscht, und sie wissen, warum sie lachen, denn die Mägde haben's dem Pfarrer erzählt, daß der alte Gichtbruder ihnen gern unter die Röcke greift und in seinem Kauderwelsch das dümmste Zeug in die Ohren schwatzt. Aber noch besser dieser Pöbel immerhin als zu Hause das verdammte Dienergeschmeiß, dem er ausgeliefert ist, die »Esel, deren Fußtritt er dulden muß«, Feltkirchner vor allem, der Haushofmeister, und Widerholt, sein Dienstschwengel. Die Canaillen! Mit Absicht haben sie ihm gestern wieder Salz in die Suppe geschmissen und die Makkaroni verbrannt, aus seinem Isokameron das Porträt gerissen und auf das Klosett

gehängt: sie haben es gewagt, die Lumpen, die kleine schwarzge-
fleckte Hündin Melampyge, ihm geschenkt von der Gräfin Roggen-
dorf, zu schlagen, nur weil das süße Tierchen ein natürliches Bedürfnis in den Zimmern verrichtet hat. Oh, wo sind die guten
Zeiten, da man derlei Dienstbotenbagage einfach in den Block ge-
sperrt und solchem Pack die Knochen zu Butter geprügelt, statt
derlei Insolenzen zu dulden. Aber heute ist ja dank diesem Robespierre die Canaille obenauf, die Jakobiner haben die Zeit versaut,
und man ist selbst ein alter, armer Hund mit ausgebissenen Zähnen. Was hilft da klagen und knurren und murren den ganzen
Tag – am besten, man speit auf den Pöbel, geht hinauf ins Zimmer
und liest seinen Horaz.

Aber heute gilt aller Ärger nicht, wie eine Marionette zuckt und
tappt die Mumie hastig von Zimmer zu Zimmer. Den alten Hofrock
hat sie angezogen, den Orden umgetan und sich sauber gebürstet,
jedes Stäubchen weg, denn für heute haben sich der Herr Graf
angesagt, hochpersönlich kommen Seine Gnaden von Teplitz her-
über und bringen den Prinzen de Ligne mit und noch ein paar
adelige Herren, man wird französisch bei Tisch konversieren, und
die neidische Dienstbotenbande wird mit knirschenden Zähnen
ihm servieren müssen, mit krummem Rücken schön die Teller
hinhalten, nicht wie gestern einen verpappten und versauten Fraß
wie einem Hunde seine Knochen auf den Tisch schmeißen. Ja, er
wird heute mittag an der großen Tafel sitzen mit den österreichischen Kavalieren, denn die wissen noch eine soignierte Konversation zu ästimieren und respektvoll zuzuhören, wenn ein Philosoph
spricht, den selbst Herr Voltaire noch geruhte zu achten, und der
einmal bei Kaisern und Königen allerhand gegolten. Wahrscheinlich, sobald die Damen sich zurückgezogen haben, wird der Herr
Graf und der Herr Prinz höchstpersönlich mich bitten, aus einem
gewissen Manuskript vorzulesen, ja, bitten werden sie mich, Herr
Feltkirchner, Sie Dreckmaul – bitten wird mich der hochgeborene

Herr Graf Waldstein und der Herr Feldmarschall Prince de Ligne, daß ich aus meinen einzig interessanten Erlebnissen wieder ein Kapitelchen vorlese, und ich werde es vielleicht tun – vielleicht! denn ich bin ja nicht der Serviteur des Herrn Grafen und zu Gehorsam verpflichtet, ich gehöre nicht zum Dienstbotengeschmeiß, ich bin Gast und Bibliothekar und stehe au pair mit ihnen – nun, ihr wißt ja nicht einmal, was das heißt, ihr Jakobinergesindel. Aber ein paar Anekdoten werde ich ihnen erzählen, cospetto! – ein paar im deliziösen Genre meines Lehrers, des Herrn Crébillon, oder ein paar pfefferige von der venezianischen Sorte – nun, wir sind doch Edelleute unter uns und verstehn uns auf Nuancen. Man wird lachen und schwarzdunklen schweren Burgunder trinken wie am Hof Seiner Christlichen Majestät, wird von Krieg, Alchimie und Büchern plaudern, und vor allem von einem alten Philosophen sich etwas über Welt und Weiber erzählen lassen.

Aufgeregt huscht er durch die geöffneten Säle, der kleine, dürre, böse Vogel, die Augen funkelnd vor Medisance und Übermut. Er putzt die pierres de strass – die echten Edelsteine hat längst ein englischer Jude –, die sein Ordenskreuz einrahmen, pudert sorgfältig das Haar und übt (bei diesen Banausen vergißt man ja alle Manieren) die alte Art der Reverenzen und Verbeugungen vom Hofe Ludwigs XV. vor dem Spiegel. Freilich, der Rücken knackt schon bedenklich, nicht ungestraft hat man den alten Karren dreiundsiebzig Jahre lang auf allen Postkutschen kreuz und quer durch Europa geschleppt, und weiß Gott, wieviel Saft haben die Frauen aus einem geholt. Aber wenigstens da oben im Gehirnkasten ist der Witz noch nicht ausgeronnen, man wird die Herren noch zu amüsieren wissen und vor ihnen gelten. Mit schnörkelig gerundeter, ein wenig zittriger Schrift kopiert er noch ein Willkommgedichtchen in französischer Sprache für die Princesse de Recke auf ein rauhliches Büttenblatt, malt ferner eine pompöse Dedikation auf sein neues Lustspiel für die Liebhaberbühne: auch hier in Dux hat man nicht verlernt, was sich gehört, und weiß als Kavalier eine literarisch interessante Assemblee respektvoll zu empfangen.

Und tatsächlich, wie jetzt die Karossen angerollt kommen und er mit seinen gichtischen Füßen krumm die hohen Stufen hinabstapft, da werfen der Herr Graf und seine Gäste den Dienern lässig die Mütze hin, Mäntel und Pelze, ihn aber umarmen sie nach Edelmannsart, präsentieren ihn den mitgeladenen Herren als den zelebren Chevalier de Seingalt, rühmen seine literarischen Verdienste, und die Damen wetteifern, ihn als Tischnachbar zu haben. Noch sind nicht die Schüsseln abgeräumt und gehen die Pfeifen die Runde, so erkundigt sich schon, ganz wie er's vorausgewußt, der Prinz nach den Fortschritten seiner unvergleichlich spannenden Lebenserzählung, und unisono bitten Herren und Damen, doch aus diesen zu zweifelloser Zelebrität bestimmten Memoiren ein Kapitel vorzulesen. Wie dem liebenswürdigsten aller Grafen, seinem gnädigen Wohltäter, einen Wunsch versagen? Eilfertig klappert der Herr Bibliothekarius hinauf in sein Zimmer und holt aus den fünfzehn Folianten denjenigen mit dem zurechtgelegten Seidenstreif: das Haupt- und Kabinettstück, eins der wenigen, das die Gegenwart von Damen nicht zu scheuen braucht, die Entweichung aus den Bleikammern von Venedig. Wie oft und wem allen hat er dieses unvergleichliche Abenteuer schon vorgetragen, dem Kurfürsten von Bayern, von Köln, dem englischen Adelskreis und dem Warschauer Hof, aber sie sollen sehen, daß ein Casanova anders erzählt als dieser lederne Preuße, der Herr von Trenck, von dem man soviel Aufhebens machte mit seinen Prisons. Denn er hat neuerdings ein paar Wendungen eingefügt, ganz großartig überraschende Komplikationen, und zum Schluß ein superb wirkendes Zitat aus dem göttlichen Dante. Stürmischer Applaus lohnt die Vorlesung, der Graf umarmt ihn und schiebt dabei mit der linken Hand eine Rolle Dukaten heimlich in seine Tasche, die er, der Teufel weiß es, gut brauchen kann, denn wenn ihn auch die ganze Welt vergißt, seine Gläubiger setzen ihm nach bis hierher in den fernsten Pontus. Sieh da, wahrhaftig, ein paar dicke Tränen laufen ihm über die Wangen, wie jetzt noch die Prinzessin ihn gütig beglückwünscht und alle ihm zutrinken auf die baldige Vollendung des illustren Meisterwerks!

Aber am nächsten Tage, o weh, klirren die Pferde schon ungeduldig ins Geschirr, die Kaleschen warten am Tor, denn die hohen Herrschaften verreisen nach Prag, und obwohl der Herr Bibliothekar dreimal zarte Andeutungen machte, er hätte daselbst allerlei dringende Geschäfte, nimmt ihn niemand mit. Er muß zurückbleiben in dem riesigen, kalten, zugigen Steinkasten von Dux, ausgeliefert dem frechen böhmischen Dienergesindel, das, kaum daß der Staub hinter den Rädern des Herrn Grafen sich duckt, schon wieder sein albernes Grinsen zwischen die Ohren steckt. Barbaren ringsum, kein Mensch mehr, der französisch und italienisch, von Ariost und Jean-Jacques zu reden wüßte, und man kann doch nicht immer Briefe schreiben an diesen eingebildeten Aktenhengst, den Herrn Opiz in Czaslau, und die paar gütigen Damen, die ihm noch die Ehre der Korrespondenz gönnen. Wie grauer Rauch, dumpf und schläfrig, liegt wieder die Langeweile über den unbehausten Zimmern, und die gestern vergessene Gicht zerrt mit verdoppelter Grimmigkeit in den Beinen. Mürrisch zieht Casanova die Hofkleider aus und seinen dickwollenen türkischen Schlafrock über die frierenden Knochen, mürrisch kriecht er hin zu dem einzigen Asyl der Erinnerungen, an den Schreibtisch: geschnittene Federn warten neben den aufgehäuften weißen Folioblättern, erwartungsvoll knistert das Papier. Und da setzt er sich stöhnend hin und schreibt mit seiner zittrigen Hand weiter und weiter – gesegnete Langeweile, die ihn treibt! – die Historia seines Lebens.

Denn hinter dieser totenschädeligen Stirn, hinter dieser mumiendürren Haut lebt frisch und blühend wie weißes Nußfleisch hinter beinerner Schale ein geniales Gedächtnis. In diesem kleinen

Knochenraum zwischen Stirn und Hinterhaupt ist noch alles intakt und sauber aufgestapelt, was dieses funkelnde Auge, diese breiten, atmenden Nüstern, diese harten, gierigen Hände in tausend Abenteuern gierig an sich gerafft, und die gichtknolligen Finger, die dreizehn Stunden im Tage den Gänsekiel rennen lassen (»dreizehn Stunden, und sie vergehen mir wie dreizehn Minuten«), entsinnen sich noch all der glatten Frauenleiber, die sie jemals genießerisch überstreift. Auf dem Tisch liegen, bunt durcheinander, die halb vergilbten Briefe seiner einstigen Geliebten, Notizen, Haarlocken, Rechnungen und Angedenken, und wie über erloschener Flamme noch silbern der Rauch, so schwebt hier unsichtbare Wolke zärtlichen Dufts von den verblaßten Erinnerungen. Jede Umarmung, jeder Kuß, jede Hingabe entschwingt dieser farbigen Phantasmagorie – nein, solche Beschwörung des Vergangenen ist keine Arbeit, das ist Lust – »le plaisir de se souvenir ses plaisirs«. Die Augen glänzen dem gichtischen Greis, die Lippen zucken in Eifer und Erregung, halblaute Worte spricht er vor sich hin, neuerfundene und halberinnerte Dialoge, unwillkürlich ahmt er ihre Stimmen von einst nach und lacht selbst über die eigenen Scherze. Er vergißt Essen und Trinken, Armut, Elend, Erniedrigung und Impotenz, allen Jammer und die Scheusäligkeit des Alters, während er sich im Spiegel seiner Erinnerungen träumend verjüngt, Henriette, Babette, Therese schweben lächelnd heran, beschworene Schatten, und er genießt ihre nekromantische Gegenwart vielleicht mehr als die erlebte. Und so schreibt er und schreibt, abenteuert mit Finger und Feder, wie einst mit dem ganzen glühenden Leib, tappt auf und nieder, rezitiert, lacht und weiß von sich selber nicht mehr.

Vor der Tür stehen die Dienertölpel und grinsen sich an: »Mit wem lacht er da drinnen, der alte welsche Narr?« Feixend deuten sie, seine Verschrobenheiten zu verspotten, mit dem Finger an die Stirn, poltern die Treppe hinunter zum Wein und lassen den Alten in seinem Dachzimmer allein. Niemand weiß von ihm mehr in der Welt, die Nächsten nicht und nicht die Fernsten. Er haust, der alte zornige Habicht, da droben in seinem Turm von Dux wie auf der Spitze eines Eisberges, ungeahnt und ungekannt; und als endlich Ende Juni 1798 das alte zermürbte Herz kracht und man den elenden, von tausend Frauen einst glühend umarmten Leib einscharrt in die Erde, weiß das Kirchenbuch nicht einmal mehr seinen rechten Namen. »Casaneus, ein Venezianer« schreiben sie ein, einen falschen Namen, und »Vierundachtzig Jahre alt«, eine falsche Lebenszahl, so unbekannt ist er den Nächsten geworden. Niemand kümmert sich um sein Grabmal, niemand um seine Schriften, vergessen modert der Leib, vergessen modern die Briefe, vergessen wandern irgendwo die Bände seines Werkes in diebischen und doch gleichgültigen Händen herum; und von 1798 bis 1822, ein Vierteljahrhundert, scheint niemand so tot wie dieser Lebendigste aller Lebendigen.

Genie der Selbstdarstellung

Es kommt nur darauf an, Mut zu haben.
Vorrede

Abenteuerlich sein Leben, abenteuerlich auch seine Auferstehung. Am 13. Dezember 1820 – wer weiß von Casanova noch? – erhält der renommierte Verlagsbuchhändler Brockhaus den Brief eines höchst unbekannten Herrn Gentzel, ob er die »Geschichte meines Lebens bis zum Jahre 1797«, verfaßt von einem ebenso unbekannten Signor Casanova, veröffentlichen wolle. Der Buchhändler läßt sich jedenfalls die Folianten kommen, sie werden von Fachleuten durchgelesen: man kann sich denken, wie sie begeistert sind. Daraufhin wird das Manuskript sofort erworben, übersetzt, wahrscheinlich gröblich entstellt, mit Feigenblättern überklebt und für den

Gebrauch adjustiert. Beim vierten Bändchen skandaliert der Erfolg schon dermaßen laut, daß ein findiger Pariser Pirat das deutsch übersetzte französische Werk abermals ins Französische rückübersetzt – also doppelt verballhornt –; nun wird Brockhaus seinerseits ehrgeizig, schießt der französischen Übersetzung eine eigene französische Rückübersetzung in den Rücken – kurz, Giacomo, der Verjüngte, lebt wieder so lebendig als nur je in allen seinen Ländern und Städten, nur sein Manuskript wird feierlich begraben im Eisenschrank der Herren Brockhaus, und Gott und Brockhaus wissen vielleicht allein, auf welchen Schleichwegen und Diebswegen sich die Bände in den dreiundzwanzig Jahren umgetrieben, wieviel davon verloren, verstümmelt, kastriert, gefälscht, verändert wurde; als rechtes Casanova-Erbe riecht die ganze Affäre penetrierend nach Geheimnis, Abenteuer, Unredlichkeit und Schiebung, aber welch erfreuliches Wunder schon dies, daß wir diesen frechsten und vollblütigsten Abenteuerroman aller Zeiten überhaupt besitzen!

Er selbst, Casanova, hat nie ernstlich an das Erscheinen dieses Monstrums geglaubt. »Seit sieben Jahren tue ich nichts anderes als meine Erinnerungen schreiben«, beichtet einmal der rheumatische Eremit, »und es ist für mich allmählich ein Bedürfnis geworden, die Sache zu Ende zu bringen, obwohl ich sehr bereue, sie angefangen zu haben. Aber ich schreibe in der Hoffnung, daß meine Geschichte niemals das Licht der Öffentlichkeit erblicken werde, denn abgesehen davon, daß die niederträchtige Zensur, dieses Löschhorn des Geistes, den Druck niemals erlauben würde, so hoffe ich in meiner letzten Krankheit so vernünftig zu sein und alle meine Hefte vor meinen Augen verbrennen zu lassen.« Glücklicherweise ist er sich treu geblieben, Casanova, und niemals vernünftig geworden, und sein »sekundäres Erröten«, wie er einmal sagt, nämlich das Erröten darüber, daß er nicht erröte, hat ihn nicht gehindert, kräftig in die Palette zu greifen und Tag für Tag zwölf Stunden mit seiner schönen, runden Schrift immer neue

Foliobogen voll zu fabulieren. Waren diese Erinnerungen doch »das einzige Heilmittel, um nicht wahnsinnig zu werden oder vor Ärger zu sterben – vor Ärger über die Unannehmlichkeiten und täglichen Scherereien von Seiten der neidischen Halunken, die sich zusammen mit mir auf dem Schlosse des Grafen Waldstein befinden«.

Als Fliegenklappe gegen die Langeweile, als Heilmittel gegen intellektuelle Verkalkung, ein bescheidenes Motiv, beim Zeus, um Memoiren zu verfassen; aber mißachten wir die Langeweile nicht als Impuls und Impetus der Gestaltung. Den Don Quichotte verdanken wir den öden Kerkerjahren des Cervantes, die schönsten Blätter Stendhals den Jahren seines Exils in den Sümpfen von Civitavecchia; nur in der Camera obscura, dem künstlich verdunkelten Raum, entstehen die farbigsten Bilder des Lebens. Hätte Graf Waldstein den guten Giacomo nach Paris oder Wien mitgenommen, wacker gefüttert und ihn Frauenfleisch riechen lassen, hätte man ihm die Honneurs d'esprit in den Salons erwiesen, so wären diese ergötzlichen Erzählungen bei Schokolade und Sorbett verplaudert worden und niemals in Tinte geronnen. Aber der alte Dachs sitzt und friert allein im böhmischen Pontus, und so erzählt er gleichsam schon rückgewendet aus dem Totenreich. Seine Freunde sind gestorben, seine Abenteuer vergessen, niemand erweist ihm mehr Achtung und Ehre, niemand hört ihm zu, so übt der alte Zauberer, einzig um sich selbst zu beweisen, daß er lebt oder wenigstens gelebt hat – »vixi, ergo sum« –, noch einmal die Kabbalistenkunst, vergangene Gestalten zu beschwören. Hungrige nähren sich vom Bratenduft, Invalide des Krieges und des Eros vom Erzählen der eigenen Abenteuer. »Ich erneuere das Vergnügen, indem ich mich daran erinnere. Und ich verlache vergangene Not, denn ich fühle sie nicht mehr.« Nur sich selbst rückt Casanova den bunten Guckkasten Vergangenheit, dies Kinderspielzeug des Greises, zurecht, er will eine elende Gegenwart vergessen durch farbige

Erinnerung. Mehr will er nicht, und gerade diese vollkommene Gleichgültigkeit gegen alles und alle gibt seinem Werke einzig psychologischen Wert als Selbstdarstellung. Denn wer sonst sein Leben erzählt, tut es fast immer zweckhaft und gewissermaßen amphitheatralisch; er stellt sich auf eine Bühne, der Zuschauer gewiß, übt sich unbewußt eine besondere Haltung, einen interessanten Charakter ein. Berühmte Männer sind niemals bedenkenfrei in ihrer Selbstdarstellung, denn ihr Lebensbild ist von vorneweg schon konfrontiert mit einem bereits in der Phantasie oder dem Erlebnis zahlloser Menschen vorhandenen; so sind sie wider ihren Willen gezwungen, ihre eigene Darstellung heranzustilisieren an die schon ausgeformte Legende. Sie müssen, die Berühmten, um ihres Ruhmes willen Rücksicht nehmen auf ihr Land, ihre Kinder, auf die Moral, Ehrfurcht und Ehre – immer ist darum, wer vielen schon angehört, vielfach gebunden. Casanova aber darf sich den Luxus radikalster Hemmungslosigkeit leisten, ihn besorgen keine familiären, keine ethischen, keine sachlichen Bedenken. Seine Kinder hat er als Kuckuckseier in fremde Nester gesteckt, die Frauen, mit denen er schlief, faulen längst unter italienischer, spanischer, englischer, deutscher Erde, ihn selbst beengt kein Vaterland, keine Heimat, keine Religion – zum Teufel, wen sollte er da schonen: am wenigsten sich selbst! Was er erzählt, kann ihm nichts mehr nützen, kann ihm nichts mehr schaden. »Warum«, fragt er sich darum, »sollte ich nicht wahr sein? Sich selbst täuscht man niemals, und ich schreibe nur für mich selber.«

Wahr sein, das heißt aber für Casanova nicht etwa tiefwühlend und selbstgrüblerisch sich gebärden, sondern ganz einfach: hemmungslos, rücksichtslos, schamlos sein. Er zieht die Kleider aus, macht sich behaglich und nackt, taucht den abgestorbenen Leib noch einmal ins warme Geström der Sinnlichkeit, klatscht und platscht munter und frech in seinen Erinnerungen, höchst gleichgültig um vorhandene oder imaginäre Zuschauer. Nicht wie ein

Literat, ein Feldherr, ein Dichter erzählt er seine Abenteuer sich selber zur Ehre, sondern wie ein Strolch seine Messerstechereien, eine wehmütig alternde Kokotte ihre Liebesstunden, also vollkommen ohne Schamhemmung und Bedenken. »Non erubesco evangelium«, ich erröte nicht über mein Bekenntnis, steht als Motto unter seinen »Précis de ma vie«, er bläst weder die Backen auf, noch schielt er reumütig in die Zukunft: er erzählt direkt und gerade aus dem Mund heraus. Kein Wunder darum, daß sein Buch eins der nacktesten und natürlichsten der Weltgeschichte wurde, von einer geradezu wahrhaft antikischen Offenheit im Amoralischen. Aber mag es grobsinnlich wirken und für zartsinnige Gemüter manchmal allzu sichtbar phallische Muskeln mit der Eitelkeit eines selbstzufriedenen Athleten spielen lassen – tausendmal besser doch dieses unverschämte Paradieren als ein feiges Weg-Eskamotieren oder eine lendenlahme Galanterie in eroticis. Man vergleiche doch einmal die andern erotischen Traktate seiner Zeit, die rosenfarbenen, moschussüßlichen Frivolitäten eines Grécourt, Crébillon oder den Faublas, wo der Eros ein bettelhaftes Schäferkleidchen trägt und Liebe als lüsternes Chassé-Croisé erscheint, ein galantes Spielchen, bei dem man weder Kinder noch die Syphilis kriegt, mit diesen geraden, exakten, von gesunder und üppiger Genußfreude überschwellenden Schilderungen, um ihre Menschlichkeit und elementare Natürlichkeit ganz einwerten zu können. Bei Casanova erscheint die männliche Liebe nicht als zartblaues Wässerchen, in dem Nymphen ihre Füße spielend kühlen, sondern als ungeheuer naturhafter Strom, der die Welt spiegelt auf seiner Fläche und gleichzeitig in seinem Grund allen Schlamm und Schmutz der Erde mitschleppt – wie kein anderer Selbstdarsteller zeigt er das Panische und Wildüberschwellende des männlichen Geschlechtstriebs. Hier kommt endlich einer, der den Mut hatte, die Vermengtheit von Fleisch und Geist in der männlichen Liebe aufzuzeigen, nicht nur die sentimentalischen Affären, die zimmerreinen Liebschaften zu erzählen, sondern auch die Abenteuer der Hurengassen, die nackten und bloß hauthaften Geschlechtlichkeiten, das ganze Labyrinth des Sexus, das jeder wirkliche Mann durchschreitet. Nicht daß die andern großen Autobiographen, daß Goethe oder Rousseau in ihren Selbstdarstellungen geradewegs unwahrhaftig wären, aber es gibt auch eine Unwahrhaftigkeit durch Halberzählen und Verschweigen, und die beiden schweigen mit bewußter oder wegschielender Vergeßlichkeit sorgfältig die minder appetitlichen, die rein sexuellen Episoden ihres Liebeslebens tot, um sich einzig über die seelisch durchfärbten, die sentimentalen oder leidenschaftlichen Liebeleien mit den Klärchen und Gretchen zu verbreiten. Damit sublimieren sie aber unbewußt das lebensechte Bildnis der männlichen Erotik: Goethe, Tolstoi, selbst der sonst nicht prüde Stendhal gleiten rasch und mit schlechtem Gewissen hinweg über unzählige bloße Bettabenteuer und die Begegnungen mit der venus vulgivaga, der irdischen, allzu irdischen Liebe, und hätte man nicht diesen frech-aufrichtigen, herrlich-schamlosen Kerl Casanova, der hier allerhand Vorhänge hebt, so fehlte der Weltliteratur ein vollkommen ehrliches und durchaus komplexes Bild der männlichen Geschlechtlichkeit. Bei ihm sieht man endlich einmal das ganze sexuelle Triebwerk der Sinnlichkeit in Funktion, die Welt im Fleische auch dort, wo sie schmierig, schlammig, sumpfig wird. Casanova sagt in sexualibus nicht nur die Wahrheit, sondern – unausmeßbarer Unterschied! die ganze Wahrheit seiner Liebeswelt allein ist wahr wie die Wirklichkeit.

Casanova wahr? – ich höre die Philologen entrüstet aufrücken von ihren Stühlen, haben sie doch in den letzten fünfzig Jahren Maschinengewehrfeuer nach seinen historischen Böcken geschossen und manche fette Lüge zur Strecke gebracht. Aber gemach nur, gemach! Zweifellos hat der gerissene Falschspieler, dieser berufsmäßige Lügenpeter und Radamonteur auch in seinen Memoiren die Karten etwas künstlich gemischt, il corrige la fortune, und gibt dem oft schwerfälligen Zufall geschwindere Beine. Er schmückt, garniert, pfeffert und würzt sein aphrodisisches Ragout mit allen Ingredienzien einer durch Entbehrung aufgepulverten Phantasie, vielleicht sogar, ohne es immer selbst zu wissen. Nein – einen Fanatiker der Einzelwahrheit, einen verläßlichen Historiker darf man in ihm nicht suchen, und je genauer die Wissenschaft unserm guten Casanova auf die Finger paßt, um so tiefer kommt er in die Kreide. Aber alle diese kleinen Schwindeleien, chronologischen Irrtümer, Mystifikationen und Windbeuteleien, diese willkürlichen und oft sehr begründeten Vergeßlichkeiten zählen nichts gegen die ungeheure und geradezu einzige Wahrhaftigkeit der Lebenstotalität in diesen Memoiren. Zweifellos hat Casanova von dem unbestreitbaren Recht des Künstlers, Zeitliches und Räumliches zusammenzuziehen und Geschehnisse sinnlicher zu machen, im einzelnen reichlich Gebrauch gemacht – aber was tut's gegen die ehrliche, offene, augenklare Art, mit der er sein Leben und seine Zeit als Ganzes ansieht. Nicht er allein, sondern ein Jahrhundert steht plötzlich springlebendig auf der Bühne, wirbelt in dramatischen, von Kontrasten knisternden, elektrisch geladenen Episoden alle Schichten und Stände der Gesellschaft, der Nationen, alle Landschaften und Sphären kunterbunt durcheinander, ein Sittenbild und Unsittenbild ohnegleichen. Denn der scheinbare Defekt, daß er nicht profund in die Tiefe hinablotet, macht seine Schauart so dokumentarisch für das Kulturelle; Casanova zieht nicht aus der Fülle begrifflich die Wurzel und entsinnlicht dadurch die Summe der Erscheinungen, nein, er läßt alles locker, ungeordnet, in dem lebensechten Nebeneinander des Zufalls, ohne zu sortieren, zu kristallisieren. Alles liegt bei ihm auf der einen und gleichen Linie der Wichtigkeit, sobald es ihn nur amüsiert – das einzige Werturteil seiner Welt! – er kennt kein Groß und Klein, weder im Moralischen noch im Wirklichen, kein Gut und Böse. Darum wird er das Gespräch mit Friedrich dem Großen nicht um ein Haar ausführlicher oder ergriffener schildern als zehn Seiten vorher das Gespräch mit einer kleinen Hure, mit gleicher Sachlichkeit und Gründlichkeit das Bordell in Paris beschreiben wie den Winterpalast der Kaiserin Katharina. Ihm erscheint ebenso belangreich, wieviel hundert Dukaten er im Pharao gewonnen oder wie oft er in einer Nacht mit seiner Dubois oder Helene Sieger blieb, als die Konversation mit Herrn Voltaire der Literaturgeschichte zu bewahren – keinem Ding der Welt hängt er moralische oder ästhetische Gewichte an, und darum bleibt sie dermaßen herrlich im natürlichen Äquilibrium. Gerade, daß Casanovas Memoiren intellektuell nicht viel mehr sind als die Notizen eines klugen Durchschnittsreisenden durch die interessantesten Landschaften des Lebens, macht zwar kein Philosophikum aus ihnen, aber zugleich einen historischen Baedeker, einen Cortigiano des 18. Jahrhunderts und eine amüsante Chronique scandaleuse, einen vollkommenen Querschnitt durch den Alltag eines Weltalters. Durch niemand besser als durch Casanova kennt man das Tägliche und damit Kulturelle des 18. Jahrhunderts, seine Bälle, Theater, Kaffeehäuser, Feste, Gasthöfe, Spielsäle, Bordelle, Jagden, Klöster und Festungen. Man weiß durch ihn, wie man reiste, speiste, spielte, tanzte, wohnte, liebte, sich amüsierte, die Sitten, die Manieren, die Sprechart und Lebensweise. Und zu dieser unerhörten Fülle der Tatsachen, der praktisch sachlichen Realitäten tritt dann noch dieser ganze wirbelnde Tumult von Menschenfiguren, genug, um zwanzig Romane zu füllen und eine, nein zehn Generationen von Novellisten zu verproviantieren. Welche Fülle: Soldaten und Fürsten, Päpste und Könige, Strolche und Falschspieler, Kaufleute und Notare, Kastraten, Zutreiber, Sänger, Jungfrauen und Dirnen, Schriftsteller und Philosophen, Weise und Narren, die ergötzlichste und reichhaltigste Menschen-Menagerie, die jemals ein einzelner in den Pferch eines Buches zusammengetrieben. Hunderte von Novellen und Dramen danken seinem Werk ihre besten Gestalten sowie Situationen, und noch bleibt dieses Bergwerk unerschöpft: wie aus dem Forum Romanum zehn Generationen sich Steine holten für neuen Bau, werden noch einige literarische Geschlechter von diesem Erzverschwender Fundament und Figuren sich borgen.

Darum hilft es nichts, die Nase zu rümpfen über seine zweideutige Begabung oder moralisch zu tun wegen seiner gesetzwidrigen irdischen Konduite oder gar ihm seine philosophischen Läppereien beckmesserisch anzukreiden – es hilft nichts, es hilft nichts, dieser Giacomo Casanova gehört nun einmal zur Weltliteratur, ebenso wie der Galgenbruder Villon und allerhand andre dunkle Existenzen, und wird unzählige moralische Dichter und Richter überdauern. Wie im Leben, so hat er auch post festum alle gültigen Gesetze der Ästhetik ad absurdum geführt, den Katechismus der Moral frech unter den Tisch geschmissen, denn durch die Dauer seiner Wirkung ist bezeugt, daß man nicht sonderlich begabt, fleißig, wohlanständig, edel und erhaben sein müsse, um in die heiligen Hallen der literarischen Unsterblichkeit einzudringen. Casanova hat bewiesen, daß man den amüsantesten Roman der Welt schreiben kann, ohne Dichter, das vollendetste Zeitbild, ohne Historiker zu sein, denn jene letzte Instanz fragt nie nach dem Wege, sondern nach der Wirkung, nicht nach der Sittlichkeit, sondern der Kraft. Jedes vollkommene Gefühl vermag produktiv zu werden, Schamlosigkeit ebenso wie Scham, Charakterlosigkeit wie Charakter, Bosheit wie Güte, Moral wie Unmoral: entscheidend für Verewigung wird niemals die Seelenform, sondern die Fülle eines Menschen. Nur Intensität verewigt, und je stärker, vitaler, einheitlicher und einmaliger ein Mensch lebt, um so vollkommener bringt er sich zur Erscheinung. Denn die Unsterblichkeit weiß nichts von Sittlich und Unsittlich, von Gut und Böse; sie mißt nur Werke und Stärke, sie fordert Einheit und nicht Reinheit der Menschen, Beispiel und Gestalt. Moral ist ihr nichts, Intensität alles.

Stendhal

Qu'ai-je été? Que suis-je? Je serais
bien embarrassé de le dire.
Stendhal, Henri Brulard

Lügenlust und Wahrheitsfreude

Am allerliebsten trüge ich eine Maske und änderte meinen
Namen.
Brief

Wenige haben mehr gelogen und leidenschaftlicher die Welt mystifiziert als Stendhal, wenige besser und profunder die Wahrheit gesagt.

Seine Maskenspiele und Irreführungen zählen nach Regimentern. Noch ehe man ein Buch aufschlägt, springt die erste schon vom Umschlag oder aus der Vorrede entgegen, denn niemals bekennt sich der Autor Henri Beyle schlicht und simpel zu seinem wirklichen Namen. Bald legt er sich eigenmächtig ein Adelsprädikat zu, bald verkleidet er sich als »César Bombet« oder fügt seinen Initialen H. B. ein geheimnisvolles A. A. bei, wohinter kein Teufel das höchst bescheidene »ancien auditeur«, zu gut deutsch: ehemaliger Staatsauditor, vermuten dürfte; nur im Pseudonym, in der Falschmeldung fühlt er sich sicher. Einmal maskiert er sich als österreichischer Pensionist, ein andermal als »ancien officier de cavalerie«, am liebsten mit dem seinen Landsleuten rätselhaften Namen Stendhal (nach einem kleinen preußischen Städtchen, das unsterblich wurde durch seine Karnevalslaune). Setzt er ein Datum, so kann man schwören, es stimmt nicht, erzählt er in der Vorrede zur »Chartreuse de Parme«, dieses Buch sei 1830, und zwar zwölfhundert

Meilen weit von Paris, geschrieben, so hindert diese Eulenspiegelei nicht, daß er diesen Roman in Wirklichkeit 1839, und zwar mitten in Paris verfaßte. Auch in den Tatsächlichkeiten stolpern die Widersprüche munter durcheinander. In einer Selbstbiographie berichtet er pompös, er sei bei Wagram, Aspern und Eylau auf dem Schlachtfeld gewesen; kein Wort davon ist wahr, denn unwiderleglich beweist das Tagebuch: er saß zu ebenderselben Stunde noch behaglich in Paris. Einigemal redete er von einem langen und wichtigen Gespräch mit Napoleon, aber, Verhängnis! im nächsten Band liest man bedeutend glaubhafter das Geständnis: »Napoleon unterhielt sich nicht mit Narren meiner Art.« So muß man bei Stendhal jede einzelne Behauptung mit vorsichtigen Fingern anfassen und am mißtrauischsten seine Briefe, die er, angeblich aus Furcht vor der Polizei, prinzipiell falsch datiert und jedesmal mit einem andern Pseudonym unterzeichnet. Promeniert er gemächlich in Rom, so gibt er als Absendeort gewiß Orvieto an, schreibt er angeblich aus Besancon, so war er wirklich an jenem Tage in Grenoble, manchmal ist die Jahreszahl, meist der Monat irreführend eingesetzt und fast regelmäßig die Unterschrift. Aber das war nicht, wie manche meinen, bloße Furcht vor dem schwarzen Kabinett der österreichischen Polizei, die ihn zu solchen Narrenspielen trieb, sondern eine eingeborene, urtümliche Lust am Bluffen, In-Verwunderung-Setzen, Sich-Verstellen, Sich-Verstecken. Stendhal wirbelt Mystifikationen und Pseudonyme wie ein funkelndes Florett meisterlich um die eigene Person, nur damit kein Neugieriger ihm zu nah herankomme, und niemals hat er aus dieser seiner leidenschaftlichen Neigung zum Düpieren und Intrigieren ein Hehl gemacht. Als ein Freund ihn einmal erbittert in einem Briefe beschuldigt, er habe infam gelogen, notiert er seelenruhig an den Rand des Anklageschreibens »vrai« – »richtig! stimmt!« Mit munterer Stirn und ironischem Vergnügen schwindelt er in seine Amtszeugnisse falsche Dienstjahre, loyale Gesinnungen bald gegen die Bourbons, bald gegen Napoleon, in all seinen Schriften, den gedruckten und privaten, wimmeln die Unstimmigkeiten wie Fischlaich im Sumpf. Und die letzte seiner Mystifikationen ist – Rekord aller Lügenhaftigkeit! – auf ausdrücklich testamentarischen Wunsch sogar in Marmor gemeißelt, in seinen Leichenstein auf dem Montmartrefriedhof. Dort steht noch heute die Irreführung zu lesen: Arrigo Beyle, Milanese, als letzte Ruhestatt dessen, der gutfranzösisch Henri Beyle getauft und (zu seinem Ärger!) in der bittern Provinzstadt Grenoble geboren war. Selbst dem Tod wollte er sich noch in Maske präsentieren: noch für ihn hat er sich romantisch kostümiert.

Aber dennoch und trotzdem: wenige Menschen haben der Welt so viel bekennerische Wahrheit über sich selbst gegeben wie dieser Meisterkünstler der Verstellung. Stendhal wußte gebotenenfalls mit der gleichen Vollendung wahr zu sein, mit der er zu lügen liebte. Mit einer zunächst verblüffenden, ja oft erschreckenden und dann erst überwältigenden Rückhaltlosigkeit hat er, erstmalig kühn, gewisse allerintimste Erlebnisse und Selbstbeobachtungen laut und gerade herausgesprochen, die andere bereits an der Schwelle des Bewußtseins hastig verschleiern oder wegeskamotieren. Denn Stendhal hat genausoviel Mut, ja Frechheit sogar, zur Wahrheit wie zur Lüge, er springt da wie dort mit einer famosen Unbedenklichkeit über alle Hürden der Gesellschaftsmoral, er pascht durch alle Grenzen und Wegschranken der innern Zensur; scheu im Leben, timid vor den Frauen, wird er sofort couragiert, sobald er die Feder nimmt; dann hindern ihn keine »Hemmungen«, im Gegenteil: wo überall er solche Widerstände in sich findet, packt er sie an, holt sie aus sich heraus, um sie mit der größten Sachlichkeit zu anatomisieren. Gerade, was ihn am meisten im Leben hemmte, das bemeistert er am besten in der Psychologie. Intuitiv hat er derart mit echtem Genieglück um 1820 schon einige der raffiniertesten Schließen und Schlösser der Seelenmechanik aufgeknackt,

die erst hundert Jahre später die Psychoanalyse mit ihren komplizierten und kunstreichen Apparaten zerlegte und rekonstruierte –
sein eingeborener und gymnastisch geübter Psychologenmut springt
gleich um ein Jahrhundert mit einem Satz der geduldig vordringen-
den Wissenschaft voraus. Und dabei verfügt Stendhal über keine
andern Laboratorien als die eigene Beobachtung: sein einziges Instrument ist und bleibt eine schneidend harte, sehr spitz geschlif-
fene Neugier. Er beobachtet, was er fühlt, und was er fühlt, das
spricht er wiederum frank und frech aus, und, je kühner, desto
besser, je intimer, desto leidenschaftlicher. Seine schlimmsten, seine
verkrochensten Gefühle durchforscht er am liebsten: ich erinnere
nur, wie oft und wie fanatisch er sich des Hasses gegen seinen
Vater rühmt, wie er höhnisch berichtet, er habe sich einen ganzen
Monat vergebens bemüht, bei seiner Todesnachricht Schmerz zu
empfinden. Die peinlichsten Geständnisse seiner sexuellen Hemmungen, seine fortwährenden Mißerfolge bei Frauen, die Krisen
seiner maßlosen Eitelkeit, das legt er so sachlich exakt und ausge-
zirkelt vor den Leser hin wie eine Generalstabskarte: so findet man
bei Stendhal gewisse Mitteilungen privatester und subtilster Aufrichtigkeit klinisch kalt beschrieben, die vor ihm niemals ein
Mensch die Kehle hochkommen ließ oder gar der Indiskretion des
Drucks überantwortete. Das ist seine Tat: im durchsichtig klaren,
egoistisch eiskalten Kristall seiner Intelligenz sind einige der kostbarsten Erkenntnisse der Seele für immer festgefroren und der
Nachwelt erhalten geblieben. Ohne diesen sonderbarsten Meister
in der Verstellung wüßten wir weniger Wahrheit vom Weltall der
Gefühle und seiner Unterwelt. Denn wer nur einmal gegen sich
aufrichtig gewesen, war es immer. Wer sein eigenes Geheimnis
erraten, der hat es für alle erkannt.

Bildnis

Tu es laid, mais tu as de la physiognomie.
Der Onkel Gagnon zu dem jungen Henri Beyle

Dämmerung in der kleinen Mansarde der Rue Richelieu. Zwei Wachskerzen brennen auf dem Schreibtisch, seit Mittag schreibt Stendhal an seinem Roman. Jetzt wirft er die Feder mit einem Ruck weg: genug für heute! Nun sich auffrischen, ausgehen, gut speisen, in Gesellschaft, an heiterem Gespräch, an Frauen sich beleben!

Er macht sich bereit, fährt in den Rock, rückt das Toupet zurecht: jetzt noch rasch einen Blick in den Spiegel! Er sieht sich an, und sofort schneidet eine sardonische Falte die Mundwinkel schief: nein, er gefällt sich nicht. Welch ein unfeines, grobes Bulldoggengesicht, rundlich, rot, feistbürgerlich, ach, wie widerlich dick und knollig lagert die breitgenüsterte Nase quer inmitten dieser Provinzvisage! Zwar die Augen, sie wären so übel nicht, klein, schwarz, funkelnd, voll unruhigen Neugierlichts, aber sie sitzen zu tief und zu klein unter den dicken Brauen der schweren, quadratischen Stirn: als le Chinois, den Chineser, haben sie ihn um ihretwillen seinerzeit im Regiment schon verspottet. Was ist noch gut in diesem Gesicht? Stendhal blickt sich ingrimmig an. Nichts ist gut, nichts zart, geistlinig lebendig, alles schwer und vulgär, bitterböseste Bourgeoisie, und dabei der kugelige, in braunem Bart gerahmte Kopf vielleicht noch das Beste an diesem unbequemen Korpus; denn gleich kinnabwärts kröpft sich, zu knapp geraten, der Hals, und tiefer hinab wagt er lieber gar nicht zu schauen, denn er haßt seinen dummen bombastischen Wanst und die zu kurz gestreckten unschönen Beine, die derart mühsam diese ganze schwere Masse Henri Beyle tragen, daß ihn die Schulkameraden immer den »wandelnden Turm« nannten. Noch immer sucht Stendhal im

Spiegel nach irgendeinem Trost. Die Hände allenfalls, ja, die können gelten, frauenhaft zart, sehr geschmeidig mit den spitzen, glattpolierten Fingernägeln, aus ihnen spricht noch ein wenig Geist und Adel, und auch die Haut, die mädchenempfindliche und linde, sie verriete zärtliche Gesinnung, ein wenig Noblesse und Feingefühl. Aber wer sieht, wer bemerkt an einem Manne solche feminine Kleinigkeiten? Frauen fragen immer nur nach Gesicht und Figur, und die sind, er weiß es fünfzig Jahre schon, unrettbar plebejisch. Einen Tapeziererkopf hat Augustin Filon seine Visage genannt und Monselet ihn als »Diplomaten mit einem Drogistengesicht« gekennzeichnet; aber selbst solche Begutachtung scheint ihm zu freundschaftlich, denn Stendhal urteilt jetzt selbst, verdrossen in das unbarmherzige Spiegelglas starrend: »Macellaio italiano«: Gesicht eines italienischen Fleischhackers.

Aber wäre er wenigstens, dieser fettleibige massive Körper, brutal und maskulin! – Es gibt ja Frauen, die zu breiten Schultern Zutrauen haben und denen ein Kosak in mancher Stunde besser dient als ein Dandy. Doch niederträchtigerweise, er weiß es, ist diese derbe, bäurische Figur, diese Rotfülligkeit des Bluts bei ihm nur Attrappe, eine Falschmeldung des Fleisches. Unter diesem Koloß Mann flimmert und vibriert ein Nervenbündel subtilster, ja fast krankhafter Empfindlichkeit, als ein »monstre de sensibilité« haben ihn alle Ärzte bestaunt. Und eine solche Schmetterlingspsyche – Verhängnis! –, eingenäht in soviel Fülle und Fett: irgendein Nachtmahr muß in der Wiege Leib und Seele vertauscht haben, denn wie friert und zittert bei jeder Erregung die krankhaft überempfindliche Psyche unter ihrer grobschlächtigen Hülle. Ein offenes Fenster im Nebenraum, und schon rieseln scharfe Schauer über die feindurchäderte Haut, eine zufallende Tür, und sofort zucken die Nerven in wildem Riß, ein schlechter Geruch, und ihm wird schwindlig, die Nähe einer Frau, und er wird verworren, ängstlich oder aus Verkehrtangst grob und unanständig. Unverständlich diese Mischung! Wozu soviel Fleisch, soviel Fett, soviel Wanst, soviel plumpes fuhrmännisches Knochenwerk um ein so spinnfeines und verletzliches Gefühl, wozu ein dermaßen dumpfer, uninteressanter, klotziger Leib um eine so komplizierte und reizbare Seele?

Stendhal wendet sich vom Spiegel ab. Dies Exterieur ist unrettbar, er weiß es seit seiner Jugend. Da kann selbst ein solcher Zauberkünstler von Schneider nicht helfen, der ihm ein Mieder unter die Weste eingebaut hat, das den Hängebauch geschickt nach oben preßt, und famose Kniehosen aus Lyoner Seide fertigte, damit die lächerliche Kurzbeinigkeit verdeckt sei; nichts hilft auch das Haarmittel, das ein manneskräftiges Braun über die längst ergrauten Koteletten dunkelt, nichts die elegante Perücke, die den glatzigen Schädel schützt, nichts die goldbordierte Konsulatsuniform und die fein polierten, flimmernden Nägel. Diese Mittel und Mittelchen stützen und putzen nur ein wenig auf, sie verbergen das Fett und den Verfall, aber doch: keine Frau wird sich nach ihm umwenden auf den Boulevards, keine mit der ergriffenen Ekstase, wie Madame de Rénal seinem Julien oder Madame de Chasteller seinem Lucien Leuwen, ihm jemals in die Augen sehen. Nein, nie haben sie ihn beachtet, schon als jungen Leutnant nicht, und wie jetzt erst, da die Seele im Speck steckt und das Alter ihm die Stirne schrundet. Vorbei, verspielt! Mit solch einem Gesicht hat man kein Frauenglück, und es gibt kein anderes!

So bleibt nur eines: klug sein, geschmeidig, geistig-anziehend, interessant, die Aufmerksamkeit vom Gesicht ablenken nach innen, blenden und verführen durch Überraschung und Rede! »Les talents peuvent consoler de l'absence de la beauté«, Geschicklichkeit kann allenfalls die Schönheit ersetzen. Vom Geiste her muß man bei solch unglücklicher Physiognomie die Frauen packen, da man ihre Sinne ästhetisch nicht anzuwärmen vermag. Also melancholisch tun bei den Sentimentalen, zynisch bei den Frivolen und manchmal umgekehrt, immer wachsam sein und immer geistreich. »Amusez une femme et vous l'aurez.« Klug jede Schwäche fassen, Hitze vortäuschen, wenn man selbst kalt ist, und Kälte, wenn man glüht, durch den Wechsel verblüffen, durch Tricks verwirren, immer zeigen, daß man anders ist als die andern. Und vor allem keine Chance vergeuden, kein Fiasko scheuen, denn manchmal vergessen die Frauen eines Mannes Gesicht, küßte doch in sonderbarer Sommernacht selbst Titania einstmals einen Eselskopf.

Stendhal setzt den modischen Hut auf, nimmt die gelben Handschuhe und probiert ein kaltes, mokantes Lächeln in den Spiegel hinein. Ja, so muß er heute abend bei Madame de T. auftreten, ironisch, zynisch, frivol und steinkalt: es gilt zu frappieren, zu interessieren, zu blenden; das Wort wie eine blitzende Maske über diese ärgerliche Physiognomie zu stülpen. Nur stark verblüffen, gleich mit dem ersten Ruck die Aufmerksamkeit an sich reißen, das ist das beste, die innere Mutlosigkeit verbergen hinter lauten Gascognaden. Wie er die Treppe hinabsteigt, hat er sich schon ein knallendes Entrée ersonnen: er wird sich heute im Salon vom Diener anmelden lassen als Herr Kaufmann Cäsar Bombet und dann erst selbst eintreten, einen geschwätzig lautrednerischen Wollhändler mimen, niemanden zu Wort kommen lassen und von seinen imaginären Geschäften so lange brillant und frech erzählen, bis die lachende Neugier ihm restlos gehört und die Frauen sich an sein Gesicht gewöhnen. Dann noch ein Feuerwerk von Anekdoten, starken und lustigen, die ihnen die Sinne auflockern, eine dunkle Ecke, die hilfreich seine Leiblichkeit verschattet, ein paar Gläser Punsch: und vielleicht, vielleicht finden ihn um Mitternacht dann die Frauen doch charmant.

Film seines Lebens

1799. Die Postkutsche von Grenoble nach Paris hält zum Pferdewechsel in Némours. Aufgeregte Gruppen, Plakate, Gazetten: der junge General Bonaparte hat gestern in Paris der Republik den Genickfang, dem Konvent den Fußtritt gegeben und sich zum Konsul gemacht. Alle Reisenden debattieren ereifert, nur ein sechzehnjähriger Bursche, breitschultrig, rotbackig, bezeigt wenig Aufmerksamkeit. Was schert ihn die Republik oder Konsulate, er fährt nach Paris, angeblich, um in der École Polytechnique zu studieren, aber in Wahrheit, um der Provinz zu entrinnen, Paris zu erleben, Paris, Paris! Und sofort füllt sich die ungeheure Schale dieses Namens mit buntem Geström von Träumen. Paris, das heißt Luxus, Eleganz, Beschwingtheit, Antiprovinz, Freiheit, und vor allem Frauen, viele Frauen. Irgendeine junge, schöne, zarte, elegante (vielleicht jener Victorine Cably ähnlich, jener Schauspielerin in Grenoble, die er schüchtern von ferne geliebt) wird er plötzlich auf eine romantische Weise kennenlernen, er wird sie retten aus dem zerschmetterten Kabriolett, indem er sich den durchbrennenden Pferden entgegenwirft, irgend etwas Großes, so träumt er, wird er für sie tun, und sie wird seine Geliebte sein.

Die Postkutsche holpert weiter und zerrädert unbarmherzig diese vorzeitigen Träumereien. Kaum wirft der Knabe einen Blick auf die Landschaft, kaum spricht er zu seinen Begleitern ein Wort. Endlich hält der Postillion am Schlagbaum. Dröhnend rollen die Räder über die buckligen Straßen, in die engen, schmutzigen, überhohen Häuserschluchten hinein, dumpfig vom Geruch ranziger Speisen und schweißiger Armut. Erschreckt sieht der Enttäuschte sein Traumland an. Das also ist Paris, »ce n'est donc que cela?« Nichts als das ist Paris? Immer wieder wird er dies Wort später wiederholen: nach dem ersten Gefecht, beim Übergang der Armee über den St. Bernhard, in der ersten Liebesnacht. Immer wird diesem unmäßigen romantischen Verlangen die Wirklichkeit schal und flau erscheinen nach so überschwenglichen Träumen.

Sie laden ihn ab vor einem gleichgültigen Hotel in der Rue Saint-Dominique. Dort in einer Mansarde des fünften Stockes, eine Luke statt des Fensters, rechte Brutstätte zorniger Melancholie, haust der kleine Henri Beyle nun ein paar Wochen, ohne einen Blick in seine Mathematikbücher zu tun. Stundenlang trottet er auf den Straßen, sieht den Frauen nach: wie sind sie doch verführerisch in der neurömischen Mode der Nacktheit, wie entgegenkommend scherzen sie mit ihren Verehrern, wie wissen sie zu lachen, anlockend und leicht; aber er wagt sich an keine heran, der linkische dumme Junge im grünen Provinzüberrock, sehr wenig elegant und noch weniger verwegen. Nicht einmal zu den geldgefälligen Mädchen, die um die Öllaternen billig streichen, traut er sich hin und beneidet verbissen die kühneren Kameraden. Er hat keinen Freund, keine Gesellschaft, keine Arbeit: mürrisch träumt er in Erwartung romantischer Abenteuer durch die schmutzigen Straßen, so ganz in sich verloren, daß er manchmal in Gefahr gerät, von einem Wagen überrannt zu werden.

Endlich, niedergemürbt, ausgehungert nach Rede, Wärme und Vertraulichkeit, macht er Besuch bei seinen Verwandten, den reichen Darus. Sie sind nett zu ihm, laden ihn ein, ziehen ihn in ihr schönes Haus, aber – Erbsünde für Henri Beyle! – sie stammen aus der Provinz, und das verzeiht er ihnen nicht; sie leben bürgerlich, reich und behäbig, indes seine Börse fadenscheinig schlottert, und das erbittert ihn. Verdrossen, schweigsam, linkisch, ihr geheimer Feind, sitzt er mit ihnen bei Tisch, sein brennendes Verlangen nach Zärtlichkeit versteckend hinter muffiger und ironischer Bockigkeit: ein unangenehmer, undankbarer Patron, wie wahrscheinlich die alten Darus heimlich konstatieren. Spät abends kommt dann, abgehetzt, müde und verschlossen, aus dem Kriegsministerium der Heros der Familie, Pierre (später Graf) Daru, die rechte Hand des allmächtigen Bonaparte. Seiner innersten Neigung nach wäre der Kriegsmann lieber Kollege dieses kleinen Dichters (den er, weil er sich so schweigsam vermauert, für einen linkischen Dummkopf hält, und vor allem ungebildet wie einen Karpfen);

denn er übersetzt in seinen Mußestunden Horaz, schreibt philosophische Abhandlungen und wird späterhin, wenn er einmal die Uniform ablegt, eine Geschichte Venedigs verfassen, jetzt aber lebt er wichtigeren Aufgaben im Schatten Bonapartes. Ein nimmermüdes Arbeitstier, verfaßt er Tag und Nacht im Geheimkabinett des Generalstabs Pläne, Berechnungen und Briefe, niemand weiß, zu welchem Zweck. Der kleine Henri haßt ihn gerade darum, weil er ihm nach vorwärts helfen will, denn er will nicht nach vorwärts, er will zu sich selbst.

Aber eines Tages ruft Pierre Daru den Faulenzer; er solle sofort mit in das Kriegsministerium, er habe eine Stelle für ihn. Unter der Karbatsche Darus muß nun der kleine feiste Henri Briefe, Briefe, Briefe, Referate und Berichte schreiben von zehn Uhr morgens bis ein Uhr nachts, daß ihm die Finger krachen. Noch weiß er nicht, wozu all diese wütige Schreiberei dient, aber bald wird die Welt es wissen. Ahnungslos schafft er mit an dem italienischen Feldzuge, der mit Marengo beginnt und mit einem Kaiserreich schließt; endlich erzählt der »Moniteur« das Geheimnis: der Krieg ist erklärt. Der kleine Henri Beyle atmet auf, gottlob! jetzt muß dieser Quälgeist Daru abrücken ins Hauptquartier, vorbei die öde Brieffuchserei. Er atmet auf; lieber Krieg als noch weiterhin dies Schrecklichste auf der Welt, als die beiden Dinge, die er am meisten haßt: Arbeit und Langeweile.

1800, Mai. Nachhut der italienischen Armee Bonapartes bei Lausanne.

Ein paar Kavallerieoffiziere drängen ihre Pferde zusammen und lachen, daß die Federbüsche auf ihren Tschakos wackeln. Ein possierlicher Anblick: da hockt auf einer widerspenstigen Mähre, wie ein Affe ungeschickt angekrallt, ein kurzbeiniger dicker Junge, halb Zivil, halb Militär, und rauft mit dem bockigen Vieh, das den Sonntagsreiter durchaus den Boden küssen lassen will. Sein riesiger

Pallasch, schief um den Bauch gebunden, schlenkert immer gegen die Kruppe und kitzelt das arme Roß, bis es schließlich steigt und in höchst unbeabsichtigtem Galopp den tristen Kavalleristen quer über Äcker und Gräben schüttelt.

Die Offiziere amüsieren sich königlich. »Reit hin«, kommandiert endlich mitleidig der Kapitän Burelvillers seinem Burschen, »und hilf diesem Demian!« Der Bursche galoppiert scharf nach, karbatscht der fremden Mähre ein paar Saftige über, bis sie stille steht, dann packt er die Zügel und schleppt den Neuling heran, das Gesicht krebsrot von Zorn und Scham. »Was wollen Sie von mir?« fragt er erregt den Kapitän: der ewige Phantast träumt schon von Arretierung oder Duell. Aber der spaßmütige Kapitän wird sofort, als er hört, daß es sich da um einen Vetter des allmächtigen Daru handelt, sehr höflich, bietet ihm seine Gesellschaft an und fragt den zweifelhaften Rekruten, wo er bisher sich umgetrieben. Henri errötet: diesen Banausen kann man doch nicht eingestehen, daß man in Genf tränenden Auges vor dem Haus gestanden, in dem Jean-Jacques Rousseau geboren wurde. So tut er forsch und frech, spielt den Kühnen in einer so ungeschickten Weise, daß er ihnen allen gefällt. Die Offiziere lehren ihn zunächst kameradschaftlich die hohe Kunst, beim Reiten die Zügel richtig zwischen zweiten und dritten Finger zu fassen, den Säbel gerade umzuschnallen, und sonst noch ein paar Geheimnisse des Kommiß. Und sofort fühlt sich Henri Beyle als Soldat und Held.

Er fühlt sich als Held oder zumindest, er erlaubt nicht, daß jemand anderer an seiner Courage zweifelt. Er wird sich lieber die Zunge abbeißen, als eine ungeschickte Frage tun oder einen Seufzer Angst aus den Lippen lassen. Nach dem weltberühmten Übergang über den St. Bernhard wendet er sich lässig im Sattel und fragt den Kapitän beinahe verächtlich seine ewige Frage: »War das alles?« Wie er bei Fort Bard ein paar Kanonen brummen hört, tut er abermals erstaunt: »Ist das der Krieg, nichts als das?« Immerhin,

101

er hat Pulver gerochen, eine Art Jungfräulichkeit vor dem Leben ist nun verloren, ungeduldiger spornt er das Pferd, rasch hinab nach Italien, nun die andere noch verlieren, und über die kurzfristigen Abenteuer des Kriegs den unendlichen des Eros entgegen.

1801, Mailand. Korso an der Porta Orientale.

Der Krieg hat die Piemonteser Frauen aufgeweckt aus ihrer Gefangenschaft. Seit die Franzosen im Lande sind, fahren sie täglich in ihren niederen Karossen die blitzenden Straßen unter dem blauen Himmel entlang, lassen anhalten, plaudern mit ihren Liebhabern oder ihren Cicisbeos, lächeln den jungen frechen Offizieren nicht ungern in die Augen und spielen mit Fächern und Blumen deutsames Spiel.

In den schmalen Schatten gedrückt, sieht sehnsüchtig ein siebzehnjähriger Unteroffizier zu den eleganten Frauen hinüber. Ja, Henri Beyle ist plötzlich sous-off bei den Sechserdragonern geworden, ohne eine einzige Bataille mitgemacht zu haben; als Cousin des allmächtigen Daru erreicht man ja allerhand. Uber der Stirn weht und wedelt vom blanken Metall der schwarze Roßhaarschweif der französischen Dragoner, hinter seinem weißen Kavalleriemantel klirrt schreckhaft mächtig der große Säbel, an den Stulpen seiner Stiefel klingeln die Sporen: wahrhaftig, er sieht martialisch aus, der kleine dicke, feiste Junge von vorgestern.

Eigentlich sollte er, statt hier am Korso herumzuschlendern und täglich das Pflaster mit dem Pallasch abzuklappern und die Frauen sehnsüchtig anzuschauen, bei seiner Kompagnie stecken und die Österreicher hinter den Mincio jagen helfen. Aber schon der Siebzehnjährige liebt das Vulgäre nicht, er hat bereits entdeckt, daß »höchst wenig Geist dazu nötig ist, um einen Säbelhieb zu dreschen«. Wenn man der Cousin des großen Daru ist, bleibt man lieber, statt groben Kommißdienst abzuschnurren, in der blitzblanken Etappe Mailand, denn im Biwak gibt es keine so schönen

Frauen zu beschwören und vor allem keine Scala, die göttliche Scala mit ihren Opern Cimarosas, mit den sublimen Sängerinnen. Dort, und nicht in einem Zelt irgendwo in einem oberitalienischen Sumpfnest, schlägt Henri Beyle sein eigentliches Hauptquartier auf. Immer ist er der erste am Abend, wenn die Logen in den fünf Stockwerken der Scala sich allmählich erleuchten, die Damen eintreten »più che seminuda«, mehr als halbnackt unter der leichten Seide, und sich Uniformen glitzernd über ihre blanken Schultern beugen. Ach, wie sie schön sind, die italienischen Frauen, wie heiter und gefällig und wie beglückt sie es genießen, daß Bonaparte fünfzigtausend junge Burschen nach Italien gebracht hat zum Schmerz und zur Entlastung der Mailänder Ehemänner!

Aber leider, noch immer hat keine von ihnen allen daran gedacht, unter diesen fünfzigtausend sich Henri Beyle aus Grenoble zu erwählen. Wie sollten sie es auch wissen, die üppige Angela Pietragrua, die rundliche Tuchhändlerstochter, die gern ihre weiße Büste vor den Gästen enthüllt und ihre Lippen an den Schnurrbärten der Offiziere wärmt, daß dieser kleine Rundkopf mit den funkelnden und eng gekniffenen schwarzen Augen – »il Cinese«, den Chineser nennt sie ihn spaßhaft und ein wenig gleichgültig – in sie verliebt ist, daß er von ihr, der doch gar nicht Hartherzigen, Tag und Nacht wie von einem unerreichbaren Idol träumt und sie, die dickliche Bürgergesponsin, durch seine romantische Liebe einmal unsterblich machen wird? Freilich, er kommt jeden Abend Pharao spielen mit den andern Offizieren, sitzt stumm und scheu in der Ecke und erblaßt, wenn sie zu ihm spricht. Aber hat er jemals ihre Hand gedrückt, leise das Knie an das ihre geschoben oder ihr jemals einen Brief geschrieben oder ein »mi piace« geflüstert? Andere Deutlichkeiten gewöhnt von französischen Dragoneroffizieren, beachtet die vollbusige Angela den kleinen Unteroffizier kaum, und so versäumt der Ungeschickte ihre Gunst, ohne zu ahnen, wie gern und willig sie ihre Liebe jedem Begehrlichen zuteilt.

Denn trotz seinem großen Pallasch, seinen Stulpenstiefeln ist Henri Beyle noch immer so schüchtern wie in Paris und der timide Don Juan noch immer jungfräulich. Jeden Abend nimmt er sich vor, den großen Sturm zu wagen, er schreibt sich sorgfältig in sein Notizbuch die Lehren älterer Kameraden, wie man handgreiflich die Tugend einer Frau überwindet, aber kaum in der Nähe der geliebten, göttlichen Angela, wird der theoretische Casanova sofort kopfscheu, verwirrt sich und errötet wie ein Mädchen. Um ein ganzer Mann zu werden, beschließt er, endlich seine Jungfräulichkeit zu opfern. Irgendeine Mailänder Professionelle (»Ich habe ganz vergessen, wer und wie sie war«, schreibt er später in seine Aufzeichnungen) bietet sich ihm als Altar, aber leider erwidert sie seine Erstlingsgabe mit einer bedeutend unedleren, sie gibt dem Franzosen die Krankheit zurück, die angeblich die Leute des Connétable von Bourbon nach Italien gebracht und die seitdem die französische heißt. Und so opfert der Diener des Mars, der den linden Dienst der Venus suchte, noch jahrelang dem strengen Gotte Merkur.

1803, Paris. Wieder in einer Mansarde des fünften Stockes, wieder in Zivil. Der Säbel ist fort, die Sporen und Schnüre, das Leutnantspatent in die Ecke geschmissen. Er hat genug bekommen vom Soldatenspielen, genug zum Erbrechen – »J'en suis soûl.« Kaum daß die Narren ihm zumuteten, ernstlich Garnisondienst zu machen in schmierigen Dörfern, sein Pferd zu striegeln und Gehorsam zu leisten, hat Henri Beyle Reißaus genommen. Nein, Gehorsam zu leisten ist nicht dieses Eigenwilligen Sache, sein höchstes Glück, »niemandem zu befehlen und niemandes Untergebener zu sein«. So hat er dem Minister ein Brieflein geschrieben mit seiner Demission und gleichzeitig eins an den strenggeizigen Vater, er möchte mit etwas Geld herausrücken, und der Vater, den Henri in seinen Büchern auf das saftigste verleumdet hat (und der seinen Sohn wahrscheinlich in derselben ungeschickten und verhaltenen Weise liebt wie jener die Frauen), der »father«, der »bâtard«, wie ihn Henri in seinen Aufzeichnungen immer höhnisch nennt, sendet wirklich allmonatlich Geld. Nicht viel allerdings, aber doch genug, daß man sich einen leidlichen Anzug machen lassen kann, pompöse Krawatten kaufen und weißes Schreibpapier, um darauf Komödien zu dichten. Denn neuer Entschluß: Henri Beyle will nicht mehr Mathematik studieren, sondern dramatischer Dichter werden.

Zunächst tut er dies in der Weise, daß er häufig in die Comédie Française geht, um bei Corneille und Molière zu lernen. Dann zweite Erfahrung, sehr wichtig für einen zukünftigen Dramatiker: man muß Kenntnis der Frauen gewinnen, man muß lieben, geliebt werden, eine »belle âme«, eine schöne Seele, eine »âme aimante« finden. Er macht also der kleinen Adèle Rebouffet den Hof und genießt die romantische Lust des unglücklichen Liebhabers bis zur Neige; glücklicherweise tröstet ihn die üppige Mutter (wie er im Tagebuch notiert) einige Male in der Woche auf irdische Weise. Das ist amüsant und lehrreich, aber immerhin noch nicht die rechte, die schwärmerische, die große Liebe. So sucht er unentwegt das erhabene Idol. Schließlich fesselt Louason, eine kleine Schauspielerin an der Comédie Française, seine immer brodelnde Leidenschaft und duldet seine Huldigungen, ohne zunächst mehr zu erlauben. Aber nie liebt Henri besser, als wenn eine Frau sich ihm verweigert, denn er liebt nur das Unerreichbare, und bald steht der Zwanzigjährige in Flammen.

1803, Marseille. Überraschende Verwandlung, unglaublich fast.

Ist das wirklich Henri Beyle, Exleutnant der Napoleonischen Armee, Pariser Dandy und gestern noch Dichter? Ist er das wirklich, dieser schwarz beschürzte Kommis in dem engen Erdgeschoß der Firma Meunier & Cie, Kolonialwaren en gros & en détail, der da auf dem Schreibbock sitzt in dieser schmuddeligen Gasse links am Hafen von Marseille, in diesem dumpf nach Öl und Feigen riechenden Gewölbe? Ist es wirklich die sublime Seele, die gestern noch in Versen die erhabensten Gefühle reimte, die da heute Rosinen und Kaffee, Zucker und Mehl verschleißt, Mahnungen an die Kunden schreibt, auf Zollämtern mit den Beamten schachert? Jawohl, er ist es, der Rundkopf, der Hartkopf. Hat sich Tristan als Bettler verkleidet, um der geliebten Isolde zu nahen, und haben Königstöchter das Pagenkleid angetan, nur um dem trauten Ritter in den Kreuzzug zu folgen – er, Henri Beyle, hat Heroischeres vollbracht, er ist Kommis geworden in einem Kolonialwarengeschäft, Bäckergehilfe und Ladenschwengel, um seine Louason zu begleiten, die hier ans Theater in Marseille engagiert ist. Was tut es, tagsüber sich mit Zucker und Mehl die Finger zu stauben, wenn man abends eine Schauspielerin aus dem Theater abholen und als Geliebte ins Bett führen kann?

Herrliche Zeit, herrliche Erfüllung! Aber leider wird einem Romantiker nichts gefährlicher, als seinen Idealen allzu nahe zu kommen. Man entdeckt dann, daß Marseille, die erträumte Südstadt, eigentlich genauso provinzlerisch ist unter den lärmenden Gesten der Meridionalen wie Grenoble und seine Straßen so stinkig und schmutzig wie jene von Paris. Und selbst, wenn man mit der Göttin seines Herzens lebt, kann man die enttäuschende Erfahrung machen, daß diese Göttin zwar noch immer schön, aber herzlich dumm ist, und man wird anfangen, sich zu langweilen. Schließlich wird man sogar froh sein, wenn eines Tages der Göttin am Theater gekündigt wird und sie als Wolke nach Paris entschwebt: man wird von einer Illusion geheilt sein, um sich unermüdlich morgen die nächste zu suchen.

1806, Braunschweig. Abermaliger Kostümwechsel.

Wiederum Uniform, aber nicht mehr das grobe Kommiß des »sousoff«, das nur Ansehen findet bei Marketenderinnen und

Nähmamsellen. Jetzt sausen die Hüte der deutschen Honoratioren respektvoll von den Köpfen, wenn der Intendant-Stellvertreter der Großen Armee, Monsieur l'intendant Henri Beyle, mit Herrn von Strombeck oder irgendeinem andern illustren Vertreter der Braunschweiger Gesellschaft durch die Straßen schreitet. Aber nein, es ist ja nicht mehr Henri Beyle, man beliebe, eine kleine Korrektur zu machen: seit er in Deutschland ist und in so würdiger Stellung, unterzeichnet er: Herr von Beyle, »Henri de Beyle«. Zwar hat ihm Napoleon nicht den Adel verliehen, nicht einmal eine kleine Ehrenlegion oder sonstigen Knopflochschmuck; aber Henri Beyle, ein geschwinder Beobachter, merkt, daß die braven Deutschen auf Titel fliegen wie Finken auf den Leim; und man will doch nicht in der adeligen Gesellschaft, wo einen allerhand hübsche und appetitliche Blondinen zum Tanz locken, als banaler Bürger gelten: zwei solche Buchstaben aus dem Alphabet zaubern zur pompösen Uniform noch einen besonderen Nimbus.

Peinliche Missionen sind eigentlich Herrn Beyle zugedacht. Er soll noch sieben Millionen Kriegskontributionen aus dem weidlich geplünderten Sprengel herauskratzen, Ordnung halten und organisieren; er tut es anscheinend geschickt und geschwind mit der linken Hand, die rechte aber hält er sich frei, um Billard zu spielen und das Jagdgewehr einzuschießen, und für noch zartere Vergnügung. Denn auch in Deutschland gibt es angenehme Weiblichkeit. Gegen ein blondes und adeliges Minchen kann er seine platonischen Liebesbedürfnisse entladen, und die gröberen entlastet die gefällige Freundin eines Freundes, mit dem schönen Namen Knabelhuber geziert, tröstend des Nachts: so hat sich's Henri wieder bequem gemacht. Ohne Neid auf alle Marschälle und Generale, die an der Sonne von Austerlitz und Jena ihr Süppchen kochen, sitzt er still im Schatten des Krieges, liest Bücher, läßt sich deutsche Verse übersetzen und schreibt wieder wunderschöne Briefe an seine Schwester Pauline, immer wissender, immer meisterlicher sich zum Lebenskünstler entfaltend, nachzüglerischer Tourist auf allen Schlachtfeldern, intellektueller Dilettant aller Künste und immer mehr frei und sich selber nahe, je weiter er die Welt kennen und je besser er sie beobachten lernt.

1809, Wien, 31. Mai. Schottenkirche, dunkel und halb leer, frühmorgendlich.

In der ersten Bank knien in schwarzen, ärmlichen Trauerkleidern ein paar alte Männlein und Weiblein: die Verwandten des guten Papa Haydn aus Rohrau. Daß die französischen Brandkugeln plötzlich in sein geliebtes Wien sausten, hat den braven, den windschiefen zittrigen Greis zu Tode erschreckt: der Komponist der Volkshymne ist patriotisch gestorben mit den gestammelten Worten: »Gott erhalte Franz den Kaiser!«, und sie haben den kindleichten Leib von dem kleinen Haus in der Gumpendorfer Vorstadt, mitten im Tumult der einrückenden Armee, ganz eilig und hastig auf den Gottesacker führen müssen. Nun halten nachträglich die Musiker Wiens in der Schottenkirche ihrem Meister feierliche Totenmesse. Eine stattliche Anzahl hat sich ihm zu Ehren aus den okkupierten Häusern herausgewagt; vielleicht steht unter ihnen auch der kleinbeinige Sonderling mit dem wirren, fahrigen Löwenhaupt, der Herr van Beethoven, vielleicht singt unter den Buben im Chor droben ein kleiner zwölfjähriger Bub aus dem Lichtental, der Franz Schubert heißt. Aber niemand hat jetzt des andern acht, denn plötzlich tritt in voller Uniform ein anscheinend hoher französischer Offizier herein, begleitet von einem zweiten Herrn im gestickten Galakleid der Akademie. Alle schrecken sie unwillkürlich auf: wollen am Ende die französischen Eindringlinge verbieten, daß man dem guten sanften Vater Haydn hier eine letzte Ehrung bringt? Nein, durchaus nicht: Herr von Beyle, Auditor der Grande armée, erscheint vollkommen privat, er hat irgendwo im Quartier gehört, das Requiem Mozarts sei angesetzt für diese

Feier. Und um Mozart oder Cimarosa zu hören, würde dieser zweifelhafte Kriegsknecht hundert Meilen zu Pferde reiten, denn ihm gelten vierzig Takte dieser geliebten Meister mehr als eine pompöse, welthistorische Bataille mit vierzigtausend Toten. Behutsam tritt er in die Kirchenbank und hört auf die jetzt langsam einsetzende Musik. Sonderlich sagt ihm das Requiem nicht zu, er findet es »zu geräuschvoll«, es ist nicht »sein« Mozart, der flügelleichte, unbeschwerte; immer, wo die Kunst die ganz klare und sanghafte Linie überschreitet, wo sie sich über die menschliche Stimme emporwagt in die wilderen und ungezügelten der ewigen Elemente, wird sie ihm fremd. Auch abends, im Kärntnertor-Theater, der »Don Juan« wird ihm erst langsam verständlich, und wenn der Nachbar im Räume, der Herr van Beethoven (von dem er nichts weiß), einmal den Boreas seines Temperamentes gegen ihn anbrausen ließe, würde Stendhal nicht minder erschrecken vor diesem heiligen Chaos als sein großer Dichterbruder in Weimar, als der Herr von Goethe.

Die Messe ist zu Ende. Heiterer Miene tritt Henri Beyle, blitzend in Uniform und Übermut, aus der Kirche und schlendert den Graben entlang; bezaubernd findet er diese schöne, saubere Stadt Wien und ihre Menschen, die gute Musik machen, ohne darum schon so hart und grüblerisch zu verschroten wie droben im Nordland die andern Deutschen. Eigentlich sollte er jetzt in sein Amt gehen und für die Verproviantierung der Grande armée sorgen, aber das scheint ihm von minderer Wichtigkeit. Vetter Daru arbeitet ja wie ein Pferd, und den Sieg wird Napoleon schon erfechten: Gott sei Dank, daß er solche Käuze schuf, denen die Arbeit Spaß macht: man kann auf ihre Kosten gut leben. So zieht Cousin Beyle, von Jugend auf virtuos geübt in der Teufelskunst der Undankbarkeit, das bequemere Amt vor, Madame Daru in Wien über die Arbeitswütigkeit ihres Gatten zu trösten. Kann man sich besser gegen einen Wohltäter revanchieren, als daß man wohltätig ist gegen seine Frau mit Gefühl und Zärtlichkeit? Sie reiten zusammen hinaus in den Prater, allerhand Intimitäten spinnen sich an im zerschossenen Lusthaus. Sie besehen die Galerien, die Schatzkammern und die schönen Landschlösser des Adels, bis nach Ungarn hinaus sausen sie in gutgefederten Kaleschen, indes die Soldaten bei Wagram sich die Schädel einschlagen und der wackere Gatte Daru Tinte schwitzt. Der Nachmittag gehört der Liebe, der Abend dem Kärntnertor-Theater, am liebsten Mozart und immerdar Musik: allmählich begreift der sonderbare Mensch unter dem Intendantenrock, daß für ihn in der Kunst der Sinn und die Süße alles Lebens liegt.

1810 bis 1812, Paris. Glanzjahre des Kaiserreichs.

Es wird immer herrlicher. Man hat Geld und kein Amt, man ist – weiß Gott, ohne Verdienst! – dank zarter Frauenhände Mitglied des Staatsrats und Verwalter des Kronmobiliars geworden. Aber Napoleon bedarf glücklicherweise nicht ernstlich seiner Staatsratgeber, sie haben Zeit und können viel spazierengehen – nein: spazierenfahren! Denn Henri Beyle, die Börse gut gepolstert von diesen plötzlichen Funktionärsgeldern, lenkt jetzt sein eigenes, lackfrisch funkelndes Kabriolett, er speist im Café de Foy, beschäftigt den ersten Schneider, hat ein Verhältnis mit seiner Cousine und hält sich (Ideal seiner Jugend!) außerdem eine Tänzerin aus, namens Bereyter. Wie sonderbar, daß man mit dreißig Jahren mehr Glück hat bei den Frauen als mit zwanzig, wie unerklärlich, daß sie leidenschaftlicher werden, je kühler man tut; jetzt beginnt auch Paris, das dem armen Studiosus so häßlich erschien, ihm langsam zu gefallen; wahrhaftig, das Leben wird schön. Und das Schönste: man hat Geld, und man hat Zeit, so viel Zeit sogar, daß man zu seinem Vergnügen, nur eigentlich, um sich an das geliebte Italien zu erinnern, ein Buch aus jener Welt schreibt, eine »Histoire de la peinture«. Ach, kunsthistorische Werke schreiben, das ist ja ein so angenehmes, unverbindliches Vergnügen, besonders, wenn man's, wie Henri Beyle, sich so bequem macht, sie zu drei Vierteln einfach aus andern Büchern abzuschreiben und bloß den Rest mit Anekdoten und Drolerien locker aufzufüllen: doch welches Glück schon, bloß als Genießer dem Geistigen nahe zu sein! Vielleicht, denkt Henri Beyle, könnte man einmal, wenn man alt wird, Bücher schreiben, um sich die verlorene Zeit und die Frauen in Erinnerung einzufangen. Aber wozu schon jetzt: das Leben ist noch viel zu reich, zu füllig und zu schön, um es am Schreibtisch zu versäumen!

1812 bis 1813. Kleine Störung: Napoleon führt wieder einmal Krieg, diesmal ein paar tausend Meilen weit. Aber Rußland, das abenteuerlich ferne Land, lockt den ewig neugierigen Touristen: welch einzige Gelegenheit, sich einmal auch den Kreml und die Moskowiter anzusehen und auf Staatskosten nach Osten zu rutschen, selbstverständlich in der Nachhut, behaglich und ohne Gefahr, so wie seinerzeit in Italien, Deutschland und Österreich. Tatsächlich, er bekommt eine große Mappe von Marie Luise mit, gefüllt mit Briefen an den großen Gemahl, er wird feierlich beauftragt, in Eilkarossen und bepelzten Schlitten Geheimpost bis Moskau zu bringen. Da der Krieg in der Nähe gesehen – Beyle weiß es aus Erfahrung – ihm immer sterbenslangweilig wird, nimmt er sich privatim einiges zum persönlichen Amüsement mit, eine Kopie der zwölf Manuskriptbände der »Histoire de la peinture« in grünem Maroquinband und sein seit Jahren begonnenes Lustspiel; denn wo arbeitet man für sich besser als im Hauptquartier? Schließlich wird ja auch Talma nach Moskau kommen und die Große Oper, man wird sich nicht allzusehr langweilen und dann: eine neue Variante, die polnischen, die russischen Frauen ...

Beyle hält unterwegs nur Station, wo es Schauspiel gibt: auch im Krieg, auch auf der Reise kann er Musik nicht entbehren, allerorts muß die Kunst ihm Gefährtin sein. Aber erstaunlicheres

Schauspiel noch erwartet ihn in Rußland: Moskau eine brennende Metropole der Welt, ein Panorama, wie seit Nero kein Dichter es großartiger erschaut hat. Nur fertigt Henri Beyle keine Oden bei diesem pathetischen Anlaß, und seine Briefe verbreiten sich wenig über dieses unangenehme Ereignis. Längst ist diesem subtilen Genießer das militärische Gekatzbalge der Welt nicht mehr so wichtig wie zehn Takte Musik oder ein kluges Buch: das feine Beben des Herzens erschüttert ihn mehr als die Kanonade von Borodino, und er hat nur noch wenig Sinn für andere Historie als die seines eigenen Lebens. So fischt er sich aus dem Riesenbrand einen schön gebundenen Voltaire heraus und gedenkt ihn mitzunehmen: souvenir de Moscou. Aber diesmal tritt selbst den Etappenschwärmern der Krieg mit seinen Frostbeinen kräftig auf die Zehen. An der Beresina hat der Auditor Beyle noch Zeit (als der einzige Offizier in der Armee, der an derlei Dinge denkt), sich tadellos zu rasieren, dann aber eiligst über die einkrachende Brücke, sonst geht es an den Kragen. Das Tagebuch, die »Histoire de la peinture«, der schöne Voltaire, das Pferd und der Pelz und der Mantelsack bleiben den Kosaken. Nur mit zerrissenen Kleidern am Leib, schmutzig, gehetzt, die Haut von Kälte zerrissen, rettet er sich nach Preußen. Und sein erster Atemzug ist wieder die Oper: wie andere ins Bad, stürzt er sich gleich in Musik, um sich zu erfrischen. So wird für Henri Beyle der russische Feldzug, die Vernichtung der Großen Armee, nicht viel mehr als ein Intermezzo zwischen zwei Abenden, der »Clemenzia di Tito« in Königsberg bei der Rückkehr und dem »Matrimonio secreto« in Dresden, bei dem Auszug ins Feld.

1814 bis 1821, Mailand. Wiederum Zivil, Henri Beyle hat genug, endgültig genug vom Krieg. Eine Schlacht sieht von der Nähe aus wie die andere, man sieht in jeder dasselbe, »nämlich nichts«. Er hat genug von allen Aufgaben und Ämtern, von Vaterländern und Schlächtereien, von Papieren und Offizieren. Mag Napoleon in seiner »Courromanie« seiner wütigen Kriegskrankheit, noch einmal Frankreich erobern: gut, er tue so, aber ohne den Sukkurs fortan des Herrn Auditor Beyle, der nichts anderes mehr will als keinem befehlen und keinem gehorchen, der nichts begehrt als das Natürlichste und doch Allerschwerste: endlich, endlich sein eigenes Leben zu führen.

Schon vor drei Jahren, zwischen zweien der üblichen Napoleonskriege, zweitausend Franken in der Tasche, war er, selig und froh wie ein Kind, zum Urlaub hinabgesaust nach Italien: schon hat jenes Heimweh nach seiner eigenen Jugend begonnen, das den alternden Beyle bis zur letzten Stunde nie mehr verläßt – und seine Jugend heißt Italien: Italien und Angela Pietragrua, die er timid und scheu als kleiner Unteroffizier geliebt und an die er nun mit einmal unbezwinglich denken muß, seit die Kutsche die alten Pässe niederrollt. Abends kommt er an in Mailand. Rasch den Staub von Gesicht und Hand, andere Kleider über und hin in die Heimat des Herzens, in die Scala, Musik zu hören. Und wirklich, nach seinem eigenen Wort: »Musik erweckt die Liebe.«

Am nächsten Morgen schon eilt er zu ihr, läßt sich melden, sie erscheint, noch immer schön, begrüßt ihn höflich, aber fremd. Er stellt sich vor: Henri Beyle, der Name sagt ihr nichts. Nun beginnt er zu erinnern, an Joinville und die andern Kameraden. Endlich erhellt sich das geliebte, tausendmal geträumte Gesicht zu einem Lächeln. »Ah, ah, Ella è il cinese« (»Ach, Sie sind der Chineser«) – der verächtliche Spitzname ist alles, was Angela Pietragrua von ihrem romantischen Liebhaber noch weiß. Allerdings, nun ist Henri Beyle nicht siebzehn und kein Brackenburg mehr: kühn und gierig gesteht er seine Leidenschaft von damals und heute. Sie erstaunt: »Ja, warum haben Sie mir das nicht gesagt?« Sie hätte ihm doch gern die Kleinigkeit gewährt, die einer großmütigen Frau so wenig kostet, aber glücklicherweise bleibt dazu noch Zeit, und bald kann der Romantiker, elf Jahre zu spät freilich, in seine Hosenträger das Datum jenes Liebessiegs über Angela Pietragrua, 21. September, halb zwölf Uhr mittags, einsticken lassen.

Dann aber haben sie ihn noch einmal nach Paris zurückgetrommelt. Noch einmal, zum letztenmal, 1814, muß er für diesen kriegswütigen Korsen Provinzen verwalten, das Vaterland verteidigen, aber glücklicherweise – ja glücklicherweise, denn der schlechte Franzose Henri Beyle ist todfroh, daß die Kriegsführerei, und sei es auch mit einer Niederlage, glücklich ein Ende hat – rücken die drei Kaiser in Paris ein. Jetzt kann er endlich und endgültig nach Italien fahren, für immer frei von jedem Amt und Vaterland. Herrliche Jahre, einzig der Musik hingegeben, den Frauen, dem Gespräch, dem Schreiben, der Kunst. Jahre mit Geliebten, freilich mit solchen, die einen schändlich betrügen, wie die allzu freigebige Angela, oder aus Keuschheit ablehnen, wie die schöne Mathilde. Aber doch Jahre, in denen man immer mehr sein eigenes Selbst fühlt und erkennt, an jedem Abend in der Scala sich die Seele neu in Musik reinbadet, manchmal ein Gespräch genießt mit dem edelsten Dichter der Zeit, Herrn von Byron, und von Neapel bis Ravenna alle Schönheit des Landes, allen Reichtum der kunstgeistig Gebildeten, in sich einsammeln kann. Niemand hörig, niemand im Wege, sein eigener Herr und bald sein eigener Meister: unvergleichliche Jahre der Freiheit! »Evviva la Libertà!«

1821, Paris. Evviva la Libertà? Nein, es tut nicht mehr gut, in Italien von der Freiheit zu reden, die österreichischen Herren und Behörden verschnupfen sich gefährlich bei diesem Wort. Man soll auch keine Bücher schreiben, denn selbst, wenn sie blank plagiiert sind, wie die »Briefe über Haydn«, oder zu drei Vierteln andern Autoren abgeschrieben, wie die »Geschichte der italienischen Malerei« und »Rom, Florenz, Neapel«, so streut man doch, ohne es zu wissen, zwischen die Blätter allerhand Salz und Pfeffer, die die österreichische Obrigkeit in der Nase kitzeln, und bald wird der gestrenge Zensurbeamte Wabruschek (man könnte keinen schöneren Namen erfinden, aber so heißt er wirklich, weiß Gott!) dem Polizeiminister Sedlnitzky in Wien »unzählige tadelnswerte Stellen« darin reportieren. Derart kommt man, Freigeist und Freizügler, leicht in Gefahr, von den Österreichern für einen Karbonaro genommen zu werden, von den Italienern für einen Spion – also besser, man macht sich, wieder um eine Illusion ärmer, auf die Sohlen. Und ferner: für Freiheit ist noch eines nötig, nämlich Geld und dieser Bastard von Vater (Beyle tituliert ihn selten höflicher) hat jetzt endgültig erwiesen, was für ein dummer Narr er gewesen, indem er nicht einmal ein kleines, bescheidenes Rentchen seinem Rabensohn hinterließ. Wohin also? In Grenoble erstickt man, mit den schönen, bequemen Spazierfahrten im Kriegsnachtrab ist es leider vorbei, seit die bourbonischen Birnenköpfe feist und faul auf den Münzen kleben. Also zurück nach Paris, zurück in die Mansarde und nun zur Arbeit gemacht, was bisher bloß Vergnügen und dilettierendes Behagen war: Bücherschreiben, Bücher, Bücher.

1828, Paris. Salon bei Madame de Tracy, Gattin des Philosophen. Mitternacht. Die Kerzen fast niedergebrannt. Die Herren spielen Whist, Madame de Tracy, eine ältere Dame, plaudert auf dem Sofa mit einer Marquise und ihrer Freundin. Aber sie hört nicht recht hinein ins Gespräch, immer wieder spitzt sie unruhig das Ohr. Von dort rückwärts, aus dem andern Zimmer beim Kamin, kommt allerhand verdächtiges Geräusch, ein scharfes Frauenlachen und das sonor dunkle Grölen eines Herren, dann wieder empörte Ausrufe »Mais non, c'est trop«, dann wieder ausbrechend und rasch zurückgerissen dieses eigentümliche Gelächter. Madame de Tracy wird nervös: das ist gewiß wieder der abscheuliche Beyle, der den Damen Pfeffer serviert. Ein kluger, feinfühliger Mensch doch sonst, extravagant und amüsant, aber der Umgang mit

Schauspielerinnen, mit dieser italienischen Madame Pasta vor allem, hat ihm die Manieren verdorben. Sie entschuldigt sich und trippelt hastig hinüber, etwas Anstand zu gebieten. Richtig, da steht er, ganz in den Schatten des Kamins geduckt, wohl um das Embonpoint zu verbergen, ein Glas Punsch in der Hand, und funkelt Anekdoten, bei denen ein Musketier erröten würde. Die Damen scheinen fluchtbereit, sie lachen und protestieren, bleiben aber doch, von dem famosen Erzähler gefaßt, immer wieder neugierig und angeregt zurück. Wie ein Silen sieht er aus, rot und feist, mit glitzernden Augen, gutmütig und klug; jetzt, da Madame de Tracy naht, bricht er hastig ab unter ihrem strengen Blick, und die Damen nutzen die gute Gelegenheit, lachend Reißaus zu nehmen.

Bald verlöschen die Lichter, die Diener geleiten mit tropfenden Kronleuchtern die Gäste die Treppe hinab: drei, vier Wagen warten, die Damen steigen ein mit ihren Männern, Beyle bleibt allein und mißmutig zurück. Keine nimmt ihn mit, keine lädt ihn ein. Zum Anekdotenerzählen ist er noch, gut genug, sonst gilt er nichts mehr bei den Frauen. Die Gräfin Curial hat ihm den Laufpaß gegeben; eine Tänzerin zu halten wie einst, mangelt das Geld: man wird langsam alt. Mißmutig trottet er durch den Novemberregen seiner Hausung in der Rue Richelieu zu; was tut's, wenn die Kleider beschmutzt werden, noch ist der Schneider nicht bezahlt. Überhaupt, er seufzt tief, das Beste im Leben ist vorbei, man sollte eigentlich ein Ende machen. Unwirsch klettert er (auch das Atmen wird jetzt schon seinem Kurzhals manchmal schwer) die Treppe hinauf ins oberste Stockwerk, zündet das Licht an, blättert in Papieren und Rechnungen. Triste Bilanz! Aufgezehrt das Vermögen, die Bücher tragen nichts, von »Amour« sind jetzt nach Jahren glatt siebenundzwanzig Exemplare verkauft (»Man möchte es ein heiliges Buch nennen, weil kein Mensch daran zu rühren wagt«, hatte ihm gestern sein Verleger zynisch gesagt). So bleiben fünf Franken Rente am Tag, vielleicht viel für einen hübschen frischen Jungen, aber erbärmlich wenig für einen dickleibigen älteren Herrn, der die Frauen und die Freiheit liebt. Am besten, man machte Schluß. Henri Beyle nimmt einen Foliobogen und schreibt zum viertenmal in diesem melancholischen Monat sein Testament: »Ich Unterzeichneter vermache meinem Vetter Romain Colomb, was ich in meinem Hotel, 71, Rue Richelieu, besitze. Ich wünsche direkt auf den Friedhof übergeführt zu werden, die Kosten meines Begräbnisses sollen nicht mehr als dreißig Francs ausmachen.« Und als Nachschrift noch: »Ich bitte Romain Colomb um Verzeihung für alle Unannehmlichkeiten, die ich ihm bereite, und ich ersuche vor allem, nicht traurig zu sein wegen dieses unvermeidlichen Vorfalls.«

»Wegen dieses unvermeidlichen Vorfalls« – morgen werden die Freunde die vorsichtige Phrase verstehen, wenn man sie herrufen wird und die Kugel statt im Armeerevolver zwischen den Gehirnknochen steckt. Aber glücklicherweise ist Henri Beyle heute müde, er wartet noch einen Tag mit dem Selbstmord, und am nächsten Morgen kommen die Freunde und heitern ihn auf. Beim Herumstreifen im Zimmer sieht einer ein weißes Folioblatt auf dem Tisch. »Julien« überschrieben. Was das bedeutet, fragt er neugierig; ach, er wollte einen Roman schreiben, antwortet Stendhal. Sie sind sehr begeistert, die Freunde, sprechen dem Melancholischen Mut zu, und wirklich, er beginnt mit dem Werke. Der Titel »Julien« wird gestrichen und ersetzt durch einen, der später unsterblich wird, durch »Le Rouge et le Noir«. Tatsächlich, seit jenem Tag ist es mit Henri Beyle zu Ende, ein anderer hat begonnen für ewige Dauer: er heißt Stendhal.

1831, Civitavecchia. Neue Verwandlung.

Kanonenboote geben feierlich eine Salve, Wimpel wehen eilfertig Salut, da jetzt ein dickleibiger Herr in der pomphaften französischen Diplomatenuniform aus dem Dampfer steigt. Respekt! – dieser Herr, gestickte Weste, galonierte Hose, ist der Konsul von

Frankreich, Herr Henri Beyle. Wieder einmal hat ihm ein Umsturz in den Sattel geholfen, wie einstmals der Krieg, jetzt die Julirevolution. Nun lohnt es sich, Liberaler gewesen zu sein, unentwegte Opposition getrieben zu haben gegen die dummen Bourbonen: dank emsiger Frauenfürsprache ist man sofort zum Konsul ernannt worden im geliebten Süden, eigentlich in Triest, aber leider hat Herr von Metternich dort den Verfasser ärgerlicher Bücher nicht für wünschenswert erklärt und das Visum verweigert. So hat man, weniger erfreulich, in Civitavecchia Frankreich zu vertreten, aber immerhin, es ist Italien, und man bekommt fünfzehntausend Franken Gehalt.

Muß man sich schämen, nicht gleich zu wissen, wo Civitavecchia auf der Landkarte liegt? Durchaus nicht: von allen italienischen Städten wohl das erbärmlichste Nest, ein kalkweißer böser Brutkessel, in dem afrikanische Hitze ihr Fieber kocht, ein enger versandeter Hafen aus altrömischen Segelschiffstagen, eine ausgemergelte Stadt, öde, langweilig und leer, »man krepiert vor Langeweile«. Am besten gefällt Henri Beyle an dieser Deportiertenstation die Landstraße nach Rom, weil sie nur siebzehn Meilen lang ist, und Herr Beyle entschließt sich sofort, sie häufiger zu nützen als seine Würden. Eigentlich sollte er arbeiten, Berichte felbern, Diplomatie treiben, auf seinem Posten sitzen, aber die Esel im Auswärtigen Amt lesen seine Exposés ja gar nicht, wozu Geist an diese Sitzkünstler verschwenden – so pelzt man lieber alle Akten dem Schuft Lysimachus Caftangliu Tavernier auf, seinem Unterbeamten, einem bösartigen Biest, das ihn haßt und dem er die Ehrenlegion verschaffen muß, damit der Lump über seine häufigen Absenzen das Maul hält. Denn auch hier nimmt Henri Beyle seinen Dienst lieber leicht: einen Staat, der einen Dichter in so abscheuliche Sümpfe setzt, zu betrügen, scheint ihm Ehrenpflicht für einen ehrlichen Egoisten; tut man nicht wirklich besser, mit klugen Menschen in Rom die Galerien zu besehen, unter allerlei Vorwänden nach Paris zu rasseln, als hier langsam und sicher zu verblöden? Kann man denn immer zu dem einen Antiquar, diesem Herrn Bucci, gehen und immer mit denselben öden Halbadeligen schwätzen? Nein, da spricht man lieber mit sich selbst. Man kauft sich aus alten Bibliotheken ein paar Bände Chroniken und schreibt die schönsten als Novellen heraus, man erzählt sich mit fünfzig Jahren, die man nun alt geworden ist, wie man in der Seele jung geblieben. Ja, das ist das Rechte: um die Zeit zu vergessen, blickt man in sich selbst zurück, und so fern scheint dem wohlbeleibten Konsul der schüchterne Knabe von einst, den er schildert, daß er im Schreiben glaubt, »Entdeckungen über einen Anderen zu machen«. So schreibt Henri Beyle, alias Stendhal, seine Jugend, schreibt sie in Chiffren, damit niemand ahne, wer dieser H. B., dieser Henri Brulard gewesen sei, in dicke Hefte hinein und vergißt sich selbst, den alle vergessen haben, in dem tröstlich-trügerischen Kunstspiel der Selbstverjüngung.

1836 bis 1839, Paris.

Noch einmal – wunderbar! – Auferstehung, noch einmal Rückkehr ins Licht. Gott segne die Frauen, alles Gute kommt von ihnen – sie haben so lange in den famosen Comte de Molé, der nun Minister geworden ist, hineingeschmeichelt, bis er beliebt hat, die Augen über das staatsfeindliche Faktum zu schließen, daß Herr Henri Beyle, der doch eigentlich Konsul in Civitavecchia ist, seinen dreiwöchigen Urlaub ganz frech und still auf drei Jahre gedehnt hat und nicht daran denkt, auf seinen Posten zurückzukehren. Ja, drei Jahre sitzt der Konsul statt in seinen Sümpfen behaglich in Paris, läßt unten den griechischen Gauner statt seiner schuften und hier sich sein Gehalt auszahlen, er hat Zeit und gute Laune, kann wieder in Gesellschaft gehen, noch einmal, sehr schüchtern schon, eine Liebschaft versuchen. Er kann tun, was ihm beliebt, und vor allem, was ihm nun das Schönste im Leben scheint: in seinem Hotelzimmer auf und ab gehen und einen Roman diktieren, »Die Kartause von Parma«. Denn mit einem fetten Staatsgehalt ohne Dienst kann man sich den Luxus leisten, gegen den Strich zu schreiben, einen Roman ohne Zuckerwerk und Resedenduft, denn man ist ja endlich frei. Und es gibt keinen andern Himmel auf Erden für Henri Beyle als die Freiheit.

Aber dieser Himmel kracht bald ein. Der wackere und nachsichtige Minister Domte de Molé, sein Protektor – es wäre Zeit, ihm ein Denkmal zu errichten! –, wird gestürzt, ein neuer Pharao kommt ins Auswärtige Amt, ein Soldatenmarschall Soult, der von einem Stendhal nichts weiß, nur einen Herrn Konsul Henri Beyle in der Rangliste findet, der Frankreich im Kirchenstaat zu vertreten bezahlt wird und statt dessen seit drei Jahren vergnüglich in den Pariser Theatern herumsitzt. Der Herr General wundert sich erst, dann empört er sich über den faulen Beamten, der sich leben läßt, statt Akten zu kümmeln. Sofort poltert ein strenges Edikt, ohne Aufschub abzureisen. Henri Beyle zieht mürrisch die Uniform an und den Dichter Stendhal aus: müde, unwillig muß in der brennenden Sommerhitze der Vierundfünfzigjährige wieder hinab ins Exil; und er fühlt es: zum letztenmal.

1841, Paris, 22. März.

Ein umfänglicher, schwerleibiger Mann schleppt sich mühsam über den geliebten Boulevard. Aber wo ist die gute Zeit, da er hier noch nach Frauen Ausschau hielt, kokett wie ein Dandy den zierlichen Stock in der Hand pirouettierend: jetzt stützt sich der zitternde Arm bei jedem Schritt auf das feste Holz. Wie ist er alt geworden, Stendhal, im letzten Jahre, die früher funkelnden Augen liegen schlaff unter schweren und bläulich verschatteten Lidern, Nervenrisse zucken quer um die Lippen. Vor ein paar Monaten hat ihn zum erstenmal der Schlag getroffen, grimmige Rückerinnerung an jenes erste Liebesgeschenk in Mailand; und sie haben ihn

120

zur Ader gelassen, mit Salben und Mixturen gequält, und schließlich hat das Ministerium die Rückkehr von Civitavecchia doch dem Kranken bewilligt. Aber was hilft jetzt Paris, was der begeisterte Aufsatz Balzacs über die »Chartreuse de Parme«, was der zaghaft erste Knospen ansetzende Ruhm einem Mann, den schon »einmal das Nichts gestreift«, an dem der Tod bereits seine Knochenfinger probiert. Müde schlurft der triste Schatten weiter zu seiner Wohnung, kaum aufblickend zu den flinken, funkelnden Equipagen, den müßig schwätzenden Spaziergängern, den raschelnden Kokotten – ein langsam sich fortschiebender schwarzer Fleck Traurigkeit im flirrenden Lichterspiel der abendlich überfüllten Straße.

Plötzlich ein Auflauf, neugieriges Gedränge: der dicke Herr ist knapp vor der Börse zusammengebrochen und liegt nun da, die Augen starr vorgequollen, blau das Gesicht: der zweite, der tödliche Schlag hat ihn gerührt. Man reißt dem schwach Röchelnden den würgenden Kragen ab, trägt ihn in die Pharmazie und dann hinauf in sein kleines Hotelzimmer, das übersät ist mit zahllosen Papieren, Notizen, angefangenen Werken und Tagebuchheften. Und in einem von ihnen steht das sonderbar vorausbewußte Wort: »Ich finde nichts Lächerliches dabei, auf der Straße zu sterben, insofern man es nicht mit Absicht tut.«

1842. Die Kiste.

Eine riesige Holzkiste holpert, billiges Frachtgut, von Civitavecchia quer durch Italien nach Frankreich. Man schleppt sie zu Romain Colomb, Stendhals Vetter und Testamentsvollstrecker, der aus Pietät (denn wer kümmert sich noch um den Verstorbenen, dem die Zeitungen gerade sechs Zeilen Nekrolog zusparten!) eine Gesamtausgabe der Werke dieses Sonderlings herausgeben möchte. Er läßt die Kiste aufhämmern – o Gott, was für Mengen Papier und wie kraus beschrieben mit Chiffren und Geheimzeichen, welcher Wust eines gelangweilten Schreibmenschen! Ein paar der bequemsten und bestgeschriebenen Arbeiten fischt er heraus und kopiert sie, dann ermüdet selbst dieser Getreueste. Auf den Roman »Lucien Leuwen« schreibt er ein resigniertes »Rien à faire«: »nichts damit anzufangen« auch die Selbstbiographie, der »Henri Brulard«, wird als untauglich zurückgestellt, und dabei bleibt es jahrzehntelang. Was nun anfangen mit dem ganzen »fatras«, mit diesem unbrauchbaren Wust, diesem Zettelkram? Colomb packt alles wieder ein in die Kiste und sendet sie zu Crozet, Stendhals Jugendfreund, Crozet schickt sie wieder hinüber in die Bibliothek von Grenoble zur letzten Ruhestatt. Dort werden, gemäß uraltem Bibliotheksbrauch, Zettel mit Zahlen auf jeden Faszikel geklebt, kräftig gestempelt und registriert: Requiescant in pace! Sechzig Foliobände, das Lebenswerk und selbstgestaltete Leben Stendhals, stehen, amtlich versargt, nun in der großen Totenkammer der Bücher und können unbehelligt Staub ansetzen. Denn vier Jahrzehnte fällt es niemand ein, sich die Finger an den schlafenden Folianten zu beschmutzen.

1888, Paris, November.

Das Volk vermehrt sich, die Stadt wuchtet ins Weite, Paris zählt bereits acht Millionen Beine, die aber nicht immer laufen wollen: so plant die Omnibusgesellschaft eine neue Linie nach dem Montmartre. Ein ärgerliches Hindernis liegt leider quer im Wege, der Cimetière, der Montmartrefriedhof; nun, die Technik weiß Rat wider solchen Übelstand, man wird eben einen Brückensteg für die Lebendigen über die Toten hinbauen. Dabei kann man freilich nicht umhin, ein paar Gräber umzugraben, und bei dieser Gelegenheit findet man in der vierten Reihe Nummer elf ein ganz verlassenes und verkommenes Grab mit kurioser Inschrift: »Arrigo Beyle, Milanese, visse, scrisse, amò.« Ein Italiener auf diesem Friedhof? Sonderbare Inschrift, sonderbarer Mann! Zufällig kommt aber irgendeiner vorbei und entsinnt sich, daß es einmal einen französischen Schriftsteller Henri Beyle gab, der so falschmelderisch bestattet sein wollte. Man gründet rasch ein Komitee, sammelt ein bißchen Geld, eine neue Marmortafel für den alten Grabspruch zu kaufen. Und so glänzt plötzlich der verschollene Name wieder über dem vermoderten Leib, 1888, nach sechsundvierzig Jahren der Vergessenheit.

Und kurioser Zufall, im gleichen Jahre, da man sich seines Grabes entsinnt und noch einmal den Leib aus der Tiefe holt, kramt ein junger polnischer Sprachlehrer, Stanislas Stryienski, der, nach Grenoble verschlagen, sich dort maßlos langweilt, einmal in der Bibliothek herum, sieht allerhand alte, verstaubte, handgeschriebene Folianten in der Ecke stehen, fängt darin zu lesen und sie zu dechiffrieren an. Je mehr er liest, um so interessanter wird ihm die Lektüre; er sucht, er findet einen Verleger; das Tagebuch, die Selbstbiographie Henri Brulard, der Lucien Leuwen treten ans Licht und damit zum erstenmal der wirkliche Stendhal. Mit Begeisterung erkennen seine wahren Zeitgenossen die brüderliche Seele, denn nicht seinen wirklichen und zeitnahen hatte er sein Werk zugedacht, sondern jenen der kommenden, der nächsten Generation. »Je serai célèbre vers 1880«, steht mehrmals in seinen Büchern, damals ein hilfloses Wort ins Leere, nun eine überraschende Wirklichkeit. Zur gleichen Weltstunde, da sein Leib exhumiert wird aus der Erde, erhebt sich sein Werk aus dem Schatten der Vergänglichkeit: genau bis auf das Jahr hat der sonst so Unglaubwürdige seine Auferstehung verkündet, Dichter immer und in jedem seiner Worte, in diesem einen aber auch Prophet.

Ein Ich und die Welt

Il ne pouvait plaire, il était trop différent

Die schöpferische Zwiespältigkeit ist in Henri Beyle bereits von den Eltern hineingeboren; schon in ihnen passen zwei ungleichartige Hälften schlecht zusammen. Chérubin Beyle – man denke bei diesem Vornamen nicht an Mozart, beileibe nicht! – der Vater oder der »bâtard«, wie ihn Henri, sein erbitterter Sohn und Feind, immer boshafterweise nennt, repräsentiert vollumfänglich den zähen, geizigen, hartklugen, ganz zu Geld versteinerten Provinzbourgeois, wie ihn Flaubert und Balzac mit zorniger Faust an die Wand der Literatur geschleudert haben: von ihm erbt Henri Beyle nicht nur die Statur, die massig-fettleibige, sondern auch die egoistische Selbstbesessenheit in Hirn und Blut. Henriette Gagnon, die Mutter dagegen, kommt vom romanischen Süden her und auch psychologisch betrachtet aus Romanen. Sie könnte von Lamartine gedichtet sein oder von Jean-Jacques Rousseau sentimentalisiert: eine zärtlich-musikalische, gefühlsschwelgerische, südsinnliche Natur. Ihr, der Frühverstorbenen, dankt Henri Beyle seine Leidenschaft im Eros, den Überschwang im Gefühl, die schmerzliche und fast weibische Sensibilität der Nerven. Von diesen beiden widersetzlichen Strömungen im Blut unablässig hin und her gerissen, schwankt dies sonderbare Erzeugnis zwiespältiger Charaktere ein Leben lang zwischen Vatererbe und Muttererbe, zwischen Realismus und Romantik: immer wird er darum zwiefältig sein und doppelweltig, der künftige Dichter Henri Beyle.

Sympathetisch entscheidet sich der kleine Henri schon früh: er liebt die Mutter (ja sogar, wie er selbst zugibt, mit gefährlich passionierter Frühreife leidenschaftlicher Art), er haßt eifersüchtig und verächtlich den »father« mit einem spanisch kalten, zynisch verschlossenen, inquisitorisch nachspürenden Haß: kaum irgendwo findet die Psychoanalyse einen tadelloseren Ödipuskomplex literarisch hingelegt als in den ersten Seiten von Stendhals Selbstbiographie, im »Henri Brulard«. Aber diese vorzeitige Spannung wird jählings durchgerissen, denn die Mutter stirbt dem Siebenjährigen weg, und den Vater betrachtet der Knabe innerlich als gestorben, sobald er, sechzehnjährig, mit der Postkutsche Grenoble verläßt: von diesem Tage an meint er ihn mit Schweigen, mit Haß und Verachtung in sich erledigt und begraben. Jedoch selbst mit Lauge überschüttet, mit Löschkalk von Geringschätzung übergossen, bleibt der zähe, rechenkalte, sachliche Bürgervater Beyle noch fünfzig Jahre lang unter Henry Beyles Haut lebendig und geistert weiter in seinem Blut; fünfzig Jahre schlagen sich die Ahnen seiner beiden Seelenrassen, die Beyles und die Gagnons, der sachliche Geist und der romantische, noch unaufhörlich in ihm herum, ohne daß einer vermöchte, den andern vollkommen unterzukriegen. In einer Minute ist Stendhal seiner Mutter rechter Sohn, in der nächsten, oft in derselben noch, Sohn seines Vaters, bald schüchtern-timid, bald steinhart-ironisch, bald schwärmerisch-romantisch, bald wieder mißtrauisch-rechnerisch – sogar in dem flitzenden Intervall von Sekunde zu Sekunde schießen Heiß und Kalt zischend ineinander. Gefühl überschwemmt die Vernunft, Intellekt wieder staut brüsk die Empfindung. Niemals gehört dieses Gegensatzprodukt ganz der einen, nie ganz der andern Sphäre; und selten sind im ewigen Kriege zwischen Geist und Gefühl schönere Schlachten geschlagen worden als die große psychologische Bataille, die wir Stendhal nennen.

Gleich vorausgenommen aber sei: keine Entscheidungsschlacht, keine Vernichtungsschlacht. Stendhal ist nicht besiegt worden, nicht zerrissen von seinen Gegensätzen: vor jedem wahrhaft tragischen Schicksal schützt diese epikureische Natur eine gewisse ethische Indolenz, eine kalt beobachtende wachsame Neugierde. Ein Leben lang weicht dieser wache wesentliche Geist allen zerstörenden, allen dämonischen Mächten vorsichtig aus, denn das erste Gebot seiner Klugheit heißt Selbsterhaltung, und so wie er im faktischen, im Napoleonischen Kriege allezeit verstand, in der Nachhut zu bleiben, abseits vom Schuß, so wählt auch in seiner Seelenschlacht Stendhal lieber den gesicherten Standpunkt des Beobachters als den entschlossenen des Auf-Tod-und-Leben-Kämpfers. Ihm fehlt vollkommen jene letzte moralische Selbstpreisgabe eines Pascal, eines Nietzsche, eines Kleist, die jeden ihrer Konflikte zwanghaft zur Lebensentscheidung erhoben; er, Stendhal, begnügt sich, während er seinen Zwiespalt gefühlsmäßig erleidet, ihn von seiner geistigen Sicherung her als ästhetisches Schauspiel zu genießen. Darum wird sein Wesen von seinen Gegensätzen niemals vollkommen durchrüttelt, und er haßt nicht einmal ernstlich diese seine Zweiheit, ja er liebt sie sogar. Er liebt seinen diamantschneidenden, präzisen Intellekt als etwas sehr Kostbares, weil er ihm die Welt verständlich macht. Aber andererseits liebt Stendhal auch den Überschwang seines Gefühls, seine Hypersensibilität, weil sie ihn absondert von der Dumpfheit und Stumpfheit des gemeinen Alltags. Ebenso kennt er auch von beiden Wesensenden die verbundene Gefahr, jene des Intellekts, gerade die erhabensten Augenblicke zu erkälten, zu ernüchtern, und jene des Gefühls, zu weit ins Verschwommene und Unwahrhaftige zu verlocken und damit die Klarheit zu zerstören, die ihm Lebensbedingnis ist. So möchte er am liebsten jeder der beiden Seelenarten die Eigenschaft der andern zulernen: unablässig bemüht sich Stendhal, sein Gefühl intelligenzhaft klarzumachen, die Vernunft wiederum zu verleidenschaftlichen – ein ganzes Leben lang romantischer Intellektualist und intellektueller Romantiker in ebenderselben gespannten und empfindlichen Haut.

Jede Formel Stendhals ergibt also immer eine zweistellige Zahl, niemals runde Einheit: nur in dieser Doppelweltigkeit erfüllt er sich ganz. Immer dankt er seine stärksten Augenblicke dem Ineinander und Nebeneinander seines urtümlichen Gegensatzes. »Lorsqu'il n'avait pas d'émotion, il était sans esprit«, sagt er einmal von sich, das heißt: er kann nicht gut denken, ohne gefühlsmäßig erregt zu sein, aber er kann wiederum nicht exakt fühlen, ohne den eigenen erregten Herzschlag sofort zu messen. Er vergöttert einerseits die Träumerei als die kostbarste Bedingung seines Lebensgefühls (»ce que j'ai le plus aimé, était la rêverie«) und kann doch nicht leben ohne ihr Gegenspiel, ohne die Wachheit (»Si je ne vois pas clair, tout mon monde est anéanti«). Genau wie Goethe einmal von sich bekennt, daß das, was man gemeinhin Genuß nenne, »für ihn immer zwischen Sinnlichkeit und Verstand schwebe«, so empfindet Stendhal nur dank der feurigen Durchmischung von Geist und Blut die sinnvolle Schönheit der Welt. Er weiß, daß nur der ständigen Reibung seiner Kontraste die seelische Elektrizität entstammt, jenes Prickeln und Funkeln in den Nervenbahnen, jene knisternde, spannende und aufstachelnde Lebendigkeit, die wir heute noch spüren, kaum daß wir ein Buch, ein Blatt Stendhals berühren; nur dank dieses Überspringens der Vitalität von Pol zu Pol genießt er die Kraftwärme, die schöpferische und lichtschaffende seines Wesens, und sein immer wacher Selbststeigerungsinstinkt setzt alle Leidenschaft daran, sich diese Weitspannung zu erhalten. Unter seinen zahlreichen außerordentlichen Beobachtungen in psychologicis äußert er einmal die vortreffliche, ebenso wie unsere Körpermuskeln ständiger Gymnastik bedürfen, um nicht zu erschlaffen, müßten auch die psychischen Kräfte unablässig geübt, gesteigert und durchgebildet werden: diese Vervollkommnungsarbeit hat Stendhal mit beharrlicherer Konsequenz als irgendein anderer geübt. Er hegt und pflegt beide Enden seines Wesens unablässig für den Erkenntniskampf mit der gleichen Liebe wie ein Künstler sein Instrument, wie ein Soldat seine Waffe; unablässig ist er mit dem Training seines seelischen Ichs beschäftigt. Um die Hochspannung des Gefühls, den »érectisme morale«, latent zu erhalten, heizt er seine Expansionsfähigkeit allabendlich in der Oper durch Musik an und agitiert sich noch als älterer Herr gewaltsam in immer neue Verliebtheiten hinein. Um seinem Gedächtnis, bei dem er Spuren von Schwäche wahrnimmt, zur Exaktheit zu verhelfen, legt er sich besondere Exerzitien auf, er schleift, wie jeden Morgen sein Rasiermesser, am Strange der Selbstbeobachtung seine Wahrnehmungsfähigkeit. Er sorgt mit Büchern und Gesprächen alltäglich für Zufuhr von »ein paar Kuben neuer Ideen«, er füllt, er erregt, er spannt und zügelt sich zu immer subtilerer Intensität; unablässig schärft er seinen Verstand, unablässig schmeidigt er sein Gefühl.

Dank dieser wissenden und raffinierten Technik der Selbstvervollkommnung erreicht Stendhal intellektuell sowohl als sensuell einen ganz ungewöhnlichen Grad seelischer Feinfühligkeit. Man muß schon jahrzehnteweit in der Weltliteratur zurückwandern, um ein ähnlich zartempfindliches und zugleich scharfgeistiges Sensorium zu finden, eine so dünnhäutige, nervenbebende Sinnlichkeit bei so wasserklarem und wasserkaltem Verstand. Aber freilich, nicht ungestraft hat man seine Nervenspitzen derart zart und vibrierend, dermaßen wissend und wollüstig knapp unter der Haut; Feinheit bedingt immer leichte Verletzlichkeit, und was für die Kunst Gnade, wird für die Künstler fast immer zur Lebensnot. Wie leidet dieses überorganisierte Wesen Stendhal an seiner Umwelt, wie steht er fremd und verdrossen inmitten einer larmoyanten und pathetischen Zeit! Ein solches intellektuelles Taktgefühl muß jede Ungeistigkeit als Beleidigung, eine so romantische Seele die Dickhäuterei, die ethische Trägheit des Durchschnitts als einen Alpdruck empfinden; wie die Prinzessin im Märchen unter hundert Daunen und Decken die Erbse, so spürt Stendhal schmerzhaft jedes falsche Wort, jede verlogene Geste. Alles falsch Romantische, alles plump Übertreibliche, alles feig Verschwommene wirkt auf seinen wissenden Instinkt wie kaltes Wasser auf einen kranken Zahn. Denn sein Gefühl für Aufrichtigkeit und Natürlichkeit, sein geistiges

Kennertum leidet gleicherweise am Zuviel und Zuwenig in jeder fremden Empfindung – »mes bêtes d'aversion, ce sont le vulgaire et l'affecté« – an dem Banalen ebenso wie am Preziösen. Eine einzige Phrase, zu übersüßt mit Gefühl oder aufgequollen in pathetischer Hefe, kann ihm ein Buch verderben, eine ungeschickte Bewegung das schönste erotische Abenteuer. Einmal betrachtet er ergriffen eine Napoleonische Schlacht: das mörderische Durcheinander, durchschüttert vom Donner der Kanonen, überglüht vom unverhofften Farbenspiel eines Sonnenunterganges in blutigen Wolken, wirkt auf seine künstlerische Seele unwiderstehlich wie ein Nervenrausch. Er steht da und zittert erregt in mitfühlenden Schauern. Da fällt es unglückseligerweise einem General neben ihm ein, dieses überwältigende Schauspiel mit einem großspurigen Wort zu bezeichnen »Eine Gigantenschlacht!« sagt er wohlgefällig zu seinem Nachbar, und sofort zerschmettert dieses eine plumppathetische Wort für Stendhal jede Möglichkeit der Mitempfindung. Hastig eilt er weg, den Tölpel verfluchend, erbittert, enttäuscht, beraubt; immer, wenn sein hyperempfindlicher Gaumen den geringsten Beigeschmack von Phrase oder Verlogenheit im Ausdruck eines Gefühls spürt, revoltiert sein Taktgefühl. Unklares Denken, überschwengliche Rede, jedes Affichieren und Auswalzen der Empfindung verursacht diesem Sensibilitätsgenie sofort ästhetischen Brechreiz: darum kann er auch so wenig von aller Zeitgenossenkunst goutieren, weil sie damals besonders süß-romantisch (Chateaubriand) und pseudoheroisch (Victor Hugo) drapiert ist, darum erträgt und verträgt er so wenig Menschen. Aber diese exzessive Überempfindlichkeit wendet sich nicht minder gegen ihn selbst. Überall, wo er sich bei der winzigsten Empfindungsabweichung, bei einem unnötigen Crescendo, bei einem Hinüber ins Sentimentale oder bei einer feigen Verschwommenheit und Unehrlichkeit ertappt, schlägt er sich selbst wie ein strenger Schullehrer auf die Finger. Sein immer wacher und unerbittlicher Verstand schleicht ihm nach bis in die abseitigsten Träumereien und reißt ihm rücksichtslos alle Schamhüllen fort. Selten hat sich ein Künstler derart gründlich zur Ehrlichkeit erzogen, selten ein Seelenbeobachter so grausam seine geheimsten Abwege und Labyrinthe überwacht.

Weil er sich dermaßen kennt, weiß Stendhal selbst besser als jeder andere, daß diese übermäßige Sensibilität in Nerven und Geist sein Genie, seine Tugend ist und seine Gefahr. »Ce que ne fait qu'effleurer les autres me blesse jusqu'au sang«: was die anderen nur leise anstreift, das verletzt ihn, den Überempfindlichen bis aufs Blut. Und darum empfindet Stendhal die »Andern«, »les autres«, instinkthaft von Jugend an als den polaren Gegensatz zu seinem Ich, als Angehörige einer fremden Seelenrasse. Dieses Anderssein hat schon ganz früh der kleine linkische Knabe in Grenoble an sich gespürt, wenn er seine Mitschüler in gedankenloser Froheit herumpoltern sah, und noch schmerzlicher hat dies später der frischgebackene Unteroffizier Henri Beyle in Italien erfahren, der, neidisch und hilflos, sie nachzuahmen, die andern Offiziere bewunderte, wie sie die Mailänder Weiber kirre zu machen und großsprecherisch selbstbewußt ihre Säbel zu rasseln verstanden. Aber damals hatte er sich seines Zarterseins, seiner Verlegenheit und Feinfühligkeiten noch als eines männlichen Defektes, als einer kläglichen Minderwertigkeit geschämt. Jahrelang hat er versucht – höchst lächerlich und vergeblich! –, seine Natur zu vergewaltigen, dem lauten Pöbel laut nachzuprahlen, nur um diesen grobschlächtigen Gesellen ähnlich zu scheinen und ihnen zu imponieren. Erst allmählich, sehr mühsam, sehr schmerzhaft, entdeckt der Emotive in seinem unheilbaren Anderssein einen melancholischen Reiz: der Psychologe erwacht. Stendhal ist allmählich auf sich neugierig geworden und beginnt sich zu entdecken. Zunächst konstatiert er nur, daß er anders ist als die meisten, feiner organisiert, empfindlicher, hellhöriger. Keiner ringsum fühlt so leidenschaftlich, keiner denkt so klar, keiner ist so sonderbar gemischt, daß er fähig ist, allorts das Feinste zu fühlen und trotzdem nicht das geringste im Praktischen zu erreichen. Zweifellos, es muß noch andere Menschen dieser merkwürdigen Spezies »être supérieur« geben, denn wie könnte er sonst Montaigne verstehen, diesen herben, grundklugen und für alles Breite, Grobe verächtlichen Geist, wenn es nicht seiner Art gemäß wäre, wie Mozart zu fühlen, wenn nicht gleiche Leichtigkeit der Seele in ihm waltete. So beginnt etwa mit dreißig Jahren Stendhal erstmalig zu ahnen, er sei nicht ein mißglücktes Exemplar Mensch, vielmehr ein besonderes, zugehörig jener seltenen, sehr edlen Rasse der »êtres privilégiés«, die da und dort eingesprengt in den verschiedensten Nationen, Rassen und Vaterländern ihr Vorkommen haben wie Edelsteine in gemeinen Konglomeraten. Er fühlt sich bei ihnen beheimatet (nicht bei den Franzosen, er wirft diese Zugehörigkeit weg wie ein zu eng gewordenes Kleid), in einem andern, unsichtbaren Vaterlande, bei Menschen mit viel feineren Seelenorganen und klügeren Nerven, die niemals sich zusammenrotten zu plumpen Haufen und geschäftigen Klüngeln, sondern nur ab und zu einen Boten in die Zeit senden. Ihnen allein, diesen »happy few«, diesen hellhörigen und feinäugigen, diesen geschwinden Verstehern, die lesen können ohne Unterstreichungen und jeden Wink und Augenblick aus Instinkt des Herzens verstehen – ihnen allein schreibt er, über sein eigenes Jahrhundert hinweg, seine Bücher zu, ihnen allein verrät er in Spiegelschrift die Geheimnisse seines Gefühls. Was schert ihn, seit er endlich verachten gelernt, der grobe lautsprecherische Pöbel ringsum, dem nur dick aufgetragene, grelle Plakatschrift in die Augen fällt, dem nur scharf Überwürztes und schmalzig Gekochtes mundet? »Que m'importent les autres?«, was liegt mir an den andern, läßt er stolz seinen Julien sagen. Nein, sich nicht schämen, daß man in einer derart entcanaillierten, einer so vulgären Welt keinen Erfolg hat; »l'égalité est la grande loi pour plaire«, man muß über den gleichen Leisten gespannt sein, um diesem Pack sich anzupassen, aber Gott sei Dank, man ist ein »être extraordinaire«, ein »être supérieur«, ein einzelner, ein Sonderfall, ein Individuum, ein differenziertes Wesen und kein Herdenhammel. Alle die äußeren Erniedrigungen, das Zurückbleiben in der Karriere, die Blamagen bei den Frauen, die vollständige Erfolglosigkeit in der Literatur, das genießt Stendhal seit der Entdeckung seiner Sonderheit als Beweis seiner Überlegenheit. Sieghaft schlägt sein Minderwertigkeitsgefühl um in hellen Hochmut, jenen herrlich, heiteren und sorglosen Hochmut Stendhals. Mit Absicht hält er sich jetzt immer weiter weg von jeder Gemeinschaft und kennt nur noch eine Sorge, »de travailler son caractère«, seinen Charakter, seine seelische Physiognomie markanter herauszuarbeiten. Nur Besonderheit hat Wert in einer so amerikanisierten, einer solchen Taylor-System-Welt, »il n'y a pas d'intéressant que ce qui est un peu extraordinaire«: also seien wir besonders, beharren, bestärken wir gerade das Korn Seltsamkeit in uns! Kein holländischer Tulpennarr hat jemals eine Kreuzung kostbarster Art behutsamer gezüchtet als Stendhal seine Zwiespältigkeit und Sonderheit; er konserviert sie in einer eigenen geistigen Essenz, die er den »Beylismus« nennt, einer Philosophie, die nichts anderes meint als die Kunst, den Henri Beyle im Henri Beyle unverändert zu erhalten. Nur um sich stärker zu isolieren von allen andern, tritt er in bewußte Opposition zu seiner Zeit und lebt wie sein Julien: »en guerre avec toute la société«. Als Dichter verachtet er die schöne Form und proklamiert das Bürgerliche Gesetzbuch zur wahren ars poetica, als Soldat höhnt er den Krieg, als Politiker ironisiert er die Geschichte, als Franzose verspottet er die Franzosen: überall zieht er Gräben und Stacheldrähte zwischen sich und die Menschen, nur damit sie nicht nahe an ihn herankommen können. Selbstverständlich bringt er sich damit um jede Karriere, er versäumt als Soldat, als Diplomat, als Literat jeden Erfolg, aber das mehrt nur seinen Stolz; »Ich bin kein Herdenvieh, also bin ich nichts«; nein, nur nichts sein für diese Pöbelgeister, ein Nichts bleiben vor diesen

Nichtsen. Er ist glücklich, nirgends hineinzupassen, in keine ihrer Klassen, ihrer Rassen, ihrer Stände und Vaterländer, begeistert, als zweibeiniges Paradox auf seinen eigenen Füßen seinen eigenen Weg zu wandern, statt inmitten dieser servilen Diensthammel die breite Straße zum Erfolg zu trotten. Lieber zurückbleiben, lieber außen stehen, allein stehen. Aber frei bleiben. Und dieses Freibleiben, Sich-frei-Machen von allen Zwängen und Beeinflussungen hat Stendhal genial verstanden. Muß er ab und zu aus Notdurft einen Beruf annehmen, eine Uniform tragen, so gibt er von sich nur genau das her, was unumgänglich nötig ist, um nicht von der Krippe gejagt zu werden, und keinen Zoll und kein Quentchen mehr. Wirft ihm sein Vetter den Husarenrock um, er fühlt sich deswegen keineswegs als Soldat; schreibt er Romane, so verschreibt er sich darum noch nicht der fachmännischen Schriftstellerei; muß er die gestickte Borte des Diplomaten tragen, so setzt er innerhalb der Amtsstunden irgendeinen Herrn Beyle an den Schreibtisch, der mit dem wirklichen Stendhal nur die Haut, den runden Bauch und die Knochen gemein hat. Aber weder an die Kunst noch an die Wissenschaft und am wenigsten an das Amt gibt er jemals einen Teil seines wirklichen Wesens her, und tatsächlich hat zeitlebens nie einer seiner Dienstkameraden geahnt, daß er in der gleichen Kompanie mit dem größten Dichter Frankreichs exerzierte oder am gleichen Schreibtisch Akten schob. Und selbst seine illustren Kollegen der Literatur (außer Balzac) sahen in ihm nichts als einen amüsanten Causeur, einen Exoffizier, der gelegentliche Sonntagsritte über ihre Äcker unternahm. Vielleicht hat nur Schopenhauer von all seinen Zeitgenossen in einer ähnlich hermetisch geistigen Isoliertheit gewirkt und gelebt wie sein großer Bruder in psychologicis, Stendhal.

Ein letzter Teil jener einzigartigen Substanz Stendhals bleibt also immer abseits, und dieses merkwürdige Element chemisch zu ergründen, bedeutet Stendhals einzig wirkliche und intensive Betätigung. Niemals hat er das Eigensüchtige, das Autoerotische solcher introvertierten Lebenseinstellung geleugnet, im Gegenteil, er rühmt sich seiner Selbstischkeit und tauft sie demonstrativ mit einem neuen herausfordernden Namen: Egotismus. Egotismus – kein Druckfehler dies und beileibe nicht zu verwechseln mit seinem plebejischen, derbfäustigen Bastardbruder, dem Egoismus. Denn Egoismus will grob alles an sich raffen, was andern gehört, er hat gierige Hände und die verzerrte Fratze des Neids. Er ist mißgünstig, ungroßmütig, unersättlich, und selbst die Beimischung geistiger Triebe vermag ihn nicht zu erlösen von seiner phantasielosen Gefühlsbrutalität. Stendhals Egotismus dagegen will niemandem etwas nehmen, er läßt mit einer aristokratischen Hochmütigkeit den Geldraffern ihr Geld, den Ehrgeizigen ihre Ämter, den Strebern ihre Orden und Fähnchen, den Literaten die Seifenblasen ihres Ruhms – mögen sie damit glücklich sein! Er lächelt ihnen von oben herab verächtlich zu, wie sie um Katzengold ihre Hälse recken und servil ihre Rücken biegen, sich mit Titeln behängen und mit Würden bespicken, wie sie sich zusammenplustern zu Gruppen und Grüppchen und vermeinen, die Welt zu regieren – habeant! habeant! lächelt er ironisch ihnen zu, ohne Neid, ohne Habgier: mögen sie sich die Taschen vollsacken und die Bäuche füllen! Stendhals Egotismus ist nur leidenschaftliche Defensive, er betritt niemandes Revier, aber läßt auch niemanden über die eigene Schwelle, er hat einzig den Ehrgeiz, innerhalb des Menschen Henri Beyle einen vollkommen isolierten Raum zu schaffen, eine Brutzelle, in der die tropisch seltene Pflanze der Individualität sich ungehemmt entfalten kann. Denn Stendhal will seine Ansichten, seine Neigungen, seine Entzückungen einzig nur aus sich selber züchten und einzig für sich allein; ihm erscheint völlig gleichgültig und gewichtslos, wieviel ein Buch, ein Geschehnis allen andern gilt; er ignoriert hochmütig, wie sich ein Faktum auswirkt ins Zeitgenössische, Welthistorische oder gar in die Ewigkeit: schön nennt er ausschließlich, was ihm gefällt, richtig, was er augenblicklich als zugemessen erachtet, verächtlich, was er verachtet; und ihn beunruhigt keineswegs, mit dieser seiner Meinung vollkommen vereinzelt zu stehen, im Gegenteil, Einsamkeit beglückt und bestärkt sein Selbstgefühl: »Que m'importent les autres!« Die Devise Juliens gilt auch in aestheticis für den echten und gelernten Egoisten.

»Aber«, unterbricht hier vielleicht ein unbedachter Einwand – »wozu ein so pompöses Wort Egotismus für diese Selbstverständlichkeit aller Selbstverständlichkeiten? Das ist doch das Allernatürlichste, daß man schön nennt, was man für schön befindet, und sein Leben einzig nach seinem persönlichen Gutdünken zurechtmacht!« Gewiß, so möchte man meinen, aber genau gesehen, wem gelingt es, restlos unabhängig zu fühlen, unabhängig zu denken? Und wer selbst von jenen, die ihre Meinung über ein Buch, ein Bild, ein Ereignis aus scheinbar eigener Wertung formen, hat dann noch den Mut, sie konsequent zu wagen gegen eine ganze Zeit, gegen eine ganze Welt? Wir sind alle in höherem Maße unbewußt beeindruckt, als wir uns zugestehen: die Luft der Zeit steckt in unseren Lungen, in der Herzkammer selbst, unsere Urteile und Ansichten reiben sich an unzählig viel gleichzeitigen und schleifen an ihnen unmerklich ihre Spitzen und Schärfen ab, durch die Atmosphäre schwingen unsichtbar wie Radiowellen die Suggestionen der Massenmeinung. Der natürliche Reflex des Menschen ist also keineswegs die Selbstbehauptung, sondern die Anpassung der eigenen an die Zeitmeinung, Kapitulation an das Majoritätsgefühl. Wäre die Mehrheit, die überwältigende, der Menschheit nicht pflaumenweich anpasserisch, verzichteten ihre Millionen nicht aus Instinkt oder Trägheit auf private, persönliche Anschauung, längst stände die gigantische Maschinerie still. So bedarf es jedesmal ganz besonderer Energien, eines empörerisch emporgestrafften Mutes – und wie wenige kennen ihn! –, um diesem geistigen Druck von Millionen Atmosphären seinen isolierten Willen entgegenzustemmen. Ganz seltene und wohlgeprobte Kräfte müssen schon in einem Individuum zusammenwirken, damit es sich seiner Eigenheit erwehre: eine sichere Weltkenntnis, eine rapide Scharfsichtigkeit des Geistes, eine souveräne Verachtung aller Rudel und Rotten, eine kühne und amoralische Unbedenklichkeit und vor allem Mut, dreimal Mut, eine unerschütterliche, fest im Sattel sitzende Courage zur eigenen Überzeugung.

Diesen Mut hat Stendhal gehabt, der Egotist aller Egotisten: es tut der Seele wohl, zu sehen, wie kühn er vorprellt gegen seine Zeit, einer gegen alle, wie er mit flirrenden Finten und brüsken Attacken ohne andern Panzer als seinen blitzenden Hochmut sich durch ein halbes Jahrhundert schlägt, oft verletzt, aus vielen heimlichen Wunden blutend, aber aufrecht bis zum letzten Augenblick, und ohne ein Zollbreit Eigenheit und Eigenwilligkeit preiszugeben. Opposition ist sein Element, Selbständigkeit seine Wollust. Man lese nur an hundert Beispielen nach, wie verwegen, wie frech dieser unentwegte Frondeur der allgemeinen Meinung Paroli bietet, wie kühn er sie herausfordert. In einer Epoche, da alles von Schlachten schwärmt, da man in Frankreich, wie er sagt, »den Begriff des Heldenmuts unverweigerlich mit dem Tambourmajor verbindet«, schildert er Waterloo als ein unübersichtliches Durcheinander chaotischer Kräfte; er bekennt hemmungslos ein, daß er sich während des Russischen Feldzuges (den die Historiographen als Epopöe der Weltgeschichte preisen) persönlich gräßlich gelangweilt habe. Er scheut sich nicht, festzustellen, daß ihm eine Reise nach Italien, um seine Geliebte wiederzusehen, wichtiger war als das Schicksal seines Vaterlandes, und eine Arie Mozarts interessanter als eine politische Krise. »Il se fiche d'être conquis«, er schert sich den Teufel darum, daß Frankreich von fremden Truppen besetzt wird, denn, längst Wahleuropäer und Kosmopolit, kümmert er sich nicht eine Minute lang um die tollen Pirouetten des Kriegsglücks, um die modischen Meinungen, um Patriotismen (»le ridicule le plus sôt«) und Nationalismen, sondern einzig um die Verwahrheitlichung und Verwirklichung seiner geistigen Natur. Und dies sein Persönliches betont er so selbstherrlich und zärtlich inmitten der furchtbaren Lawinenstürze der Weltgeschichte, daß man, seine Tagebücher lesend, manchmal bezweifelt, ob er tatsächlich mit seiner Person bei all diesen historischen Kalendertagen Zeuge gewesen. Aber in gewissem Sinn war auch Stendhal gar nicht dabei, selbst wenn er quer durch den Krieg ritt oder im Amtssessel saß, er war immer nur bei sich selbst; niemals fühlte er sich aus Mittuerei, aus Mitdenkerei zur seelischen Teilnahme an Geschehnissen verpflichtet, die ihn seelisch nicht bewegten, und ebenso wie Goethe in seinen Annalen an welthistorischen Tagen nur die Lektüre aus dem Chinesischen, so notiert Stendhal in den welterschütterndsten Stunden seines Zeitalters einzig seine privatesten Wichtigkeiten: die Geschichte seiner Zeit und die seine haben gleichsam ein anderes Alphabet und andere Vokabeln. Darum wird Stendhal ein ebenso unzuverlässiger Zeuge für seine Umwelt wie ein unübertrefflicher für seine Eigenwelt; für ihn, den vollkommenen, den preiswürdigsten und unübertrefflichen Egotisten reduziert sich alles Geschehnis ausschließlich und einzig auf den Affekt, den das einmalige und unwiederbringliche Individuum Stendhal-Beyle vom Weltlauf erfährt und erleidet; nie vielleicht hat ein Künstler für sein Ich beharrlicher, radikaler und fanatischer gelebt und es kunstvoller zum Eigen-Ich entwickelt als dieser heroische Selbstling und überzeugte Egotist.

Aber gerade durch diese eifersüchtige Abschließung, dies sorgfältige Abgekorkte und hermetisch Verstöpselte ist die Essenz Stendhal so unvermindert und unvermischt mit ihrem eigennatürlichen Arom uns erhalten geblieben. In ihm, der nicht angefärbt ist vom Farbstoff seiner Epoche, können wir den Menschen par excellence, das ewige Individuum in einem raren und subtilen Exemplar psychologisch vollkommen losgelöst beobachten. Tatsächlich hat aus seinem ganzen französischen Jahrhundert kein Werk und Charakter sich so formelhaft frisch, so neu und unberührt erhalten; weil er die Zeit von sich abwehrte, wirken seine Werke zeitlos, weil er nur sein innerstes Leben lebte, wirkt er so lebendig. Je mehr ein Mensch seiner Zeit lebt, um so mehr stirbt er mit ihr. Je mehr ein Mensch in sich von seinem wahren Wesen verhält, um so mehr bleibt von ihm erhalten.

Der Künstler

> A vrai dire, je ne suis moins que sûr d'avoir quelque talent pour me faire lire. Je trouve quelquefois beaucoup de plaisir à écrire. Voilà tout.
>
> *Stendhal an Balzac*

An nichts gibt Stendhal, der eifersüchtigste Selbstbewahrer der Literatur, sich vollkommen hin, keinem Menschen, keinem Beruf, keinem Amt. Und wenn er Bücher, Romane, Novellen, psychologische Werke schafft, so schreibt er einzig sich in diese Bücher hinein: auch diese Leidenschaft dient ausschließlich seiner Eigenlust. Stendhal, der in seinem Nachruf als größte Leistung seines Lebens rühmt, »nie etwas getan zu haben, was ihm nicht Vergnügen machte«, war Künstler nur genau so lange, wie dieses Metier ihm Anregung bot, er dient der Kunst nur insoweit, wie sie seinem letzten Zwecke dient: seinem »diletto«, seinem Behagen, seiner Selbstfreude. Es irren also alle jene gröblich, die, weil Stendhal der Welt inzwischen als Dichter wichtig geworden, bei ihm selbst ein ähnliches Wichtignehmen seiner Kunst vermuten: mein Gott, wie hätte dieser Unabhängigkeitsfanatiker sich entrüstet, als einer vom dichterischen Clan, als Berufsschriftsteller zu gelten; und nur vollkommen eigenmächtig und in absichtlicher Entstellung von Stendhals Letztem Willen hat sein Testamentsvollstrecker diese literarische Überwertung in Stein gemeißelt. »Scrisse, amò, visse«, hämmerte er in den Marmor, indes das Testament ausdrücklich andere Reihenfolge verfügte: »visse, scrisse, amò«, denn Stendhal, seinem Wahlspruch getreu, hatte mit dieser Reihenfolge verewigt wissen wollen, daß er das Leben dem Schreiben voransetzte; ihn dünkte Genießen wichtiger als Schaffen und die ganze Schriftstellerei nichts als eine amüsante Komplementärfunktion seiner Selbstentfaltung, irgendeines von den vielen tonischen Mitteln gegen die Langeweile. Man kennt ihn schlecht, wenn man nicht erkennt: Literatur war diesem passionierten Lebensgenießer nur eine gelegentliche, keineswegs die entscheidende Ausdrucksform seiner Persönlichkeit.

Freilich, als junger Mensch, frisch angelangt in Paris, idealisch tumb, hatte auch er einmal Dichter werden wollen, natürlich ein berühmter Dichter, aber welcher Siebzehnjährige will das nicht? Er bosselt damals ein paar philosophische Aufsätze, schreibt an einer nie vollendeten Komödie in Versen; dann vergißt er vierzehn Jahre lang vollkommen die Literatur, sitzt im Sattel oder am Schreibtisch, promeniert auf den Boulevards, hofiert melancholisch vergebens geliebte Frauen und kümmert sich bei weitem mehr um Malerei und Musik als um die Schreiberei. 1814, in einem Augenblick der Geldknappheit, ärgerlich, daß er sogar seine Pferde verkaufen muß, felbert er hastig unter fremdem Namen ein Buch hin: »Das Leben Haydns« oder vielmehr, er stiehlt den Text frech seinem italienischen Verfasser, dem armen Carpani, der später Zeter und Mordio schreit gegen diesen unbekannten Herrn Bombet, von dem er sich dermaßen überraschend geplündert sieht. Dann klittert er wieder eine Geschichte der italienischen Malerei, gleichfalls aus andern Büchern, zusammen, streut ein paar Anekdoten hinein, und teils weil es ihm Geld bringt, teils weil er daran Spaß findet, die Feder laufen zu lassen und die Welt mit allerhand Pseudonymen zu narren, improvisiert er heute als Kunsthistoriker, morgen als Nationalökonom (»Un complot contre les industrielles«), übermorgen als Literarästhetiker (»Racine et Shakespeare«) oder als Psychologe (»De l'amour«) ein paar Bücher. Schreiben, so erkennt er bei diesen zufälligen Versuchen bald, ist gar nicht so schwer. Wenn man klug ist und einem die Gedanken flink an die Lippe schießen, besteht zwischen Schreiben und Konversieren eigentlich wenig Unterschied, noch weniger zwischen Reden und Diktieren (denn die Form läßt Stendhal dermaßen gleichgültig, daß er seine Bücher entweder mit Bleistift hinschmiert oder locker aus dem Handgelenk diktiert) – er empfindet also Literatur bestenfalls als ein nettes Sonderlingsamüsement. Schon daß er sich niemals bemüßigt fühlt, seinen wahren Namen Henri Beyle über seinen Produkten figurieren zu lassen, beweist zur Genüge seine Gleichgültigkeit gegen alle Ambition.

Erst mit vierzig Jahren setzt er sich häufiger zur Arbeit hin. Warum? Weil er ehrgeiziger geworden ist, leidenschaftlicher, kunstverliebter? Nein, durchaus nicht, nur weil man korpulenter wird, weil man – leider! – weniger Erfolg hat bei den Frauen, bedeutend weniger Geld und bedeutend mehr überflüssige, unausfüllbare Zeit; kurzum, weil man Surrogate braucht: »Pour se désennuyer«, um sich nicht zu langweilen. Wie die Perücke das einstmals dichte und wirrige Haar, so ersetzt jetzt für Stendhal der Roman das Leben, er kompensiert die Verminderung der realen Abenteuer durch allerhand gestaltete Träumereien; schließlich findet er das Schreiben sogar amüsant und sich selbst einen angenehmeren und geistvolleren Gesprächspartner als alle Plattredner in den Salons. Ja, Romaneschreiben ist wirklich, vorausgesetzt, daß man es nicht allzu ernst nimmt und sich nicht die Finger mit Schweiß und Ehrgeiz schmutzt wie diese Pariser Literaten, ein sehr munteres, sauberes, nobles Vergnügen, würdig eines Egotisten, ein elegant unverbindliches Geistspiel, an dem der alternde Mann mehr und mehr Reiz findet. Sehr mühevoll ist die Sache ja nicht: man diktiert einen Roman in drei Monaten ohne Konzept irgendeinem billigen

Kopisten in die Feder, vergeudet also nicht allzuviel Mühe und Zeit. Außerdem kann man sich dabei den Spaß machen, seinen Feinden heimlich Spottschweife anzubinden, die Pöbelhaftigkeit der Welt zu ironisieren; man kann hinter einer Maske, ohne sich zu verraten, die zartesten Regungen seiner Seele beichten, indem man sie fremden Jünglingen zuschiebt. Man kann leidenschaftlich sein, ohne sich zu kompromittieren, und als alter Mann wie ein Knabe träumen, ohne sich selbst zu beschämen. So wird Stendhals Schaffen zum Genießen und allmählich des gelernten Genießers privateste und verborgenste Selbstentzückung. Aber niemals hat Stendhal das Empfinden, große Kunst oder gar Literaturgeschichte zu machen. »Je parlais des choses que j'adore et je n'avais jamais pensé à l'art de faire un roman« gesteht er offen zu Balzac; er denkt nicht an die Form, an die Kritik, an das Publikum, die Zeitungen und die Ewigkeit, er denkt als tadelloser Egotist im Schreiben einzig an sich und sein Pläsier. Und schließlich, ganz, ganz spät, gegen die Fünfzig, macht er eine sonderbare Entdeckung: man kann mit Büchern sogar Geld verdienen. Und das spornt sein Behagen: denn immer bleibt Henri Beyles äußerstes Ideal Einsamkeit und Unabhängigkeit.

Allerdings: die Bücher haben keinen rechten Erfolg, der Magen des Publikums gewöhnt sich nicht an so trocken zubereitete, ohne Öl und Sentimentalität geschmalzte Kost, und er muß sich zu den eigenen Gestalten noch ein Publikum ausdenken, ganz rückwärts wo, in einem anderen Jahrhundert, eine Elite, die »happy few«, eine Generation von 1890 oder 1900. Aber die zeitgenössische Gleichgültigkeit kränkt Stendhal nicht sehr ernstlich: im letzten sind diese Bücher ja nur Briefe, an ihn selbst adressiert. »Que m'importent les autres?«, Stendhal schreibt nur für sich. Der alternde Epikureer hat sich eine neue, letzte und zarteste Lust erfunden: bei zwei Kerzen an seinem Holztisch oben in der Mansarde zu schreiben oder zu diktieren, und dieses intime, ganz innerliche

Selbstgespräch mit seiner Seele und seinen Gedanken wird ihm am Ende seines Lebens wichtiger als alle Frauen und Freuden, als das Café Foy, als die Diskussionen in Salons, selbst als die Musik. Der Genuß in der Einsamkeit und die Einsamkeit im Genuß, dieses sein erstes und ältestes Urideal, entdeckt sich der Fünfzigjährige endlich in der Kunst.

Eine späte Freude allerdings, eine abendrötliche und schon umwölkt von Resignation. Denn Stendhals Dichtung setzt zu spät ein, um sein Leben noch schöpferisch zu bestimmen, sie beendet, sie musikalisiert nur sein langsames Sterben. Mit dreiundvierzig Jahren beginnt Stendhal seinen ersten Roman »Le Rouge et le Noir« (ein früherer »Armance« zählt nicht ernstlich mit), mit fünfzig Jahren den »Lucien Leuwen«, mit vierundfünfzig den dritten, die »Chartreuse de Parme«. Drei Romane erschöpfen seine literarische Leistung, drei Romane, die, vom motorischen Zentrum her gesehen, nur einer sind, drei Variationen eines und desselben Ur- und Elementarerlebnisses: der Seelengeschichte von Henry Beyles Jugend, die der Alternde nicht in sich absterben lassen, sondern immer wieder erneuern will. Alle drei könnten sie den Titel seines Nachfahren und Verächters Flaubert führen: »L'éducation sentimentale« – »Die Erziehung des Gefühls«.

Denn alle diese drei Jünglinge, Julien, der mißhandelte Bauernsohn, Fabrizio, der verzärtelte Marquis, und Lucien Leuwen, der Bankiersohn, treten mit der gleichen glühenden und maßlosen Idealität in ein erkaltendes Jahrhundert hinein, Schwärmer sie alle für Napoleon, für das Heroische, für das Große, für die Freiheit; alle suchen sie aus dem Überschwang des Gefühls zuerst eine höhere, geistigere, beschwingtere Form, als sie das wirkliche Leben verstattet. Alle drei tragen sie ein verworrenes, unberührtes Herz voll verhaltener Leidenschaft den Frauen entgegen. Und alle drei werden sie grausam erweckt durch die schneidende Erkenntnis, daß man inmitten einer Frostwelt und Widerwelt sein heißes Herz verstecken, sein Schwärmertum verleugnen müsse; ihr reiner Anlauf zerschellt an der Kleinlichkeit und Bürgerangst der »Andern«, jener ewigen Feinde Stendhals. Allmählich lernen sie die Schliche ihrer Gegner, die Geschicklichkeit der kleinen Ränkespiele, die gerissenen Berechnungen, sie werden raffiniert, lügnerisch, weltmännisch und kalt. Oder noch ärger: sie werden klug, so rechenklug und egoistisch wie der alternde Stendhal, sie werden brillante Diplomaten, Geschäftsgenies und superbe Bischöfe; kurzum, sie paktieren mit der Wirklichkeit und passen sich ihr an, sobald sie aus ihrem wahren Seelenreich, dem der Jugend und reinen Idealität, sich schmerzhaft verstoßen fühlen.

Um dieser drei Jünglinge willen, oder vielmehr um des jungen verschollenen Menschen willen, der einmal heimlich in seiner Brust geatmet, um »sa vie a vingt ans«, um sich, den Zwanzigjährigen, noch einmal leidenschaftlich zu erleben, hat der fünfzigjährige Henri Beyle diese Romane geschrieben. Als ein wissender, kühler und enttäuschter Geist erzählt er in ihnen die Jugend seines Herzens, als kunstwissender, klarer Intellektualist schildert er die ewige Romantik des Anbeginns. So vereinen die Romane wunderbar den Urgegensatz seines Wesens; hier ist mit der Klarheit des Alters die edle Verwirrung der Jugend gestaltet und Stendhals Lebenskampf zwischen Geist und Gefühl, zwischen Realismus und Romantik sieghaft ausgefochten in drei unvergeßlichen Schlachten, jede so dauerhaft dem Gedächtnis der Menschheit wie Marengo, Waterloo und Austerlitz.

Diese drei Jünglinge, obzwar verschiedenen Schicksals, anderer Rasse und anderen Charakters, sind Brüder im Gefühl: ihr Schöpfer hat ihnen das Romantische seines Naturells vererbt und zu entfalten gegeben. Und ebenso sind ihre drei Gegenspieler einer; der Graf Mosca, der Bankier Leuwen und der Comte de la Môle, sie sind abermals Beyle, aber der ganz zu Geist kristallisierte Intellektualist, der späte, der kluggewordene alte Mann, in dem von den Röntgenstrahlen der Vernunft allmählich alle Idealitäten ausgebrannt und vertilgt sind. Diese drei Gegenspieler zeigen symbolisch, was das Leben aus dem Jüngling schließlich macht, wie der »exalté en tout genre se dégoûte et s'éclaire peu à peu« (Henri Beyle über sein eigenes Leben). Das heroische Schwärmertum ist abgestorben, nun ersetzt die triste Überlegenheit der Taktik und Praktik den zauberischen Rausch, eine kalte Spiellust die elementare Leidenschaft. Sie regieren die Welt, Graf Mosca ein Fürstentum, der Bankier Leuwen die Börse, der Graf de la Môle die Diplomatie, aber sie lieben nicht die Marionetten, die an ihren Schnüren tanzen, sie verachten, eben weil sie zu nah, zu deutlich ihre Erbärmlichkeit kennen, die Menschen. Noch vermögen sie Schönheit und Heroismus nachzufühlen, aber nachzufühlen nur, und würden alle ihre Erfüllungen tauschen gegen die dumpfe, wirre, ungeschickte Sehnsüchtigkeit der Jugend, die nichts erlangt und ewig alles erträumt. Wie Antonio, der kaltwissende, kluge Adelsmensch neben Tasso, dem jungen und glühenden Dichter, so stehen diese Prosaisten des Daseins halb hilfreich und halb feindlich, halb verächtlich und im geheimsten doch neidisch dem jugendlichen Rivalen entgegen wie der Geist dem Gefühl, wie die Wachheit dem Traum.

Zwischen diesen beiden ewigen Polen des männlichen Schicksals, der knabenhaft wirren Sehnsucht nach Schönheit und dem sichern, ironisch überlegenen Willen zur realen Macht, kreist die Stendhalsche Welt. Den Jünglingen, den scheu und brennend Begehrenden, treten Frauen entgegen, sie fangen ihre brausende Sehnsucht auf in klingender Schale, sie besänftigen durch die Musik ihrer Güte die zornige Unerlöstheit ihres Verlangens. Rein lassen sie ihr Gefühl entlodern, diese milden, selbst in der Leidenschaft noch edlen Frauen Stendhals, die Madame de Rênal, die Madame de Chasteller, die Duchezza di Sanseverina; aber selbst heilige Hingabe kann ihren Geliebten nicht die erstlingshafte Reinheit der Seele bewahren, denn bei jedem Schritt ins Leben treten diese jungen Menschen tiefer in den Morast der menschlichen Gemeinheit. Ihnen entgegen, dem erhebenden, die Seele süß ausweitenden Element der heroischen Frauen, steht hier wie immer die gemeine Wirklichkeit, das pöbelhaft Praktische, das schlangenkluge, schlangenkalte Gezücht der kleinen Intriganten, der Streber – der Menschen kurzweg, wie sie Stendhal in seinem Verachtungsgrimm gegen das Mittelmäßige zu sehen beliebt. Während er die Frauen aus der romantischen Optik seiner Jugend verklärt, als alter Mann noch immer verliebt in die Liebe, stößt er gleichzeitig mit dem ganzen aufgestauten Zorn den Klüngel der niedern Schächer in die Handlung wie zur Schlachtbank hinein. Aus Dreck und Feuer formt er diese Richter, Staatsanwälte, Ministerchen, Paradeoffiziere, Salonschwätzer, diese kleinen Klatschseelen, klebrig und nachgiebig jeder einzelne wie Kot, aber: ewiges Verhängnis! all diese Nullen zusammengereiht schwellen zu Zahl und Überzahl, und wie immer auf Erden, gelingt es ihnen, das Sublime zu erdrücken. So wechselt innerhalb seines epischen Stils die tragische Melancholie des unheilbaren Schwärmers mit der dolchhaft zustoßenden Ironie des Enttäuschten. Die wirkliche Welt hat Stendhal in seinen Romanen mit dem gleichen Haß geschildert wie die idealisch imaginäre mit der schwelenden Glut seiner Leidenschaft, Meister in dieser und jener Sphäre, doppelweltig und heimisch in Geist und Gefühl.

Gerade das aber verleiht den Romanen Stendhals ihren besonderen Reiz und Rang, daß sie Spätwerke sind, jugendlich im Gefühl und wissend überlegen im Gedanklichen. Denn nur Distanz vermag Sinn und Schönheit jeder Leidenschaft schöpferisch zu erklären. »Un homme dans les transports de la passion ne distingue pas les nuances« – der Ergriffene selbst weiß im Augenblick der Ergriffenheit nicht um die Nuancen seiner Empfindung; er kann vielleicht lyrisch und hymnisch seine Ekstasen ins Uferlose rollen lassen, nie aber sie erklären und episch deuten. Die wahrhafte, die epische Analyse fordert immer Klarsichtigkeit, beruhigtes Blut, wachen

Verstand, ein Schon-über-der-Leidenschaft-Sein. Stendhals Romane nun haben herrlich dieses gleichzeitig Innen und Außen; hier schildert gerade an der Grenze zwischen Aufstieg und Abklang der Männlichkeit ein Künstler *wissend* das Gefühl; er fühlt seine Leidenschaft nochmals ergriffen nach, aber er *versteht* sie schon und ist befähigt, sie von innen heraus zu dichten, von außen her zu begrenzen. Und dies allein bedeutet ja im Romane Stendhals Antrieb und tiefste Lust, das Innere, das Inwendige seiner neugespielten Leidenschaft zu betrachten – das äußerliche Geschehnis dagegen, das technisch Romanhafte gilt dem Künstler herzlich gering, und er schludert es ziemlich improvisatorisch herunter (er gesteht selbst, am Ende eines Kapitels nie gewußt zu haben, was im nächsten geschehen solle). Einzig vom innern Wellengang her haben seine Werke Kunstkraft und Bewegtheit. Sie sind am schönsten dort, wo man merkt, daß sie seelisch mitgefühlt sind, und am unvergleichlichsten, wo Stendhals eigene scheue und verdeckte Seele den Worten und Taten seiner Lieblinge einströmt, wo er seine Menschen leiden läßt an der eigenen Zwiefalt. Die Schilderung der Schlacht von Waterloo in der »Chartreuse de Parme« ist eine solche geniale Abbreviatur seiner ganzen italienischen Jugendjahre: wie er selbst nach Italien, so zieht sein Julien zu Napoleon, um auf den Schlachtfeldern das Heroische zu finden, aber Zug um Zug entreißt ihm die Wirklichkeit seine idealistischen Vorstellungen. Statt klirrender Reiterattacken erlebt er das sinnlose Durcheinander der modernen Schlacht, statt der Grande Armée findet er eine Rotte fluchender, zynischer Kriegsknechte, statt der Helden den Menschen, gleich mittelmäßig und dutzendhaft unter dem bunten wie dem gewöhnlichen Rock. Solche Augenblicke der Ernüchterung sind einzig meisterlich bei ihm belichtet: wie in unserm irdischen Weltraum die Ekstatik der Seele immer wieder an der exakten Wirklichkeit zuschanden wird, das hat kein Künstler zu vollendeterer Intensität gebracht. Nur, wo er seinen Menschen

146

von seinem eigensten Erlebnis gibt, wird er Künstler über seinen Kunstverstand hinaus: »Quand il était sans émotion, il était sans esprit.«

Doch sonderbar: gerade dieses Geheimnis seines Mitfühlens will Stendhal, der Romanschriftsteller, um jeden Preis verbergen. Er schämt sich, von einem zufälligen und am Ende ironischen Leser erraten zu lassen, wieviel seiner Seele er nackt macht in diesen imaginären Juliens, Luciens und Fabrizios. Darum stellt Stendhal sich in seinen epischen Werken absichtlich steinkalt, er frostet absichtlich seinen Stil: »Je fais tous les efforts, pour être sec.« Lieber hart scheinen als larmoyant, lieber kunstlos als pathetisch, lieber Logik als Lyrik! So hat er das inzwischen bis zum Erbrechen durchgekaute Wort in die Welt gesetzt, er lese jeden Morgen vor der Arbeit das Bürgerliche Gesetzbuch, um sich gewaltsam an den trockenen und sachlichen Stil zu gewöhnen. Aber Stendhal meinte damit beileibe nicht Trockenheit als sein Ideal: in Wahrheit suchte er mit seiner »amour exagéré de la logique«, mit seiner Klarheits-leidenschaft einzig den unbemerkbaren Stil, der hinter der Dar-stellung gleichsam verdunstet: »Le style doit être comme un vernis transparent: il ne doit pas altérer les couleurs ou les faits et pensées, sur lesquels il est placé.« Das Wort soll sich nicht lyrisch mit kunstvollen Koloraturen, den »fiorituri« der italienischen Oper, vordrängen, im Gegenteil, es soll hinter dem Gegenständlichen verschwinden, es soll wie der gutgeschnittene Anzug eines Gentle-man unauffällig bleiben und nur die Seelenbewegung exakt deutlich zum Ausdruck bringen. Denn Deutlichkeit, darum geht es Stendhal vor allem: sein gallischer Klarheitsinstinkt haßt jedes Verschwom-mene, Vernebelte, Dickaufgequollene, und vor allem jenen selbst-genießerischen Sentimentalismus, den Jean-Jacques Rousseau in die französische Literatur importierte. Er will Klarheit und Wahr-heit auch im verworrensten Gefühl, Helligkeit hinab bis in die verschattetsten Labyrinthe des Herzens. »Écrire«, Schreiben heißt für ihn »anatomiser«, also die gemengte Empfindung zerlegen in ihre Bestandteile, die Hitze messen nach ihren Graden, die Leidenschaft klinisch beobachten wie eine Krankheit. Nur wer seine Tiefen klar mißt, genießt mannhaft und wahrhaft seine eigene Tiefe, nur wer seine Verwirrung beobachtet, kennt die Schönheit des eigenen Gefühls. So übt Stendhal nichts lieber als die alte Persertugend, mit wachem Geist zu überdenken, was das ekstatische Herz im schwärmerischen Rausche verrät: mit der Seele ihr seligster Diener, bleibt er mit seiner Logik gleichzeitig Herr seiner Leidenschaft.

Sein Herz erkennen, durch den Verstand das Geheimnis der Leidenschaftlichkeit steigern, indem man sie ergründet: das ist die Formel Stendhals. Und genau wie er empfinden seine Seelensöhne, seine Helden. Auch sie wollen sich nicht düpieren lassen vom blinden Gefühl; sie wollen es überwachen, belauschen, ergründen, analysieren, sie wollen ihr Gefühl nicht nur *fühlen*, sondern zugleich *verstehen*. Ständig prüfen sie sich mißtrauisch, ob ihre Emotion echt sei oder falsch, ob hinter ihr nicht noch versteckt eine andere, noch tiefere Empfindung sich berge. Wenn sie lieben, stellen sie immer zwischendurch das Schwungrad ab und überprüfen den Zähler nach dem Druck der Atmosphären, unter dem sie stehen. Unablässig fragen sie sich: »Liebe ich sie schon? Liebe ich sie noch? Was fühle ich in dieser Empfindung, und warum fühle ich nicht mehr? Ist meine Neigung echt oder erzwungen, oder berede ich mich nur zu ihr, oder schauspielere ich mir etwas vor?« Ständig haben sie die Hand am Puls ihrer Wallungen, sie merken sofort, wenn nur einen Takt lang die Fieberkurve der Erregung stockt. Selbst an den reißendsten Stromschnellen des Geschehens unterbricht das ewige »pensait-il«, »disait-il à soi même«, dies »dachte er«, dies »sagte er sich« den ungeduldigen Gang der Erzählung; zu jedem Muskelgriff, zu jedem Nervenriß suchen sie wie Physiker oder Physiologen intellektuellen Kommentar. Ich wähle da als Beispiel die Darstellung jener berühmten Liebesszene aus »Le

Rouge et le Noir«, um darzulegen, wie kopfhaft, wie hellsichtig überwach Stendhal seine Gestalten selbst in dem doch hitzigen Augenblick einer jungfräulichen Hingabe sich gebärden läßt; Julien wagt sein Leben, um nachts ein Uhr mit einer Leiter neben dem offenen Fenster der Mutter zu Fräulein de la Môle einzusteigen – ein Akt passionierter Berechnung, von romantischem Herzen ersonnen. Aber mitten in ihrer Leidenschaft werden beide sofort Verstand. »Julien war sehr verlegen, er wußte nicht, wie sich benehmen, er empfand durchaus keine Liebe. In seiner Verlegenheit meinte er, kühn sein zu müssen, und versuchte, sie zu umarmen. ›Pfui‹, sagte sie und stieß ihn zurück. Mit der Abweisung war er sehr zufrieden, beeilte sich, einen Blick um sich zu werfen.« So intellektuell bewußt, so kaltwach denken Stendhals Helden noch inmitten ihrer verwegensten Abenteuer. Und nun lese man den Fortgang der Szene, wie schließlich nach allen Überlegungen inmitten der Erregung, die Hingabe des stolzen Mädchens an den Sekretär ihres Vaters erfolgt. »Es kostete Mathilde eine Anstrengung, ihn zu duzen. Und da dieses Du ohne Zärtlichkeit gesagt war, bereitete es Julien kein Vergnügen; er stellte verwundert fest, daß er noch nichts von Glück empfand. Um dieses Gefühles doch teilhaftig zu werden, nahm er schließlich Zuflucht zur Überlegung: er sah sich in der Gunst eines jungen Mädchens, das sonst nie ohne Einschränkung lobte. Dank dieser Überlegung schaffte er sich ein Glück, das der befriedigten Eitelkeit entsprang.« Dank – »einer Überlegung« also, dank einer »Feststellung«, ganz ohne Zärtlichkeit, ohne jeden hitzigen Elan verführt dieser Zerebralerotiker die romantisch Geliebte, sie wiederum sagt sich unmittelbar apres wörtlich: »Ich muß doch mit ihm sprechen, das gehört sich, man spricht mit seinem Geliebten.« Ward je in solcher Laun' ein Weib gefreit? muß man da mit Shakespeare fragen; hat je vor Stendhal ein Schriftsteller gewagt, derart kaltsinnig in einem Verführungsaugenblick Menschen sich kontrollieren und selbst berechnen zu lassen, und Menschen dazu, die wie alle Stendhalschen Charaktere durchaus keine Fischnaturen sind? Aber hier sind wir schon der innersten Technik seiner psychologischen Darstellungskunst nahe, die selbst die Hitze noch in ihre Wärmegrade zerlegt, das Gefühl in seine Impulse spaltet. Nie betrachtet Stendhal eine Leidenschaft en bloc, sondern immer in ihren Einzelheiten, er verfolgt ihre Kristallisation durch die Lupe, ja sogar durch die Zeitlupe; was im realen Raum als einzige stoßhafte, spasmische Bewegung abrollt, zerteilt sein genialer analytischer Geist in infinitesimal viele Zeitmoleküle, er verlangsamt vor unserem Blick künstlich die psychische Bewegung, um sie uns geistig einsichtiger zu machen. Die Romanhandlung Stendhals spielt also (dies ihre Neuheit!) ausschließlich innerhalb der psychischen und nicht der irdischen Zeit. Mit ihm wendet sich die epische Kunst zum erstenmal (und dies eine Entwicklung vorausahnend) der Erhellung der unbewußten Funktionshandlungen zu; »Le Rouge et le Noir« eröffnet den »roman expérimental«, der später die Seelenwissenschaft der Dichtung endgültig verbrüdert. Manche Passagen in Stendhals Romanen erinnern tatsächlich an die Nüchternheit eines Laboratoriums oder die Kühle eines Schulraums; aber nichtsdestominder ist der passionierte Kunstfuror bei Stendhal genauso schöpferisch wie bei Balzac, nur ins Logische verschlagen, in eine fanatische Klarheitssucht, in einen Willen zum Hellsehertum der Seele. Seine Weltgestaltung ist ihm nur Umweg zur Seelenerfassung, im ganzen rauschenden Weltall fesselt seine hitzige Neugier nichts als die Menschheit und in der Menschheit immer wieder nur der einzige, der ihm ergründliche Mensch, der Mikrokosmos Stendhal. Diesen einen zu ergründen, ist er Dichter geworden, und Gestalter nur, um ihn zu gestalten. Obwohl durch Genie einer der vollkommensten Künstler, hat Stendhal persönlich nie der Kunst gedient; er bedient sich ihrer bloß als des feinsten und geistigsten Instruments, um die Schwingung der Seele zu messen und in Musik zu verwandeln. Nie war sie ihm Ziel, immer nur Weg zu seinem einzigen und ewigen Ziele: zur Entdeckung des Ichs, zur Lust seiner Selbsterkennung.

De Voluptate Psychologica

Ma véritable passion est celle de connaître et d'éprouver. Elle n'a jamais été satisfaite.

Ein braver Bürger nähert sich einmal in einer Gesellschaft Stendhal und fragt höflich-gesellig den fremden Herrn nach seinem Berufe. Sofort huscht ein maliziöses Lächeln um den Zynikermund, die kleinen Augen funkeln übermütig-frech, und mit gespielter Bescheidenheit antwortet er: »Je suis observateur du cœur humain«, Beobachter des menschlichen Herzens. Eine Ironie gewiß, aus Freude am Bluff einem staunenden Bourgeois zugeblitzt, aber doch mengt sich dieser spaßenden Versteckenspielerei ein gut Stück Aufrichtigkeit bei, denn in Wahrheit hat Stendhal ein ganzes Leben lang nichts so zielhaft und planmäßig getrieben wie die Beobachtung seelischer Tatsachen.

Stendhal hat wie wenige sie gekannt, die magische Psychologenlust: »voluptas psychologica« und beinahe lasterhaft dieser Genießerleidenschaft des Geistmenschen gefrönt; aber wie beredt ist sein feiner Rausch von den Geheimnissen des Herzens, wie leicht, wie herzaufhebend seine Kunst der Psychologie! Aus klugen Nerven nur, aus feinhörigen, klarsichtigen Sinnen schiebt hier Neugier ihre Fühler vor und saugt mit einer subtilen Lüsternheit das süße geistige Mark aus den lebendigen Dingen. Nichts braucht dieser elastische Intellekt griffig anzufassen, nie preßt er gewaltsam Phänomene zusammen und bricht ihnen die Knochen, um sie einzurenken in das Prokrustesbett eines Systems; Stendhals Analysen haben das Überraschende und Beglückende jäher Entdeckungen, das Frische und Erfreuliche zufälliger Begegnungen. Seine männische, edelmännische Beutelust ist viel zu stolz, um Erkenntnissen keuchend und schwitzend nachzujagen, sie mit Koppel und Meuten von Argumenten zu Tode zu hetzen; er haßt das unappetitliche Handwerk, die Fakten umständlich zu entweiden und in ihren Eingeweiden als Haruspex zu wühlen: niemals bedarf seine Feinempfindlichkeit, sein Fingerspitzengefühl für ästhetische Werte brutalen gierigen Griffs. Das Arom der Dinge, die schwebende Aura ihrer Essenz, ihre ätherleichte geistige Entstrahlung verrät diesem Gaumengenie schon vollkommen Sinn und Geheimnis ihrer innern Substanz, aus winzigster Regung erkennt er ein Gefühl, aus der Anekdote die Geschichte, aus dem Aphorisma einen Menschen; ihm genügt schon das verschwindendste, das kaum faßbare Detail, das »raccourci«, eine herzblattgroße Wahrnehmung, und er weiß, daß eben diese minimalen Beobachtungen, die »petits faits vrais«, in der Psychologie die entscheidenden sind. »Il n'y a d'originalité et de vérité que dans les details«, sagt schon sein Bankier Leuwen, und Stendhal selbst rühmt stolz die Methode eines Zeitalters, »das die Details liebt, und mit Recht«, vorahnend schon das nächste kommende Jahrhundert, das nicht mehr mit leeren und schweren, mit weitmaschigen Hypothesen Psychologie treiben, sondern aus den molekularen Wahrheiten der Zelle und des Bazillus sich den Körper, aus minuziöser Belauschung, aus den Oszillationen und Nervenschwingungen sich seelische Intensitäten errechnen wird. Zur gleichen Stunde, da die Nachfahren Kants, da Schelling, Hegel e tutti quanti auf ihren Kathedern noch taschenspielerisch das ganze Weltall unter ihren Professorenhut zaubern, weiß dieser Einsame schon, daß die Zeit der hochtürmigen Philosophen-Dreadnoughts, der Gigantensysteme, endgültig abgetan ist und nur die Torpedos der unterseeboothaft anschleichenden kleinen Beobachtungen den Ozean des Geistes beherrschen. Aber wie einsam treibt er diese kluge Erratekunst inmitten der einseitigen Fachleute und abseitigen Dichter! Wie steht er allein, wie geht er ihnen allen voraus, den biedern und schulkräftigen Seelenforschern von damals, wie läuft er ihnen voraus dadurch, daß er keine mit Bildung vollgepackten Hypothesen am Rücken mitschleppt – »je ne blâme ni approuve, j'observe« –, Erkenntnis treibend als Spiel, als Sport, nur sich selber zur wissenden Freude! Wie sein Geistbruder Novalis, gleich ihm voran aller Philosophie durch dichterischen Sinn, liebt er nur den »Blütenstaub« der Erkenntnis, diese zufällig hergewehten, aber vom innersten Sinn alles Organischen durchdrungenen Pollen, in denen keimhaft die wurzelausgreifenden weiten Systeme hypothetisch enthalten sind. Immer beschränkt sich Stendhals Beobachtung auf die winzigen, nur mikroskopisch wahrnehmbaren Veränderungen, auf die knappe Sekunde der ersten Kristallisation des Gefühls. Nur dort spürt er lebensnah jene Brautstunde von Leib und Seele, die großspurig die Scholastiker das Welträtsel nennen: gerade im Minimum von Wahrnehmung wittert er das Maximum von Wahrheit. So scheint seine Psychologie vorerst Denkfiligran, eine Kleinkunst, ein Spielen mit Subtilitäten, aber er hat die unerschütterliche (und richtige) Überzeugung, daß die winzigste exakte Wahrnehmung bedeutsamere Einsicht schenkt in die Triebwelt der Gefühle als jede Theorie. »Le cœur se fait moins sentir que comprendre«; die Wissenschaft von der Seele hat keinen andern sichern Zugang ins Dunkel als diese zufällig abgesprengten Wahrnehmungen. »Il n'y a de sûrement vrai que les sensations.« So genügt es, »ein Leben lang aufmerksam fünf bis sechs Ideen zu betrachten«, und schon deuten sich – nie aber diktatorisch, sondern nur individuell – Gesetze an, eine geistige Ordnung, die zu begreifen oder bloß zu erahnen Lust und Leidenschaft jeder echten Psychologie bedeutet.

Solcher kleiner hilfreicher Beobachtungen hat Stendhal unzählige gemacht, knappe und einmalige Entdeckungen, von denen manche seitdem axiomatisch, ja grundlegend geworden sind für jede künstlerische Seelenauslegung. Aber Stendhal wertet diese seine

Funde selbst niemals aus, er wirft die Ideen, die ihm zublitzen, lässig hin auf das Papier, ohne sie zu ordnen oder gar systematisch zu schichten: in seinen Briefen, seinen Tagebüchern und Romanen kann man diese fruchtkräftigen Körner verstreut finden, dem Zufall des Gefundenwerdens sorglos anvertraut. Sein ganzes psychologisches Werk besteht in summa aus zehn bis zwanzig Dutzend Sentenzen und Romanpartien: selten nimmt er sich die Mühe, nur ein paar zusammenzubündeln, niemals aber vermörtelt er sie zu einer wirklichen Ordnung, zu einer geschlossenen Theorie. Selbst die einzige Monographie einer Leidenschaft, die er zwischen zwei Buchdeckeln uns gegeben, jene über die Liebe, ist eine Olla podrida von Fragmenten, Sentenzen und Anekdoten: vorsichtig nennt er die Studie auch nicht »L'amour«, »Die Liebe«, sondern »De l'amour« – »Uber die Liebe«, oder man übersetzte noch besser: »Einiges über die Liebe«. Höchstens ein paar Grundunterscheidungen zeichnet er an, lockern Gelenks, die amour-passion, die Liebe aus Leidenschaft, die amour-physique, die amour-goût, oder skizziert eine rasche Theorie ihres Werdens und Vergehens, aber wirklich mit Bleistift nur (wie er das Buch ja tatsächlich schrieb). Er beschränkt sich auf Andeutungen, Vermutungen, unverpflichtende Hypothesen, die er mit amüsanten Anekdoten plaudernd durchflicht, denn Stendhal wollte keineswegs Tiefdenker, Zu-Ende-Denker, Für-andere-Denker sein, niemals nimmt er sich die Mühe, das zufällig Begegnete weiter zu verfolgen. Die solide Fleißarbeit des Durchdenkens, des Auswalzens und Ausbauens überläßt dieser lässige »touriste« im Europa der Seele großmütig und nonchalant den Kärrnern und Klebern, und tatsächlich hat ja ein ganzes französisches Geschlecht die meisten Motive paraphrasiert, die er leichter Hand präludierte. Aus seiner berühmten Theorie der Kristallisation in der Liebe (die das Bewußtwerden des Gefühls mit jenem »rameau de Salzbourg«, jenem längst aus Salzwasser gesättigten Ast in der Lauge des Bergwerkwassers vergleicht, der innerhalb einer Sekunde plötzlich sichtbare Kristalle ansetzt) resultieren allein Dutzende psychologischer Romane, aus seiner einen, flüchtig hingestrichelten Bemerkung über den Einfluß der Rasse und des Milieus auf den Künstler hat sich Taine eine dickleibige, schweratmende Hypothese geholt. Stendhal selbst aber, den Nichtarbeiter, den genialen Improvisator, reizt die Psychologie niemals über das Fragment, über das Aphorisma hinaus. Schüler darin seiner französischen Ahnen Pascal, Chamfort, La Rochefoucauld, Vauvenargues, die gleichfalls aus Respektgefühl für das beflügelte Wesen aller Wahrheit ihre eigenen Einsichten niemals zusammendrängen zu einer dicken, auf breitem Gesäß seßhaften Wahrheit. Er wirft nur losen Gelenks seine Erkenntnisse von sich, gleichgültig, ob sie den Menschen konvenieren oder nicht, ob sie heute schon als wahr gelten oder erst in hundert Jahren. Er sorgt sich nicht, ob sie ihm bereits jemand vorausgeschrieben hat oder andere sie ihm nachschreiben werden: er denkt und beobachtet ebenso mühelos und naturhaft, wie er atmet, spricht und schreibt. Mitläufer zu suchen war niemals dieses Freidenkers Sache und Sorge; schauen und immer tiefer schauen, denken und immer klarer denken, ist ihm Glücks genug.

Wie Nietzsche hat er nicht nur guten Denkmut, sondern gelegentlich auch einen sehr bezaubernden Denkübermut; er ist stark und verwegen genug, mit der Wahrheit auch zu spielen und die Erkenntnis zu lieben mit einer fast fleischlichen Wollüstigkeit. Wie moussiert und perlt, schaumig und leicht, dieser Geist von überquellendem Lebensgefühl, und doch sind diese einzelnen Aphorismen nur immer lose Tropfen seines seelischen Reichtums, zufällig über den Rand gesprühte; die eigentlichste Fülle Stendhals aber bleibt immer innen bewahrt, kühl und feurig zugleich, im geschliffenen Kelche, den erst der Tod zerschmettert. Aber schon diese abgesprengten Tropfen haben die helle und beschwingende Rauschkraft des Geistigen; sie beleben wie guter Champagner den lässigen Schlag des Herzens und erfrischen das dumpfe Lebensgefühl. Seine Psychologie ist nicht Geometrie eines gutgeschulten Gehirns, sondern konzentrierte Essenz eines Daseins: das macht seine Wahrheiten so wahr, seine Einsichten so hellsichtig, seine Erkenntnisse so weltgültig, und vor allem gleichzeitig einmalig und dauerhaft – denn kein Denkfleiß weiß jemals das Lebendige derart vollsinnlich zu fassen wie der unbekümmerte Denkmut einer souveränen Natur. Ideen und Theorien sind wie Schatten des homerischen Hades immer nur lose Schemen, gestaltloser Spiegelschein: erst wenn sie vom Blut eines Menschen getrunken haben, gewinnen sie Stimme und Gestalt und vermögen zur Menschheit zu sprechen.

Selbstdarstellung

Qu'ai-je été? Que suis-je?
Je serais bien embarrassé de le dire.

Für seine erstaunliche Meisterschaft der Selbstdarstellung hat Stendhal keinen andern Lehrmeister als sich selbst gehabt. »Pour connaître l'homme il suffit de s'étudier soi-même: pour connaître les hommes il faut les pratiquer«, sagt er einmal und fügt sofort bei, die Menschen kenne er nur von Büchern her, alle seine Studien habe er einzig an sich selbst unternommen. Immer geht Stendhals Psychologie von ihm selber aus. Immer zielt sie einzig auf ihn selbst zurück. Aber in diesem Weg rund um ein Individuum ist die ganze Seelenweite des Menschlichen umschlossen.

Den ersten Schulgang der Selbstbeobachtung macht Stendhal in seiner Kindheit durch. Verlassen von der frühverstorbenen Mutter, die er leidenschaftlich liebte, sieht er nur Feindliches und Fremdgeistiges rings um sich. Er muß seine Seele verleugnen und verstecken, daß man sie nicht bemerke, und lernt früh mit dieser ständigen Verstellung »die Kunst der Sklaven«, zu lügen. In die

Ecke geduckt, nutzt er die Zeit seines Schmollens und Grollens, den Vater, die Tante, den Lehrer, alle seine Quäler und Herrscher zu belauschen, und der Haß schleift seine Blicke zu grimmiger Schärfe; er wird, ehe in seinem weltlichen und sachlichen Studium, kundig in psychologicis, durch notgedrungene Gegenwehr, durch den Zwang seines Mißverstandenseins.

Der zweite Kursus des so gefährlich Vorgebildeten dauert länger, eigentlich sein ganzes Leben lang: die Liebe, die Frauen werden seine hohe Schule. Man weiß längst – und er selbst leugnet das melancholische Faktum nicht –, daß Stendhal als Liebhaber kein Heros war, kein Eroberer und am wenigsten der Don Juan, als den er sich gern zu kostümieren pflegte. Mérimée berichtet, Stendhal nie anders als verliebt gesehen zu haben, leider fast immer unglücklich verliebt. »Mon attitude générale était celle d'un amant malheureux« – fast immer hatte ich Unglück in der Liebe, muß er eingestehen und sogar dies, »daß wenig Offiziere der Napoleonischen Armee so wenig Frauen besessen hätten wie er«. Dabei haben ihm sein breitschultriger Vater, seine warmblütige Mutter eine sehr drängende Sinnlichkeit vererbt: »un tempérament de feu«, aber wenn auch sein Temperament ungeduldig jede prüft, ob sie für ihn »ayable« sei, blieb Stendhal zeitlebens Liebesritter von ziemlich trauriger Gestalt. Zu Hause, am Schreibtisch, fern vom Schuß exzelliert dieser typische Vorlustgenießer in erotischer Strategik (»loin d'elle il a l'audace et jure de tout oser«), er schreibt in sein Tagebuch bis auf die Stunde rechnerisch genau, wann er seine momentane Göttin zu Fall bringen werde (»In two days I could have her«), aber kaum in ihrer Nähe, wird der Would-be-Casanova sofort zum schüchternen Gymnasiasten; der erste Sturmlauf endet regelmäßig (er gesteht es selbst) mit einer intimen Blamage des Mannes vor der schon nachgiebigen Frau. Er wird »timide et sôt«, wenn seine Galanterie aktiv werden müßte, zynisch, wenn er zärtlich sein sollte, und sentimentalisch in der Sekunde der Attacke, kurzum, er versäumt und verpaßt über Kalkulationen und Unfreiheiten die schönsten Gelegenheiten, und aus Verlegenheit wieder, aus der Angst, sentimental zu scheinen und »d'être dupe«, verbirgt der unzeitgemäße Romantiker seine Zartheit »sous le manteau de hussard«, unter dem Husarenmantel einer lauten, brüsken Grobheit und Kosakendeutlichkeit. Daher seine »fiascos« bei Frauen, diese geheime und schließlich von Freunden ausgeplauderte Verzweiflung seines Lebens. Nichts hat Stendhal zeitlebens so sehr ersehnt als handgreifliche Liebestriumphe (»L'amour a toujours été pour moi la plus grande des affaires ou plutôt la seule«), und vor niemandem, vor keinem Philosophen, keinem Dichter, nicht einmal vor Napoleon verrät er so viel wirklichen Respekt wie vor seinem Onkel Gagnon oder seinem Vetter Martial Daru, die unzählige Frauen besaßen, ohne irgendwelche geistige oder psychologische Kunstgriffe anzuwenden – oder vielleicht ebendarum, denn Stendhal kommt allmählich zur Erkenntnis, nichts hindere dermaßen den positiven Erfolg bei Frauen, wie wenn man sich selbst zu sehr mit Empfindung engagiere; »man hat nur Erfolge bei Frauen, wenn man sich nicht mehr Mühe gibt, sie zu haben, als eine Partie Billard zu gewinnen«, redet er sich schließlich ein. »J'ai trop de sensibilité pour avoir jamais le talent de Lovelace«; über kein Problem hat er dauerhafter, intensiver nachgedacht. Und gerade dieser seiner nervösen und mißtrauischen Selbstanatomie vom Erotischen her dankt er (und wir mit ihm) den vollkommenen Einblick in das feinste Faserwerk seiner Empfindungen. Nichts habe ihn, erzählt er selbst, dermaßen zur Psychologie erzogen, wie die amourösen Mißerfolge, die geringe Zahl seiner Eroberungen (die er im ganzen mit sechs oder sieben beziffert); hätte er wie andere Glück in der Liebe gehabt, nie wäre er genötigt gewesen, so beharrlich der Frauenpsyche, ihren feinsten, zartesten Emanationen nachzulauschen: an den Frauen hat Stendhal seine Seele überprüfen gelernt, auch hier schult eine Zurückgedrängtheit den Beobachter zum vollendeten Kenner.

Daß diese systematische Selbstbeobachtung Stendhals dann aber außergewöhnlich früh zur Selbstdarstellung führt, hat noch einen besonderen und höchst sonderbaren Grund: Stendhal hat ein schlechtes – oder besser gesagt, ein sehr eigenwilliges und kapriziöses Gedächtnis, jedenfalls ein unverläßliches, und deshalb läßt er den Bleistift nie aus der Hand. Ununterbrochen notiert und notiert er: an den Rand der Lektüre, auf lose Blätter, auf Briefe, vor allem in sein Tagebuch. Seine Furcht, wichtige Erlebnisse zu vergessen und so die Kontinuität seines Lebens (dieses einzigen Kunstwerkes, an dem er planhaft und dauerhaft arbeitet) zu unterbrechen, bewirkt, daß er jede Gefühlserregung, jedes Geschehnis immer sofort schriftlich fixiert. Er schreibt auf einen Brief der Gräfin Curial, einen erschütternden, von Schluchzen zerfetzten Liebesbrief, mit der steinernen Sachlichkeit eines Registrators das Datum, wann ihr Verhältnis begonnen und wann es geendet, er notiert, wann und um wieviel Uhr er Angela Pietragrua endlich besiegte; oft hat man den Eindruck, er beginne erst zu denken mit der Feder in der Hand. Dieser nervösen Graphomanie danken wir schließlich sechzig oder siebzig Bände Selbstdarstellung in allen erdenkbaren dichterischen, brieflichen und anekdotischen Äußerungen (noch heute kaum zur Hälfte publiziert). Nicht ein eitler oder exhibitionistischer Bekenntnisdrang, sondern die egoistische Angst, auch nur einen Tropfen jener nie wieder beschaffbaren Substanz Stendhal in seinem undichten Gedächtnis versickern zu lassen, hat uns eigentlich die Biographie Stendhals so vollkommen konserviert.

Diese Sonderbarkeit seines Gedächtnisses hat Stendhal wie alles, was ihm gehörte, mit einer hellseherischen Deutlichkeit analysiert. Zunächst stellte er fest, daß sein Erinnerungsvermögen erzegotistisch ist. »Je manque absolument de mémoire pour ce qui ne m'intéresse pas.« Darum behält er so wenig vom Außerseelischen, keine Zahlen, keine Daten, keine Fakten, keine Orte; er vergißt von wichtigsten historischen Ereignissen alle Einzelheiten vollkommen; er merkt sich bei Frauen oder Freunden (selbst bei Byron und Rossini) nicht, wann er ihnen begegnet ist; aber fern, diesen Defekt zu leugnen, gibt er ihn unbedenklich zu: »je n'ai de prétention à la véracité qu'en ce qui touche mes sentiments«. Nur insoweit einmal seine Empfindung getroffen war, übernimmt Stendhal die Garantie für sachliche Wahrhaftigkeit; ausdrücklich »protestiert« er in einem seiner Werke »er vermesse sich niemals, die Realität der Dinge zu schildern, sondern einzig den Eindruck, den sie ihm hinterließen« (»je ne prétends pas peindre les choses en elles-mêmes, mais seulement leur effet sur moi«). Nichts beweist also deutlicher, daß für Stendhal die Geschehnisse an sich, »les choses en elles-mêmes«, gar nicht existent werden, sondern nur insoweit, als sie sich in Seelenerregung auswirken: dann freilich setzt dies absolut einseitige Gefühlsgedächtnis mit einer Schärfe ohnegleichen ein, und der vollkommen unsicher ist, ob er Napoleon jemals gesprochen, und nicht weiß, ob er sich an den Übergang über den Großen Sankt Bernhard wirklich erinnert oder bloß an einen Kupferstich, ebenderselbe Stendhal erinnert sich der flüchtigen Geste einer Frau, eines Tonfalls, einer Bewegung mit Diamantklarheit, insofern er einmal innerlich von ihr erregt gewesen. Überall, wo das Gefühl unbeteiligt blieb, lagern reglose dunkle Nebelschichten oft über Jahrzehnte – und sonderbarer noch, auch wo das Gefühl wiederum allzu vehement einsetzte, auch da ist bei Stendhal das Erinnerungsvermögen zerstört. Hundertemal und gerade in den spannendsten Augenblicken seines Lebens (bei der Schilderung des Alpenüberganges, der Reise nach Paris, der ersten Liebesnacht) wiederholt er die Feststellung: »Ich habe daran keine Erinnerung mehr, die Empfindung war zu vehement.« Außerhalb dieser also eng begrenzten Gefühlssphäre ist Stendhals Gedächtnis (und damit auch seine Künstlerschaft) niemals einwandfrei: »Je ne retiens que ce qui est peinture humaine. Hors de là je suis nul«: einzig seelenbetonte Eindrücke halten bei Stendhal dem Vergessen stand. Darum vermag dieser entschiedenste Egozentriker selbstbiographisch niemals Weltzeuge zu sein; er kann sich eigentlich nicht zurück *denken*, er kann sich nur zurück *fühlen*. Auf dem Umweg über den Reflex in seiner Seele – nicht also direkt – rekonstruiert er sich den tatsächlichen Ablauf »il invente sa vie«: statt zu finden, erfindet, erdichtet er sich die Tatsachen aus der Erinnerung des Gefühls. So eignet seiner Selbstbiographie etwas Romanhaftes sowie seinen Romanen etwas Selbstdarstellerisches; man erwarte sich nie von ihm eine so rundumschlossene Darstellung seiner Eigenwelt, wie etwa Goethe sie in »Dichtung und Wahrheit« gegeben. Auch als Autobiograph muß Stendhal naturgemäß Fragmentariker, Impressionist sein. Tatsächlich beginnt er sein Selbstbildnis nur mit lockern, zufälligen Strichen und Notizen in jenem »Journal«, seinem durch Jahrzehnte fortgeführten Tagebuch, das er selbstverständlich nur zum Eigengebrauch bestimmt. Nur notieren zunächst, nur festhalten die kleinen Erregungen, solange sie noch heiß sind, solange sie in der Hand unruhig pochen wie das Herz eines gefangenen Vogels! Nur sie nicht wegflattern lassen, alles haschen und halten, nicht dem Gedächtnis vertrauen, diesem unruhigen Fluß, der alles in seinem Laufe verschiebt und verströmt! Nicht sich scheuen, Belangloses, bloßes Kinderspielzeug der Sinne, kunterbunt in die große Truhe zu schichten: wer weiß, vielleicht beugt der Erwachsene sich gerade am liebsten über das Kuriose und Banale seines verschollenen Herzens. Darum ist es ein genialer Instinkt, der den Jüngling diese kleinen Blitzbilder des Gefühls sorgfältig sammeln und bewahren läßt; der gereifte Mann, der gelernte Psychologe, der überlegene Künstler wird sie später dankbar und kennerisch einordnen in das große Gemälde seiner Jugendgeschichte, jener Autobiographie, die er »Henri Brulard« nennt, diesen wunderbaren und romantischen Spätblick auf seine Kindheit.

Denn spät erst wie seine Romane unternimmt Stendhal den geistigen Aufbau seiner Jugend in bewußtem, autobiographischem Werke. Auf den Stufen von San Pietro in Montorio in Rom sitzt ein alternder Mann und sinnt über sein Leben nach. Ein paar Monate noch und er wird fünfzig Jahre sein: vorbei, endgültig vorbei die Jugend, die Frauen, die Liebe. Nun wäre es wohl an der Zeit, zu fragen: »Wer war ich? Wer bin ich gewesen?« Vorbei die Zeit, da das Herz sich durchforschte, um bereiter, schlagkräftiger zu werden für Aufschwung und Abenteuer: nun verlangt die Stunde schon, ein Fazit zu ziehen, zurückzuschauen. Und abends, kaum daß Stendhal von der Abendgesellschaft beim Gesandten gelangweilt zurückkehrt (gelangweilt, denn man erobert keine Frauen mehr und ist müde geworden alles lockern Konversierens), beschließt er plötzlich: »Ich muß mein Leben aufschreiben! Und wenn das getan ist, in zwei oder drei Jahren, werde ich vielleicht endlich wissen, wie ich gewesen: heiter oder melancholisch, geistreich oder ein Dummkopf, mutig oder feig, und vor allem ein Glücklicher oder ein Unglücklicher.«

Ein leichter Vorsatz, eine gewaltige Aufgabe! Denn Stendhal hat sich vorgenommen, in diesem »Henri Brulard« (den er in Chiffren niederschreibt, um sich allfälligen Neugierigen unkenntlich zu machen) »simplement vrai«, »einfach wahr« zu sein; aber wie schwer ist, er weiß es, das Wahrsein, dies Wahrbleiben wider sich selbst! Wie sich zurechtfinden in dem schattenhaften Labyrinth der Vergangenheit, wie unterscheiden zwischen Irrlicht und Licht, wie den Lügen entkommen, die verlarvt hinter jeder Windung des Weges zudringlich warten! Stendhal, der Psychologe, erfindet da – erstmalig und vielleicht als einziger eine geniale Methode, von der Falschmünzerei der allzu gefälligen Erinnerung sich nicht prellen zu lassen, nämlich mit fliegender Feder zu schreiben, nicht nachzulesen, nicht nachzudenken (»je prends pour principe, de ne pas me gêner et d'effacer jamais«). Die Scham, die Bedenken also einfach überrennen; überraschend aus sich hervorbrechen mit seinen Geständnissen, ehe der Selbstrichter, der Zensor innen aufwacht. Nicht malerisch arbeiten, sondern wie ein Momentphotograph! Immer die urtümliche Wallung in ihrer charakteristischen Bewegung festhalten, ehe sie eine künstliche theatralische Pose annimmt. Stendhal schreibt seine Selbsterinnerungen mit fliegender Feder, in einem Ruck, und tatsächlich, ohne jemals die Blätter wieder zu überlesen, um Stil, um Einheitlichkeit, um methodische Plastik so vollkommen unbekümmert, als wäre das Ganze nur ein Privatbrief an seinen Freund: »J'écris ceci sans mentir, j'espère sans me faire illusion, avec plaisir comme une lettre à un ami.« An diesem Satz ist jedes Wort wichtig: Stendhal schreibt seine Selbstdarstellung, »wie er hofft«, wahrhaft, »ohne sich Illusionen zu machen«, »mit Vergnügen«, und »wie einen Privatbrief«, und dies, »um nicht kunsthaft zu lügen wie Jean-Jacques Rousseau«. Bewußt opfert er die Schönheit seiner Memoiren der Aufrichtigkeit, die Kunst der Psychologie.

In der Tat, rein artistisch gesehen, bedeutet der »Henri Brulard«, ebenso wie seine Fortsetzung, die »Souvenirs d'un égotiste« eine dubiose Kunstleistung: dazu sind beide zu eilfertig, zu lässig, zu planlos hingespritzt. Was Stendhal an Erinnerungsfakten gerade in die Finger kommt, wirft er blitzschnell in das Buch hinein, gleichgültig, ob sie an jene Stelle hinpassen oder nicht. Genau wie in seinen Notizbüchern nachbart das Sublimste mit dem Seichtesten, abwegige Allgemeinheiten mit den intimsten Personalien. Aber gerade diese Ungezwungenheit, dies Sicherzählen in Hemdsärmeln verrät allerhand Aufrichtigkeiten, von denen jede einzelne seelendokumentarischer wirkt als sonst ein Folioband. Geständnisse jener entscheidenden Art wie das berüchtigte über seine gefährliche Neigung zur Mutter, den tierischen tödlichen Haß gegen den Vater, solche bei andern feig in die Winkel des Unterbewußtseins verkrochene Augenblicke wagen sich nicht her-

163

aus, sobald ein Zensor Zeit hat, sie zu überwachen: diese intimsten Dinge sind – man kann es nicht anders sagen – durchgepascht in der Sekunde absichtsvoll erzwungener moralischer Unachtsamkeit. Nur durch dieses geniale Psychologensystem, daß Stendhal seinen Empfindungen niemals Zeit läßt, sich auf »schön« oder »moralisch« zu frisieren, hat er sie wirklich gepackt, wo sie am kitzligsten sind, wo sie anderen, Plumperen, Langsameren aufschreiend wegspringen: nackt, vollkommen seelennackt und noch völlig schamlos stehen diese ertappten Sünden und Sonderlichkeiten plötzlich auf glattem Papier und starren zum erstenmal Menschenblicken in die Augen. Welch wunderbare, tragisch wilde Beängstigungen, welche dämonisch urmächtigen Zorngefühle brechen da aus einem winzigen Kinderherzen auf! Kann man die Szene vergessen, wie der kleine Henri, als die ihm verhaßte Tante Seraphie stirbt (»einer der beiden Teufel, die auf meine arme Kindheit losgelassen waren« – der andere war der Vater), wie das verbitterte, ureinsame Kind »in die Knie fällt und Gott dankt«. Und knapp daneben (bei Stendhal verschränken sich die Gefühle labyrinthisch vielfältig) jene kleine Bemerkung, daß selbst dieser Teufel einmal die erotische Frühreife des Kindes eine (genau beschriebene) Sekunde lang reizte. Kaum hat man jemals vor Stendhal gespürt, wie vielfach der Mensch geschichtet ist, wie das Konträrste und Widerspaltigste an den äußersten Nervenenden sich berührt, wie schon die unflügge Kinderseele das Gemeine und das Erhabenste, Brutalität und Zartheit in ganz dünnen Lagen, Blatt über Blatt zusammengefaltet enthält; und gerade mit diesen ganz zufälligen achtlosen Entdeckungen beginnt eigentlich erst die Analytik in der Selbstbiographie.

Denn gerade diese Lässigkeit, diese Indifferenz gegen Form und Architektur, gegen Nachwelt und Literatur, gegen Moral und Kritik, das herrlich Private und Selbstgenießerische dieses Versuchs macht Henri Brulard zu einem unvergleichlichen Seelendokument. In seinen Romanen wollte Stendhal immerhin noch Künstler sein;

hier ist er nur Mensch und Individuum, beseelt von Neugier nach sich selbst. Sein Selbstbildnis hat den unbeschreiblichen Reiz des Fragmentarischen und die spontane Wahrheit des Improvisierten; man kennt Stendhal niemals zu Ende aus seinem Werke und nicht aus seiner Selbstbiographie. Unablässig fühlt man sich von neuem herangelockt, seine Rätselhaftigkeit zu enträtseln, im Erkennen ihn zu verstehen, im Verstehen ihn zu erkennen. So wirkt seine zwielichtfarbene, heißkalte, von Nerv und Geist vibrierende Seele noch heute leidenschaftlich ins Lebendige weiter; indem er sich selbst gestaltete, hat er seine Neugierlust und Seelenseherkunst in ein neues Geschlecht hineingestaltet und uns alle die funkelnde Freude des Selbstbefragens und Selbstbelauschens gelehrt.

Gegenwart der Gestalt

Je serai compris vers 1900.
Stendhal

Stendhal hat ein ganzes Jahrhundert, das neunzehnte, übersprungen, er startet im Dix-huitième, im groben Materialismus bei Diderot und Voltaire und landet mitten in unserem Zeitalter der Psychophysik, der Wissenschaft gewordenen Seelenkunde. Es hat, wie Nietzsche sagt, »zweier Geschlechter bedurft, um ihn irgendwie einzuholen, um einige der Rätsel nachzuraten, die ihn entzückten«. Erstaunlich wenig an seinem Werk ist veraltet und erkaltet, ein gut Teil seiner vorausgenommenen Entdeckungen längst Gemeingut und manche seiner Prophezeiungen noch munter im Flusse der Erfüllung. Lange zurück hinter seinen Zeitgenossen, hat er sie schließlich alle überflügelt mit Ausnahme Balzacs, denn so antipodisch sie auch im Kunstwirken sich gegenüberstehen, nur diese beiden, Balzac und Stendhal, haben ihre eigene Epoche über sich hinaus gestaltet, Balzac, indem er die Schichtung und Umschichtung, die soziologische Übermacht des Geldes, den Mechanismus der Politik über die damalig geltenden Verhältnisse ins Monströse vergrößerte –; Stendhal wiederum, indem er »mit seinem vorwegnehmenden Psychologenauge, mit seinem Tatsachengriff« das Individuum zerkleinerte und nuancierte. Die Entwicklung der Gesellschaft hat Balzac recht gegeben, die neue Psychologie Stendhal. Balzacs Weltrevision hat die moderne Zeit vorausgeahnt, Stendhals Intuition den modernen Menschen.

Denn Stendhals Menschen, das sind wir von heute, geübter im Selbstbetrachten, geschulter in Psychologie, bewußtseinsfreudiger, moralunbefangener, durchnervter, selbstneugieriger, müde aller kalten Erkenntnistheorien und nur gierig nach Erkenntnis des eigenen Wesens. Für uns ist der differenzierte Mensch kein Monstrum mehr, kein Sonderfall, als den sich der einsam unter Romantiker geratene Stendhal noch empfand, denn die neuen Wissenschaften der Psychologie und Psychoanalyse haben uns seitdem allerhand feine Instrumente in die Hand gespielt, Geheimes zu erlichten und Verflochtenes zu zerlegen. Doch wieviel hat dieser »merkwürdig vorausahnende Mensch« (abermals nennt ihn so Nietzsche!) von seiner Postkutschenzeit her und aus seiner Napoleonsuniform schon mit uns gewußt, wie spricht sein Nichtdogmatismus, sein frühes Wahleuropäertum, sein Abscheu vor der mechanischen Vernüchterung der Welt, sein Haß gegen alles pompös Massenheroische das Wort uns vom Munde! Wie scheint sein heller Hochmut über die sentimentalen Gefühlsblähungen seiner Zeit berechtigt, wie gut hat er seine Weltstunde in der unsern erkannt! Unzählig die Spuren und Wege, die er mit seinem abseitigen Experimentieren der Literatur eröffnete: Dostojewskis »Raskolnikow« wäre undenkbar ohne seinen Julien, Tolstois Schlacht bei Borodino ohne das klassische Vorbild jener ersten wirklichkeitsechten Darstellung von Waterloo, und an wenig Menschen hat sich Nietzsches ungestüme Denkfreude so völlig erfrischt wie an seinen Worten und

Werken. So sind sie endlich zu ihm gekommen die »âmes frater-nelles«, die »êtres supérieurs«, die er zeitlebens vergeblich suchte, ein spätes Vaterland, jenes, das seine freie Kosmopolitenseele einzig anerkannte, nämlich »die Menschen, die ihm ähnlich sind«, hat ihm für immer das Bürgerrecht und die Bürgerkrone verliehen. Denn keiner seiner Generation, es sei denn Balzac, der einzige, der ihn brüderlich gegrüßt, steht uns heute so zeitgenössisch nah im Geist und Gefühl: durch das psychologische Medium des Drucks, durch kaltes Papier fühlen wir atemnah und vertraut seine Gestalt, unergründlich, obzwar er wie wenige sich ergründet, schwankend in Widersprüchen, phosphoreszierend in Rätselfarben, Geheimstes gestaltend und Geheimstes verhaltend, in sich vollendet und doch nicht beendet, aber immer lebendig, lebendig, lebendig. Denn gerade die Abseitigen ihrer Stunde ruft die nächste am lieb-sten in ihre Mitte. Gerade die zartesten Schwingungen der Seele haben die weiteste Wellenlänge in der Zeit.

Tolstoi

Es gibt nichts, was so stark wirkt und alle Menschen in die gleiche Stimmung zwingt wie ein Lebenswerk und zuletzt ein ganzes Menschenleben.

23. März 1894, Tagebuch

Vorklang

Nicht die moralische Vollkommenheit ist wichtig, zu der man gelangt, sondern der Prozeß der Vervollkommnung.

Alterstagebuch

»Es lebte ein Mann im Lande Uz. Derselbe war schlecht und recht gottesfürchtig und mied das Böse, und seines Viehs waren siebentausend Schafe, dreitausend Kamele, fünfhundert Eselinnen und viele des Gesindes. Und er war herrlicher denn alle, die gegen Morgen wohnten.«

So beginnt die Geschichte Hiobs, der mit Zufriedenheit gesegnet war bis zur Stunde, da Gott die Hand gegen ihn hob und ihn mit Aussatz schlug, damit er aufwache aus seinem dumpfen Wohlbehagen und sich die Seele quäle. So beginnt auch die geistige Geschichte Leo Nikolajewitsch Tolstois. Auch er war »obenan gesessen« unter den Mächtigen der Erde, reich und gemächlich wohnend im altererbten Haus. Sein Körper strotzte von Gesundheit und Kraft, das Mädchen, das er liebend begehrte, durfte er heimführen als Gattin, und sie hat ihm dreizehn Kinder geboren. Seiner Hände und Seele Werk ist ins Unvergängliche gewachsen und leuchtet über die Zeit: ehrfürchtig beugen sich die Bauern von Jasnaja Poljana, wenn der mächtige Bojar an ihnen vorübersprengt, ehrfürchtig beugt sich der Erdkreis vor seinem rauschenden Ruhm.

Wie Hiob vor der Prüfung, so bleibt auch Leo Tolstoi nichts mehr zu wünschen, und einmal schreibt er in einem Briefe das verwegenste Menschenwort: »Ich bin restlos glücklich.«

Und plötzlich über Nacht hat all dies keinen Sinn mehr, keinen Wert. Die Arbeit widert den Arbeitsamen an, die Frau wird ihm fremd, die Kinder gleichgültig. Nachts steht er auf vom zerwühlten Bett, wandert wie ein Kranker ruhelos auf und nieder, bei Tag sitzt er dumpf mit schlafender Hand und starren Auges vor seinem Arbeitstisch. Einmal geht er hastig treppauf und schließt sein Jagdgewehr in den Schrank, damit er die Waffe nicht gegen sich selber wende: manchmal stöhnt er, als springe ihm die Brust, manchmal schluchzt er wie ein Kind im verfinsterten Zimmer. Er öffnet keinen Brief mehr, empfängt keine Freunde: scheu blicken die Söhne, verzweifelt die Frau auf den mit einmal verdüsterten Mann.

Was ist Ursache dieser plötzlichen Wandlung? Frißt Krankheit heimlich an seinem Leben, ist Aussatz über seinen Leib gefallen, Unglück von außen ihm zugestoßen? Was ist ihm geschehen, Leo Nikolajewitsch Tolstoi, daß der Mächtigste aller plötzlich so arm wird an Freude und der Gewaltigste des russischen Landes so tragisch verdüstert?

Und furchtbarste Antwort: Nichts! Nichts ist ihm geschehen, oder eigentlich – furchtbarer noch: – das Nichts. Tolstoi hat das Nichts erblickt hinter den Dingen. Etwas ist zerrissen in seiner Seele, ein Spalt hat sich nach innen aufgetan, ein schmaler schwarzer Spalt, und zwanghaft starrt das erschütterte Auge hinein in dies Leere, dieses Andere, Fremde, Kalte und Unfaßbare hinter unserem eigenen warmen, durchbluteten Leben, in das ewige Nichts hinter dem flüchtigen Sein.

Wer einmal in diesen unnennbaren Abgrund geblickt, der kann den Blick nicht mehr abwenden, dem strömt das Dunkel in die Sinne, dem erlischt Schein und Farbe des Lebens. Das Lachen im

Munde bleibt ihm gefroren, nichts kann er mehr greifen, ohne dies Kalte zu fühlen, nichts kann er mehr schauen, ohne dies andere mitzudenken, das Nihil, das Nichts. Welk und wertlos fallen die Dinge aus dem eben noch vollen Gefühl; Ruhm wird zum Haschen nach Wind, Kunst ein Narrenspiel, Geld eine gelbe Schlacke und der eigene atmende gutgesunde Leib Hausung der Würmer: allen Werten entsaugt diese schwarz unsichtbare Lippe Saft und Süße. Die Welt erfrostet, wem einmal mit aller Urangst der Kreatur dieses furchtbare, fressende, nächtige Nichts sich aufgetan, der »Maelstrom« Edgar Allan Poes, der alles mit sich reißende, der »gouffre«, der Abgrund Pascals, dessen Tiefe tiefer ist als alle Höhe des Geistes.

Vergebens dawider alles Verhüllen und Verstecken. Es hilft nichts, daß man dies dunkle Saugen dann Gott nennt und heiligspricht. Es hilft nichts, daß man mit Blättern des Evangeliums das schwarze Loch überklebt: solches Urdunkel durchschlägt alle Pergamente und verlöscht die Kerzen der Kirche, solche Eiskälte von den Polen des Weltalls läßt sich nicht wärmen am lauen Atem des Worts. Es hilft nichts, daß man, um diese tödlich lastende Stille zu überschreien, laut zu predigen beginnt, so wie Kinder im Walde ihre Angst übersingen. Kein Wille, keine Weisheit erhellt mehr dem einmal Erschreckten das verdüsterte Herz.

Im vierundfünfzigsten Jahre seines weltwirkenden Lebens hat Tolstoi zum erstenmal dem großen Nichts ins Auge geblickt. Und von dieser Stunde an bis zu jener seines Absterbens starrt er unerschütterlich in dieses schwarze Loch, in dies unfaßbare Innerliche hinter dem eigenen Sein. Aber selbst dem Nichts entgegengewendet, bleibt der Blick eines Leo Tolstoi noch schneidend klar, der wissendste und geistigste Blick eines Menschen, den unsere Zeit erlebt. Nie hat ein Mann mit so riesenhafter Kraft den Kampf mit dem Unnennbaren, mit der Tragik der Vergängnis aufgenommen, keiner entschlossener der Frage des Schicksals an den Menschen die

Frage der Menschheit nach ihrem Schicksal entgegengestellt. Keiner hat diesen leeren und die Seele ansaugenden Blick des Jenseitigen furchtbarer erlitten, keiner ihn großartiger ertragen, denn hier hält ein männliches Gewissen dieser schwarzen Pupille den klaren, kühnen und energisch beobachtenden Blick des Künstlers entgegen. Nie, nicht eine Sekunde hat Leo Tolstoi feige vor dem Tragischen des Daseins das Auge gesenkt oder geschlossen, dies wachsamste, wahrhaftigste und unbestechlichste Auge unserer neueren Kunst: nichts Großartigeres darum als dieser heroische Versuch, selbst dem Unbegreifbaren noch einen bildnerischen Sinn und dem Unabwendbaren seine Wahrheit zu geben.

Dreißig Jahre, vom zwanzigsten bis zum fünfzigsten, hat Tolstoi schaffend gelebt, sorglos und frei. Dreißig Jahre, vom fünfzigsten bis zum Ende, lebt er nur noch dem Sinn und der Erkenntnis des Lebens. Er hat es leicht gehabt, bis er die unermeßliche Aufgabe sich stellte: nicht nur sich selbst, sondern die ganze Menschheit durch sein Ringen um Wahrheit zu retten. Daß er sie unternahm, macht ihn zum Helden, zum Heiligen fast. Daß er ihr erlag, zum menschlichsten aller Menschen.

Bildnis

Mein Gesicht war das eines gewöhnlichen Bauern.

Überwaldetes Antlitz: mehr Dickicht als Lichtung, jeden Eingang abwehrend zur inneren Schau. Breit und im Winde wehend, drängt der strömende Patriarchenbart bis hoch hinein in die Wangen, überflutet für Jahrzehnte die sinnliche Lippe und deckt die braunrissige Holzrinde der Haut. Vor die Stirn buschen sich fingerdick und wie Baumwurzeln verfilzt mächtige Augenbrauen, über dem Haupte schäumt, graue Meerflut, die unruhige Gischt der dicht zerrütteten Strähnen: überall wirrt und wuchert in tropischer Üppigkeit dies urweltliche Wachstum von panisch ergossenem Haar. Genau wie beim Moses des Michelangelo, dem Bildnis des männlichsten Mannes, wird vom Antlitz Tolstois zunächst nichts dem Zublick gewahr als die weißschäumige Welle riesigen Gottvaterbartes.

So wird man genötigt, um das Nackte und Wesenhafte so überkleideten Gesichts mit der Seele zu erkennen, dies Dickicht des Barts von seinen Zügen wegzuroden (und die Jugendbilder, die bartlosen, helfen sehr solcher plastischen Enthüllung). Man tut's und erschrickt. Denn unverkennbar, unleugbar: dieses adeligen Geistmenschen Gesicht ist im Grundriß grob gefügt und nicht anders denn das eines Bauern. Eine niedrige Hütte, rußig und verraucht, eine rechte russische Kibitka hat hier der Genius sich gewählt für Wohnsitz und Werkstatt; kein griechischer Demiurg, ein lässig ländlicher Schreiner hat dieser weiten Seele die Hausung gezimmert. Plump gehobelt, grobfaserig wie Spaltholz die niedrigen Querbalken der Stirne über winzigen Augenfenstern, die Haut nur Erde und Lehm, fettig und ohne Glanz. Mitten in dem dumpfen Geviert eine Nase mit weiten, offenen Tiernüstern, breit und breiig wie von einem Fausthieb hingeplättet, hinter struppigem Haar ungeformte lappige Ohren, zwischen einstürzenden Wangenhöhlen ein dicküppiger, mürrischer Mund: durchaus amusische Formen, grobe und fast gemeine Gewöhnlichkeit.

Schatten und Düsternis überall, Niederung und Schwere in diesem tragischen Werkmannsgesicht, nirgends ein aufstrebender Schwung, ein flutendes Licht, ein kühn geistiger Aufstieg wie jene Marmorkuppel von Dostojewskis Stirn. Nirgends bricht Licht ein, strahlt Glanz auf – wer es leugnet, der verschönert, der lügt: nein, unrettbar bleibt dies ein niedres, versperrtes Gesicht, kein Tempel, sondern ein Gefangenhaus der Gedanken, lichtlos und dumpfig, unheiter und häßlich, und früh weiß er schon selbst, der junge Tolstoi, um seine verlorene Physiognomie. Jede Anspielung auf sein Äußeres »ist ihm unangenehm«; er bezweifelt, daß es jemals »irdisches Glück für einen Menschen geben könnte, der eine so breite Nase, so dicke Lippen und kleine graue Augen hat«. Darum versteckt der Jüngling schon früh seine verhaßten Züge hinter dieser dichten Maske schwärzlichen Barts, den spät, sehr spät erst das Alter durchsilbert und ehrfürchtig macht. Nur das letzte Jahrzehnt lockert das düstere Gewölk, erst im Herbstabendlicht fällt ein vergütigter Strahl von Schönheit über diese tragische Landschaft.

In niederem, dumpfem Gelaß hat der ewig wandernde Genius bei Tolstoi Herberge genommen, in einer russischen Jedermanns-Physiognomie, hinter der man alles vermuten möchte, nur den Geistmenschen, den Dichter, den Gestaltenden nicht. Als Knabe, als Jüngling, als Mann, selbst als Greis, immer wirkt Tolstoi bloß wie irgendeiner von vielen. Er paßt in jeden Rock, unter jede Mütze: mit solch einem anonymen allrussischen Antlitz kann man ebenso einem Ministertisch präsidieren wie betrunken in einer Vagabundenkneipe spielen, Weißbrot auf dem Markt kaufen oder im seidenen Meßkleid des Metropoliten das Kreuz über die kniende Menge erheben: nirgends, in keinem Berufe, in keinem Gewande, an keinem russischen Orte fiele dies Antlitz als ein unverkennbares auf. Als Student sieht er aus wie zwölf auf ein Dutzend, als Offizier wie irgendein Säbelträger, als Landedelmann wie irgendein Krautjunker. Fährt er im Wagen neben dem weißbärtigen Diener, so muß man schon sehr gründlich die Photographie abfragen, welcher der beiden Alten am Kutschbock eigentlich der Graf ist und welcher der Kutscher; zeigt ihn ein Bild im Gespräch mit den Bauern, und wüßte man's nicht, keiner würde erraten, daß dieser Lew inmitten des Dorfklüngels ein Graf ist und sonst noch millionenmal mehr als all die Grigors und Iwans und Iljas und Pjotrs um ihn herum. Als wäre dieser eine alle zugleich, als hätte diesmal der Genius nicht die Maske eines besonderen Menschen genommen, sondern sich verkleidet als Volk, so gänzlich anonym, so allrussisch wirkt sein Gesicht. Gerade, weil er ganz Rußland enthält, trägt Tolstoi kein eigenes, sondern nur das russische Antlitz.

Darum enttäuscht zunächst sein Anblick fast alle, die ihn erstmalig sehen. Meilenweit sind sie mit der Bahn und von Tula dann im Wagen herübergekommen, nun harren sie im Empfangsraum ehrfürchtig des Meisters; jeder erwartet innerlich überwältigende Gegenwart, und die Seele formt ihn voraus als mächtigen, majestätischen Mann mit flutendem Gottvaterbart, hochragend und stolz, Gigant und Genie in einer Gestalt. Schon drückt Schauer der Erwartung jedem die Schultern herab, schon duckt sich der Blick unwillkürlich vor der Riesengestalt des Patriarchen, zu der er im nächsten Augenblick aufschauen soll. Da öffnet sich endlich die Türe, und siehe: ein kleines untersetztes Männchen tritt so behende, daß der Bart weht, mit fast laufenden Schritten herein, hält inne und steht freundlich lächelnd vor dem überraschten Gast. Munter, mit schneller Stimme plaudert er ihn an, aus leichtem Gelenk bietet er jedem die Hand. Und sie nehmen die Hand, im tiefsten Herzen erschreckt: Wie? dieses freundlich-gemütliche Männchen, dieses »flinke Väterchen im Schnee«, dies wäre wirklich Leo Nikolajewitsch Tolstoi? Der Vorschauer von Majestät verfliegt; ein wenig ermutigt wagt sich die Neugier empor an sein Gesicht.

Aber plötzlich stockt den Aufschauenden das Blut. Wie ein Panther ist hinter den buschigen Dschungeln der Brauen ein grauer Blick auf sie losgesprungen, jener unerhörte Blick Tolstois, den kein gemaltes Bild verrät und von dem einzig doch jeder spricht, der jemals dem Gewaltigen ins Antlitz gesehen. Ein Messerstoß, stahlhart und funkelnd, nagelt dieser Blick jeden Menschen fest. Unmöglich, sich noch zu rühren, sich ihm zu entwinden, ein jeder muß hypnotisch gefesselt dulden, daß dieser Blick ihn bis ganz tiefinnen durchdringt. Gegen Tolstois ersten Blickstoß gibt es keine Gegenwehr: wie ein Schuß durchschlägt er alle Panzer der Verstellung, wie Diamant zerschneidet er alle Spiegel. Niemand

174

– Turgenjew, Gorki und hundert andere haben es bezeugt – kann lügen vor diesem penetrant durchbohrenden Blicke Tolstois.

Aber nur eine Sekunde stößt dieses Auge so hart und prüfend zu. Dann taut die Iris wieder auf, glänzt grau, flirrt von verhaltenem Lächeln oder gütigt sich zu weichem, wohltuendem Glanz. Wie Wolkenschatten über Wasser spielen alle Verwandlungen des Gefühls über diese magischen und ruhelosen Pupillen ständig dahin. Zorn kann sie aufsprühen lassen in einem einzigen kalten Blitz, Unmut sie frosten zu eisklarem Kristall, Güte sie warm übersonnen, Leidenschaft sie entbrennen. Sie können lächeln von innerem Licht, diese geheimnisvollen Sterne, ohne daß der harte Mund sich rührte, und sie können, wenn Musik sie schmelzend macht, »strömend weinen« wie die eines Bauernweibes. Sie können Helligkeit aus sich holen von geistiger Genugtuung und plötzlich trüb abdunkeln, überschattet von Melancholie, und sich entziehen und undurchdringlich sein. Sie können beobachten, kalt und unbarmherzig, können schneiden wie ein chirurgisches Messer und durchleuchten wie Röntgenfeuer und sofort dann wieder überrieselt sein vom flirrenden Reflex spielender Neugier – alle Sprachen des Gefühls sprechen sie, diese »beredtesten Augen«, die je aus einer Menschenstirn geleuchtet. Und wie immer findet ihnen Gorki das schillerndste Wort: »In seinen Augen besaß Tolstoi hundert Augen.«

In diesen Augen, und einzig dank ihnen, hat Tolstois Antlitz Genie. Alle Lichtkraft dieses Blickmenschen erscheint in ihrer Tausendfalt restlos gesammelt wie Dostojewskis, des Denkmenschen, Schönheit in der marmornen Wölbung seiner Stirn. Alles andere in Tolstois Gesicht, Bart und Busch, das ist nichts als Umhüllung, Schutzraum und Schale für die eingesenkte Kostbarkeit dieser magisch-magnetischen Lichtsteine, die Welt in sich ziehen und Welt aus sich strahlen, das präziseste Spektrum des Universums, das unser Jahrhundert gekannt. Nichts wuchert so winzig, daß diese Linsen es nicht noch versichtlichen könnten: pfeilhaft wie der Habicht können sie niederstoßen auf jede Einzelheit und vermögen doch zugleich alle Weiten des Weltalls panoramisch zu umrunden. Sie können aufbrennen in die Höhe des Geistigen und ebenso im Dunkel der Seele hellsichtig schweifen wie im oberen Reich. Sie haben Glut und Reinheit genug, diese Funkkristalle, um in Ekstase zu Gott emporzublicken, und haben den Mut, selbst dem Nichts, dem medusischen, prüfend in das versteinernde Antlitz zu sehen. Nichts wird diesem Auge unmöglich, nur eines vielleicht: tatlos zu sein, zu dösen, zu dämmern, die reine ruhende Freude, das Glück und die Gnade des Traums. Denn zwanghaft muß, kaum daß das Lid sich auftut, dieses Auge auf Beute gehen, unbarmherzig wach, unerbittlich illusionslos. Es wird jeden Wahn durchstoßen, jede Lüge entlarven, jeden Glauben zertrümmern: vor diesem Wahrauge wird alles nackt. Furchtbar darum immer, wenn er diesen stahlgrauen Dolch gegen sich selber zückt: dann stößt seine Schneide mörderisch hart bis ins innerste Herz.

Wer ein solches Auge hat, der sieht wahr, dem gehört die Welt und alles Wissen. Aber man wird nicht glücklich mit solchen ewig wahren, ewig wachen Augen.

Vitalität und ihr Widerspiel

> Ich wünsche lange, sehr lange zu leben, und der Gedanke an den Tod erfüllt mich mit einer kindlichen poetischen Scheu.
>
> *Jugendbrief*

Elementare Gesundheit. Der Körper gezimmert für ein Jahrhundert. Feste markdurchsättigte Knochen, knorrige Muskeln, wirkliche Bärenkraft: auf dem Boden liegend, kann der junge Tolstoi einen schweren Soldaten mit einer Hand in die Luft stemmen. Elastische

Sehnen: ohne Anlauf überspringt er turnerisch leicht die höchste Schnur, er schwimmt wie ein Fisch, reitet wie ein Kosak, mäht wie ein Bauer – Müdigkeit kennt dieser eiserne Leib nur vom Geistigen her. Jeder Nerv straff bei äußerster Vibrationsfähigkeit, gleichzeitig biegsam und hart wie eine Toledaner Klinge, jeder Sinn helltönig und flink. Nirgendwo eine Bresche, eine Lücke, ein Riß, ein Manko, ein Defekt im Ringwall der Lebenskraft, und niemals gelingt darum ernstlicher Krankheit je Einbruch in den gequaderten Leib: Tolstois unglaubhafte Physis bleibt verbarrikadiert gegen jede Schwäche, vermauert gegen das Alter.

Vitalität ohne Beispiel: alle Künstler der Neuzeit erscheinen neben dieser bartrauschend biblischen, dieser bäurisch-barbarischen Männlichkeit wie Weiber oder Weichlinge. Selbst die ihm nahe kamen an Dauer des Schöpferischen bis in patriarchalische Zeit, selbst ihnen altert müde der Körper unter dem ausfahrenden jägerischen Geist. Goethe (ihm horoskopisch bruderhaft durch denselben Lebenstag, den 28. August, und durch schaffende Weltsicht bis ins gleichfalls dreiundachtzigste Jahr), Goethe, er sitzt mit sechzig, längst winterscheu und verfettet, bei ängstlich verschlossenem Fenster, Voltaire kritzelt, verknöchert und mehr schon ausgebälgter böser Vogel als Mensch, am Schreibpult Papier um Papier, Kant klappert steif und mühsam, eine mechanische Mumie, seine Königsberger Allee entlang, da jener, Tolstoi, der strotzende Greis, den rotgefrorenen Leib noch prustend ins Eiswasser taucht, im Garten robotet und beim Tennis flink hinter den Bällen flitzt. Den Siebenundsechzigjährigen verlockt noch die Neugier, Radfahren zu lernen, mit Siebzig saust er in Schlittschuhen über die spiegelnde Bahn, mit Achtzig spannt er tagtäglich die Muskeln in turnerischer Bemühung; und zweiundachtzigjährig, einen Zoll vor dem Tode, zuckt er seiner Stute noch sausend die Peitsche über, wenn sie nach zwanzig Werst scharfen Galopps anhält oder bockt. Nein, vergleichen wir nicht: das neunzehnte Jahrhundert weiß kein Widerspiel ähnlich urweltlicher Vitalität.

Schon reichen die Wipfel in die Himmel der Patriarchenjahre, und noch ist keine Wurzel gelockert an dieser bis zur letzten Faser mit Saft durchströmten russischen Rieseneiche. Scharf das Auge bis zur Todesstunde: vom Pferd aus verfolgt der neugierige Blick den winzigsten Käfer, der aus den Borken kriecht, ohne Fernglas den Falken im Flug. Hellhörig das Ohr, lustsaugend die breiten, fast tierischen Nüstern: eine Art Trunkenheit überkommt den pilgernden Weißbart noch immer im Frühjahr, wenn plötzlich der scharfe Dung, vermengt mit dem Ruch auftauender Erde, ihn durchdringt, und achtzig einstige Frühlinge spürt er noch deutlich erinnernd, jeden mit seinem bestimmten Aufschwall, seinem ersten ausströmenden Wurf in diesem einen Duftandrang; so stark, so erschütternd spürt er's, daß die Lider ihm plötzlich überströmen. Quer und schwer durch den nassen Boden stapfen in pfundwuchtigen Bauernstiefeln die sehnigen Weidmannsbeine des Greises, nie entnervt sich die Hand im Zittern des Alters, die Schrift seines Abschiedsbriefes zeigt keine andern Lettern als die großen kindlichen der Knabenjahre. Und herrlich unerschüttert wie seine Sehnen und Nerven bewährt sich der Geist: noch überspielt sein Gespräch alle andern, ein unheimlich präzises Gedächtnis besinnt jedes verlorene Detail. Noch zuckt bei jedem Widerspruch dem Uralten Zorn in die Brauen, noch rundet Lachen ihm dröhnend die Lippe, noch formt sich bildnerisch die Sprache, noch strömt bedrängend das Blut. Als dem Siebzigjährigen bei einer Diskussion über die »Kreutzersonate« jemand vorwirft, in seinem Alter habe man es leicht, die Sinnlichkeit abzuschwören, da blitzt stolz und zornig das Auge des knorrigen Greises, dies sei nicht richtig, »das Fleisch ist noch mächtig, noch muß ich kämpfen und ringen«.

Nur eine so unerschütterliche Vitalität erklärt ein dermaßen unermüdbares Schöpfertum: kein einziges wirklich braches Jahr steht leer inmitten der sechzig seines Weltwerkes. Denn nie ruht sein bildnerischer Geist, nie schläft oder dämmert behaglich dieser herrlich wache und regsame Sinn. Wirkliches Kranksein kennt Tolstoi bis ins Alter nicht, Müdigkeit ficht den Zehnstundenarbeiter nie ernstlich an; niemals bedürfen die Sinne, die allzeit paraten, einer Steigerung. Nie benötigen sie einer Stimulierung durch Reizmittel, durch Wein oder Kaffee; nie heizt er sich ein durch Feuriges oder Fleischgenuß – im Gegenteil: so gesund, so prall gespannt, so randvoll strotzen diese zuchtvollen Sinne, daß ein allerleisestes Berühren sie schon ins Schwingen, ein Tropfen schon zum Überschwellen bringt. Bei all seiner massiven Gesundheit ist Tolstoi gleichzeitig ein »Dünnhäuter« – wie wäre er Künstler sonst ohne diese höchste Irritabilität! –, nur behutsam darf die Klaviatur seiner durchaus gesunden Nerven angetastet werden, denn gerade die Vehemenz ihres Rückschlags macht jede Emotion zur Gefahr. Darum fürchtet er (ganz wie Goethe, wie Plato) die Musik, denn sie erregt zu stark die geheimnisvoll tiefe Woge seines Gefühls. »Musik wirkt furchtbar auf mich«, bekennt er, und wirklich, indes seine Familie freundlich zuhörend um das Klavier sitzt, beginnt es unheimlich um seine Nüstern zu zucken; die Brauen ziehen sich abwehrend zusammen, er empfindet »einen sonderbaren Druck im Halse« – und plötzlich wendet er sich brüsk ab und geht zur Tür hinaus, denn die Tränen strömen ihm über. »Que me *veut* cette musique«, sagt er einmal, ganz erschrocken von seiner eigenen Überwältigung. Ja, er spürt, sie will etwas von ihm, sie droht etwas aus ihm herauszuholen, das er entschlossen ist nie herzugeben; etwas, was er versteckt hält ganz unten im Geheimschrank der Gefühle, und nun quillt das auf in mächtiger Gärung und droht die Dämme zu überschwellen. Irgendein Übergewaltiges, vor dessen Kraft und Übermaß er sich fürchtet, beginnt sich zu regen, widerwillig spürt er sich tief innen, ganz tief innen, von der Woge der Sinnlichkeit angefaßt und in abwegige Strömung gerissen. Er aber haßt (oder er fürchtet) um eines wahrscheinlich nur ihm bekannten Übermaßes willen die eigene Blutüberfüllung: darum verfolgt er ja auch »*das*« Weib mit einem für einen gesunden Menschen unnatürlichen, anachoretischen Haß. »Unschädlich« erscheint die Frau ihm nur, »solange sie von den Aufgaben der Mutterschaft erfüllt ist, im Stande der Sittsamkeit oder in der Vénérabilité des Alters« – also jenseits der Geschlechtlichkeit, die er »als eine schwere Schuld des Leibes sein ganzes Leben empfunden hat«. Das Weib wie die Musik bedeuten diesem Antigriechen, diesem künstlichen Christen, diesem Gewaltmönch das Böse schlechthin, weil beide durch Sinnlichkeit »von den uns angeborenen Eigenschaften des Mutes, der Entschlossenheit, der Vernunft, des Gerechtigkeitsgefühls« ablenken, weil sie uns, wie Pater Tolstoi später predigen wird, »zur Sünde der Fleischlichkeit« führen. Auch die Frauen »wollen etwas von ihm«, das er sich herzugeben weigert; auch sie rühren an etwas Gefährliches, das er aufzuwecken sich fürchtet – und was, dies zu erraten, gehört nicht viel Geist: an seine eigene ungeheuerliche Sinnlichkeit. Musik – da lockert sich das Band des Willens: schon reckt »das Tier« sich auf. Die Frauen – schon röhrt das blutgierige Geheul der Meute und rüttelt an den eisernen Gitterstäben. Nur an Tolstois rasender Mönchsangst, an seinem zelotischen Schauer selbst vor der gesundheiteren, nacktnatürlichen Sinnlichkeit kann man die verborgen panische Männischkeit, die Tiermenschenbrunst in ihm ahnen, die in der Jugend sich noch frei in wildesten Exzessen austobte – einen »unermüdlichen Hurer« nennt er sich Tschechow gegenüber –, um dann gewalttätig durch fünfzig Jahre in Kellergewölben vermauert zu bleiben, vermauert, aber nicht begraben; daß dieses Übergesunden Sinnlichkeit lebenslang ein Übermaß blieb, hat in seinem streng sittlichen Werk nur eines verraten: eben diese seine Angst, seine wüstenväterische, überchristliche, gewaltsam die Augen wegdrehende, polternde Angst vor »dem Weibe«, vor der Versucherin – in Wahrheit aber vor dem eigenen und anscheinend maßlosen Gelüst.

Immer fühlt man das und überall: vor nichts fürchtet sich Tolstoi mehr als vor sich selbst, vor seiner Bärenkraft. Dem manchmal trunkenen Glück über seine Übergesundheit schattet unaufhaltsam ein Grauen vor dem Tierisch-Hemmungslosen der Sinne nach. Gewiß hat er sie gebändigt wie kein zweiter, aber er weiß: man ist nicht ungestraft Russe, also Volksmensch des Übermaßes, Fanatiker der Exzesse, Knecht der Extreme. Darum müdet seine Willensklugheit den eigenen Körper nieder, darum beschäftigt er ständig die Sinne, läßt sie auslaufen, gibt ihnen ungefährliche Spiele, Luftfutter und Lustfutter. Er rackert die Muskeln ab durch berserkerische Anstrengung mit Sense und Pflug, macht sie matt durch gymnastische Spiele; um sie zu entgiften, sie unschädlich zu machen, drängt er seine Kraftgefahren aus dem privaten Leben hinaus in die Natur, und dort entströmt dann überschwenglich, was im Binnendasein der Wille energisch verhält. Seiner Leidenschaften Leidenschaft war darum die Jagd: da können alle Sinne sich ausschwelgen, die hellen wie die dunklen. Der vorapostolische Tolstoi berauscht sich am schweißigen Geruch der Pferde, an der Aufregung tollkühnen Reitens, des nervenspannenden Hetzens und Zielens, an der Angst sogar (unfaßbar dies für den späteren Mitleidsfanatiker), an der Qual des niedergerissenen, blutigen, mit brechenden Augen aufstarrenden Wilds. »Ich empfinde ein wahrhaftes Wonnegefühl bei dem Leiden des verendenden Tieres«, gesteht er, als er einem Wolf mit wuchtigem Stockhieb den Schädel einschmettert, und bei diesem triumphierenden Aufschrei der Blutlust ahnt man erst alle die brutalen Instinkte, die er ein Leben lang (außer in den tollwütigen Jahren der Jugend) in sich niedergehalten hat. Noch zur Zeit, da er aus moralischer Überzeugung der Jagd längst entsagt hat, zucken ihm immer unwillkürlich die Hände schußgierig auf, wenn er einen Hasen im Felde aufspringen sieht. Aber er zwingt diese wie jede andere Lust beharrlich entschlossen nieder; schließlich begnügt seine sinnliche Freude am Körperlichen sich mit dem bloßen Anschauen und Nachbilden des Lebendigen – aber welch eine vehemente und wissende Freude noch immer! Glückseliges Lachen schiebt ihm jedesmal breit die Lippen auseinander, wenn er an einem schönen Pferde vorbeikommt; beinahe wollüstig klopft und tätschelt er ihm den warmen seidigen Bug und läßt sich voll die pochende tierische Wärme in die Finger gleiten: alles rein Animalische begeistert ihn. Er kann stundenlang mit verzückten Augen den Tanz junger Mädchen nur um der Anmut der gelockerten Leiber willen betrachten; und wenn ihm ein schöner Mann, eine Frau begegnet, so bleibt er stehen, vergißt sich im Gespräch, nur um sie besser anzustaunen und begeistert auszurufen: »Wie wunderbar ist es doch, wenn der Mensch schön ist!« Denn er liebt den Körper als das Gefäß des lebendigen Lebens, als fühlende Fläche des Lichts, als Hülle des heiß strömenden Blutes, er liebt ihn in all seiner warm wogenden Fleischlichkeit als den Sinn und die Seele des Lebens.

Ja, er liebt als der leidenschaftlichste Animalist der Literatur seinen Körper wie der Künstler sein Instrument; er liebt den Leib als die naturhafteste Form des Menschen und sich selbst in seinem elementaren Körper mehr als in seiner brüchigen und doppelzüngigen Seele. Er liebt ihn in allen Formen und Zeiten von Anfang bis zu Ende, und der erste Bewußtseinsbericht dieser autoerotischen Leidenschaft reicht – kein Schreibfehler dies! – zurück bis in sein zweites Lebensjahr! In das zweite Lebensjahr – dies will betont sein, damit man begreift, wie kieselhell und linienscharf bei Tolstoi jede Erinnerung unter dem Geström der Zeit sichtbar bleibt. Während Goethe und Stendhal kaum bis zum siebenten oder achten Jahre sich deutlich zurückbesinnen, empfindet Tolstoi als Zweijähriger schon mit genauso konzentrisch gesammelter Vielfalt aller Sinne wie der spätere Künstler. Man lese diese Schilderung seines ersten Körperempfindens: »Ich sitze in einer Holzbadewanne, ganz eingehüllt in den mir neuen, aber nicht unangenehmen Geruch einer Flüssigkeit, mit der man meinen Körper reibt. Es wird wohl Kleienwasser gewesen sein, das ich höchstwahrscheinlich bekam; die Neuheit des Eindrucks wirkt auf mich, und ich bemerke zum erstenmal wohlgefällig meinen kleinen Körper mit den vorn an der Brust sichtbaren Rippen und die glatten dunklen Wangen, die aufgestreckten Ärmel meiner Pflegerin und auch das warme, dampfende Kleienwasser und seinen Geruch, am stärksten aber das Gefühl der Glätte, das die Wanne in mir hervorrief, sooft ich mit meiner kleinen Hand darüberfuhr.«

Nachdem man dies gelesen, zerlege und ordne man diese Kindheitserinnerungen nach ihren sensuellen Zonen, um die universelle Wachheit der Sinne richtig zu bestaunen, mit der Tolstoi schon in der winzigen Larve des Zweijährigen die Umwelt erfaßt: er *sieht* die Wärterin, er *riecht* die Kleie, er *unterscheidet* schon den neuartigen Eindruck, er *fühlt* die Wärme des Wassers, er *hört* das Geräusch, er *tastet* die Glätte der Holzwand, und all diese gleichzeitigen Wahrnehmungen der verschiedenen Nervenstränge münden in die einmütig »wohlgefällige« Selbstbetrachtung des Körpers als der einzig fühlsamen Fläche aller Lebensempfindungen. Dann begreift man, wie früh hier Saugnäpfe der Sinne sich schon an das Dasein anklammern, wie mächtig und wie präzise bewußt der vielfältige Eindrang der Welt bei dem Kinde Tolstoi sich bereits in deutliche Impressionen umsetzt, und mag nun ermessen, wie erst der Erwachsene jeden Eindruck subtilisieren und andererseits steigern wird. Da wird dies kleine spielhaft-kindische Wohlbehagen an dem winzigen Eigenleib in der engen Wanne sich notwendig ausweiten zu einer wilden und beinahe wütigen Daseinslust, die genau wie das Kind Außen und Innen, Welt und Ich, Natur und Leben vermengt in ein einziges hymnisches Rauschgefühl. Und tatsächlich, dieser Rausch der Identität mit dem All überkommt den Vollerwachsenen manchmal wie eine große Trunkenheit; man lese nur, wie der schwere Mann sich manchmal aufhebt und hinausgeht in den Wald, die Welt anzublicken, die ihn ausgewählt hat unter Millionen, sie mächtiger und wissender zu fühlen als alle andern, wie er plötzlich mit ekstatischer Gebärde die Brust spannt und die Arme aus sich schleudert, als könnte er in der anbrausenden Luft das Unendliche fassen, das ihn innen bewegt; oder wie er, nicht minder erschüttert vom Winzigsten ebenso wie von der kosmischen Fülle der Natur, sich niederbeugt, eine einzige zertretene Distel zärtlich geradezufalten oder das flirrende Spiel einer Libelle leidenschaftlich zu betrachten, und dann, von Freunden beobachtet, rasch sich seitlings wendet, um die Träne nicht zu verraten, die ihm die Augen überströmt. Kein Dichter der Gegenwart, auch Walt Whitman nicht, hat die physische Lust der irdischen, der fleischlichen Organe so stark empfunden, wie dieser russische Mensch mit seiner Sinnenbrünstigkeit Pans und der großen Allgegenwart eines antikischen Gottes. Und man begreift sein stolz-überschwengliches Wort: »Ich selbst bin Natur.«

Unerschütterlich, selbst ein Weltall im Weltall, wurzelt also dieser massige weitwipflige Mann in seiner moskowitischen Erde: nichts, meint man, könnte darum seine mächtige Weltlichkeit erschüttern. Aber die Erde, selbst sie bebt manchmal, vom Seismos berührt, und so taumelt manchmal, media in vita, mitten aus seiner Sicherheit Tolstoi empor. Mit einem Mal wird das Auge starr, die Sinne schwanken und greifen ins Leere. Denn irgend etwas ist in sein Blickfeld getreten, das er nicht fassen kann, etwas, was außen bleibt von der warmen Leibes- und Lebensfülle, etwas, was er nicht versteht, so sehr auch alle Nerven sich spannen – unfaßbar bleibend für ihn, den Sinnenmenschen, weil nicht Ding dieser Erde, ein Stoff, den er nicht ansaugen und amalgamieren kann, etwas, was verweigert, sich antasten, abwägen, einordnen zu lassen in das allzeit durstige Weltgefühl. Denn wie den Schreckgedanken fassen, der plötzlich den runden Raum der Erscheinung zerschneidet, wie sich's ausdenken, daß diese strömenden, atmenden Sinne einmal stumm sein könnten und taub, die entfleischte Hand ohne Gefühl, daß dieser nackte gute Leib, jetzt noch durchwärmt vom Geström des Blutes, Wurmfraß werden könnte und steinkaltes Skelett? Wie, wenn das auch in ihn einbräche, heute oder morgen, dieses Nichts, dieses Schwarze, dieses Dahintersein, dieses nicht Abzuwehrende, wenn es einbräche, das Unsinnlich-Gegenwärtige, in ihn, der eben noch strotzt von Säften und Mächten? Immer wenn Tolstoi der Gedanke an die Vergänglichkeit überfällt, stockt ihm das Blut. Die erste Begegnung geschieht dem Kinde: man führt ihn zur Leiche der Mutter, da liegt etwas kalt und starr, das gestern noch Leben war. Achtzig Jahre lang kann er den Anblick nicht vergessen, den er damals sich noch nicht in Gefühl und Gedanken zu erläutern vermag. Aber einen Schrei stößt das fünfjährige Kind aus, einen entsetzten, gellenden Schrei und flüchtet in toller Panik aus dem Zimmer, alle Erinnyen der Angst hinter sich her. Immer fällt so stoßhaft, so erdrosselnd der Todesgedanke über ihn her, wie sein Bruder stirbt, sein Vater, seine Tante: immer fährt sie ihm kalt über das Genick, diese eisige Hand, und reißt ihm die Nerven entzwei.

1869, noch vor der Krise, aber nur knapp ihr voraus, schildert er das weiße Entsetzen, la blanche terreur, eines solchen Überfalls. »Ich versuchte mich niederzulegen, aber kaum hingestreckt, reißt mich ein Entsetzen wieder empor. Es ist eine Angst, eine Angst wie vor dem Erbrechen, irgend etwas zerreißt mein Dasein in Stücke, ohne es aber ganz zu zerreißen. Ich versuche, noch einmal zu schlafen, aber der Schrecken war da, rot, weiß, irgend etwas zerreißt in mir und hält mich dennoch zusammen.« Das Furchtbare ist geschehen: ehe der Tod auch nur einen Finger in Tolstois Leibe hat, vierzig Jahre vor seinem wirklichen Tode, ist sein Vorgefühl schon in die Seele des Lebendigen gedrungen, nie mehr ganz zu verjagen. Große Angst sitzt nachts an seinem Bette, sie frißt an der Leber seiner Lebensfreude, sie hockt zwischen den Blättern seiner Bücher und zernagt die angefaulten schwarzen Gedanken.

Man sieht: übermenschlich wie seine Vitalität ist Tolstois Todesangst. Zaghaft wäre es, sie noch Nervenfurcht zu nennen, vergleichbar etwa der neurasthenischen eines Novalis, der melancholischen Überschattung Lenaus, der Phobie Edgar Allan Poes, dem mystischen Wollustgrauen – nein, hier bricht ein ganz tierisch-nackter, ein barbarischer Terror heraus, ein krasses Entsetzen, ein Angstorkan, eine Panik des auf geschmetterten Lebenssinns. Nicht wie ein mannhaft-heroischer Geist erschrickt Tolstoi vor dem Tode, sondern gleichsam von rotglühendem Eisen gebrandmarkt und nun lebenslänglich Sklave dieses Grauens zuckt er auf, gell schreiend, unbeherrscht: seine Angst entlädt sich als durchaus bestialische Schreckexplosion, als Schock – die menschgewordene Urangst aller Kreatur. Er will sich nicht anfassen lassen von diesem Gedanken, er will nicht, er weigert sich und spreizt wie ein Gewürgter abwehrend die Gelenke; denn, vergessen wir nicht, Tolstoi wird vollkommen unvermutet inmitten einer maßlosen Sicherheit überfallen. Diesem moskowitischen Bären fehlt ja zwischen Tod und Leben jede Überleitung – der Tod ist für einen so elementar Gesunden absoluter Fremdstoff, indes für den mittleren Menschen sonst gewöhnlich sich zwischen Tod und Leben eine oft begangene Brücke spannt: die Krankheit. Die andern, die Durchschnittsfünfzigjährigen, haben alle oder die meisten schon ein Stück Tod in sich latent, sein Nahsein ist ihnen kein vollkommenes Außen, keine Überraschung mehr: darum schauern sie nicht so unbeherrscht vor seinem ersten energischen Griff. Ein Dostojewski etwa, der mit verbundenen Augen, der Salve gewärtig, am Pfahl gestanden und in epileptischen Krämpfen jede Woche hinschlägt, sieht als Leidgewöhnter dem Todesgedanken gefaßter ins Auge als der völlig Ahnungslose, der strotzend Gesunde; so fällt ihm auch der Schlagschatten jener vollkommen aufgelösten, beinahe schimpflichen Angst nicht so eisig ins Blut wie Tolstoi, der bei dem ersten Nahegefühl des Gedankens Tod schon zu schlottern beginnt. Ihm, der nur in der Überfülle sein Ich, in dem »Trunkensein von Leben« das Leben einzig vollwertig empfindet, bedeutet die leiseste Verminderung der Vitalität eine Art Krankheit (mit sechsunddreißig Jahren nennt er sich einen »alten Mann«). Eben zufolge dieser Empfindlichkeit trifft ihn der Todesgedanke durch und durch wie ein Schuß. Nur wer so vital das Dasein empfindet, kann absolut komplementär das Nichtsein mit solcher Intensität fürchten; gerade weil sich hier eine wahrhaft dämonische Lebenskraft gegen eine ebenso dämonische Todesangst aufreckt, entsteht bei Tolstoi eine solche Gigantomachie zwischen Sein und Nichtsein, die größte vielleicht der Weltliteratur. Denn nur Riesennaturen leisten riesigen Widerstand: ein Herrenmensch, ein Willensathlet wie Tolstoi kapituliert nicht ohne weiteres vor dem Nichts – sofort nach dem ersten Schock rafft er sich auf, reißt die Muskeln zusammen, um den plötzlich aufgesprungenen Feind zu besiegen: nein, eine prallvolle Vitalität wie die seine gibt sich nicht kampflos besiegt. Kaum erholt von dem ersten Schrecken, verschanzt er sich in Philosophie, zieht die Brücken hoch und überschüttet den unsichtbaren Feind mit Katapulten aus dem Arsenal seiner Logik, um ihn wegzutreiben. Verachtung ist seine erste Gegenwehr: »Ich kann mich für den Tod nicht interessieren, hauptsächlich aus dem Grunde, weil er, solange ich lebe, nicht existiert.« Er nennt ihn »unglaubwürdig«, behauptet hochfahrend, daß er »nicht den Tod fürchte, sondern nur die Todesfurcht«, er versichert unablässig (durch dreißig Jahre!), daß er ihn nicht fürchte, nicht angstvoll an ihn denke. Aber er täuscht niemanden, nicht einmal sich selbst. Kein Zweifel: der Wall der seelisch-sinnlichen Sicherheit ist beim ersten Ansturm jener Angstneurose schon durchbrochen, und Tolstoi kämpft vom fünfzigsten Jahr nur noch auf Trümmern seines einstigen vitalen

Selbstvertrauens. Er muß, Schritt um Schritt zurückweichend, zugeben, daß der Tod nicht bloß »ein Gespenst« sei, »eine Vogelscheuche«, sondern ein höchst respektabler Gegner, den man nicht mit bloßen Worten einschüchtern könne. Und so versucht Tolstoi, ob es nicht möglich wäre, auch innerhalb der unvermeidlichen Vergängnis noch weiter zu existieren, und da man gegen den Tod kämpfend nicht zu leben vermag, mit ihm zu leben.

Erst dank dieser Nachgiebigkeit beginnt eine zweite und nun fruchtbare Phase Tolstois in seinem Verhältnis zum Tode. Er »sträubt sich nicht mehr« gegen sein Vorhandensein, er gibt sich nicht mehr dem Wahn hin, ihn mit Sophismen wegzuhalten – so versucht er, ihn in sein Dasein einzuordnen, seinem Lebensgefühl zu amalgamieren, sich abzuhärten gegen das Unvermeidliche, sich an ihn zu »gewöhnen«. Der Tod ist unbesiegbar, das muß der Lebensriese zugeben, nicht aber die Angst vor dem Tode: so wendet er alle Kraft nun bloß gegen jene Furcht. Wie die spanischen Trappisten allnächtlich in Särgen schlafen, um jede Schrecknis in sich abzutöten, so übt Tolstoi in hartnäckigen täglichen Exerzitien des Willens sich autosuggestiv ein unablässiges Memento mori ein; er zwingt sich, beständig und »mit aller Kraft seiner Seele« an den Tod zu denken, ohne vor ihm zu erschrecken. Jede Tagebuchnotiz beginnt er fortab mit den mystischen drei Buchstaben W. i. l. (»Wenn ich lebe«), jeder Monat verzeichnet durch Jahre die Selbsterinnerung: »Ich nähere mich dem Tode.« Er gewöhnt sich, ihm ins Auge zu sehn. Gewöhnung aber erledigt die Fremdheit, besiegt die Furcht – so wird in dreißig Jahren Widerstreit mit dem Tode aus dem Außensein ein Innensein, aus dem Feinde eine Art Freund. Er zieht ihn an sich heran, in sich herein, macht den Tod zum seelischen Bestandteil seines Lebens und damit die ursprüngliche Angst »gleich Null« – »man braucht nicht über ihn nachzudenken, man muß ihn aber immer vor sich sehen. Das ganze Leben wird dann festlicher, wichtiger und wahrhaft fruchtbarer und

188

freudiger«. Aus der Not ist eine Tugend geworden – Tolstoi hat (ewige Rettung des Künstlers!) seine Angst überwunden, indem er sie objektiviert; er hat den Tod und die Todesangst von sich weg entfernt, indem er sie in andere, in seine Geschöpfe hineingestaltet. So wird, was anfangs vernichtend schien, nur Vertiefung des Lebens und höchst unerwarteterweise die großartigste Steigerung seiner Kunst: dank seiner angstvollen Durchforschung, des tausendmaligen Voraussterbens in der Phantasie, wird gerade dieser leidenschaftlichste Vitalist zum wissendsten Darsteller des Sterbens, zum Meister aller, die jemals den Tod gebildet. Angst, immer ist sie, die der Wirklichkeit vorauseilende, sie, die phantasiebeflügelte, immer ist sie ja schöpferischer als das stumpfe und dumpfe Gesundsein – wie aber erst eine so schauernde, panische, jahrzehntelang wache Urangst, der heilige Horror und Stupor eines Gewaltigen! Ihr zum Dank kennt Tolstoi alle Symptome des leiblichen Verlöschens, jeden Zug, jedes Zeichen, den der Grabstichel des Thanatos einzeichnet in das vergehende Fleisch, jeden Schauer und Schreck der versinkenden Seele: mächtig fühlt der Künstler sich angerufen von dem eigenen Wissen. Das Sterben des Iwan Iljitsch mit seinem gräßlich heulenden »Ich will nicht«, »Ich will nicht«, das erbärmliche Verlöschen von Lewins Bruder, die vielfältigen Lebensloslösungen in den Romanen, die »Drei Tode« – all dieses hinabgebeugte Lauschen über den äußersten Rand des Bewußtseins, Tolstois größte psychologische Leistungen, undenkbar wären sie ohne jenes katastrophale Erschüttertsein, diese Durch-und-durch-Aufgewühltheit selbsterlittenen Grausens; um diese hundert Tode zu schildern, mußte Tolstoi seinen eigenen Tod bis in die feinsten Faserungen des Gedankens hundertmal in der zerrütteten Seele vorgelebt, nachgelebt, mitgelebt haben: nur die vorahnende Angst hat seine Kunst vom Flächigen, vom bloßen Anschauen und Abmalen der Realität, in die Tiefe des Wissens getrieben; nur sie hat ihn nach rubens-sinnlicher Wirklichkeitsfülle auch dies von innen vorbrechende, gleichsam metaphysische Rembrandt-Licht inmitten der tragischen Verschattung gelehrt. Einzig, weil Tolstoi den Tod vehementer als alle inmitten des Lebens vorausgelebt, hat er ihn wie kein zweiter für uns alle lebendig gemacht.

Jede Krise ist ein Geschenk des Schicksals an den schaffenden Menschen: so entsteht, genau wie in Tolstois Kunst, auch in seiner weltgeistigen Haltung schließlich ein neues und höheres Gleichmaß. Die Gegensätze durchdringen einander, der furchtbare Streit der Lebenslust mit ihrem tragischen Widerpart weicht einer weisen und harmonischen Verständigung. Ganz im Sinne Spinozas ruht das endlich beruhigte Gefühl in reiner Schwebe zwischen Furcht und Hoffnung der letzten Stunde: »Es ist nicht gut, sich vor dem Tode zu fürchten; es ist nicht gut, ihn zu wünschen. Man muß den Waagbalken so stellen, daß der Zeiger gerade steht und keine Schale überwiegt: das sind die besten Bedingungen des Lebens.«

Die tragische Dissonanz ist endlich harmonisiert. Der Greis Tolstoi hat keinen Haß mehr wider den Tod und keine Ungeduld ihm entgegen; er flieht ihn nicht mehr, er bekämpft ihn nicht mehr: er träumt ihn bloß in linden Meditationen, wie ein Künstler ahnend plant an unsichtbar schon gegenwärtigem Werke. Und gerade die letzte, die lang gefürchtete Stunde schenkt ihm darum vollendete Gnade: ein Sterben, groß wie sein Leben, das Werk seiner Werke.

Der Künstler

Es gibt kein wahres Vergnügen außer jenem, das dem Schaffen entspringt. Man kann Bleistifte, Stiefel, Brot und Kinder, das heißt Menschen erzeugen, ohne Schaffen gibt es kein wahres Vergnügen, keines, das nicht mit Angst, Leid, Gewissensbissen und Scham verbunden wäre.
Brief

Jedes Kunstwerk erreicht erst dann die höchste seiner Stufen, sobald man sein künstliches Gewordensein vergißt und sein Dasein als Wirklichkeit empfindet. Bei Tolstoi ist diese erhabene Täuschung oftmals vollendet. Nie wagt man, so sinnlich wahrhaft treten sie an uns heran, zu vermuten, diese Erzählungen seien erfabelt, ihre Gestalten erfunden. Ihn lesend, meint man nichts anderes getan zu haben, als durch ein offenes Fenster in die reale Welt hineinzusehen.

Gäbe es darum nur Künstler von Tolstois Art, so ließe man sich leicht zu der Meinung verleiten, Kunst sei etwas ungemein Einfaches, Dichten nichts anderes als ein genaues Nacherzählen der Wirklichkeit, ein Durchpausen ohne höhere geistige Mühe, und man benötige dazu seinem eigenen Wort gemäß »nur eine negative Eigenschaft: nicht zu lügen«. Denn mit einer überwältigenden Selbstverständlichkeit, der naiven Natürlichkeit einer Landschaft, steht rauschend und reich dieses Werk vor unseren Blicken, noch einmal Natur, so wahrhaft wie die andere. Alle jene geheimnisvollen Mächte des Furors, der gebärenden Brunst, der phosphoreszierenden Visionen scheinen in Tolstois Epik überflüssig und abwesend: kein trunkener Dämon, sondern ein nüchterner klarer Mann, so meint man, habe durch sein bloß sachliches Anschauen, durch beharrliches Nachzeichnen anstrengungslos ein Duplikat der Wirklichkeit angefertigt.

Aber hier betrügt eben die Vollkommenheit des Künstlers den dankbar genießenden Sinn, denn was wäre schwieriger als Wahrheit, was mühsamer als Klarheit? Die Urschriften bieten Zeugnis, daß Leo Tolstoi durchaus kein mit Leichtigkeit Beschenkter gewesen, sondern einer der erhabensten, geduldigsten Arbeiter, und seine ungeheuren Fresken der Welt sind ein kunst- und mühevolles Mosaik aus unzähligen, kleinfarbigen Steinchen von Millionen minuziöser Einzelbeobachtungen. Siebenmal ist das ungeheure zweitausendseitige Epos »Krieg und Frieden« abgeschrieben worden, die Skizzen und Notizen dazu füllten hohe Kasten. Jede Kleinigkeit im Historischen, jedes Detail im Sinnlichen ist sorgfältig dokumentiert: um der Schilderung der Schlacht von Borodino sachliche Präzision zu geben, umreitet Tolstoi zwei Tage lang mit der Generalstabskarte das Schlachtfeld, fährt meilenweit mit der Bahn, von irgendeinem noch lebenden Kriegsteilnehmer ein winzig ausschmückendes Detail zu erfahren. Er durchackert alle Bücher, durchstöbert die Bibliotheken, er fordert sogar von adeligen Familien und Archiven verschollene Dokumente und private Briefe ein, nur um noch ein Körnchen Wirklichkeit aufzuraffen. So sammeln sich in Jahren und Jahren die kleinen Quecksilberkügelchen von zehntausend, hunderttausend winzigen Beobachtungen, bis sie allmählich fugenlos ineinanderrinnen, runde, reine, vollkommene Form. Und nun erst nach beendigtem Kampf um die Wahrheit beginnt das Ringen um die Klarheit. Wie Baudelaire, der lyrische Artist, jede Zeile seines Gedichts, so feilt und putzt und poliert, so hämmert und ölt und schmeidigt Tolstoi mit der Fanatik des fehllosen Künstlers seine Prosa. Ein einziger überhängender Satz, ein nicht ganz einschnappendes Adjektiv inmitten des Zehntausend-Seiten-Werkes kann ihn dermaßen beunruhigen, daß er entsetzt der abgesandten Korrektur an den Setzer in Moskau nachtelegraphiert, die Druckmaschinen zu stoppen, damit er den Tonfall jener unzulänglichen Silbe noch abändern könne. Diese erste Druckfassung wird dann abermals zurückgeworfen in die geistige Retorte, noch einmal eingeschmolzen, noch einmal geformt – nein, wenn irgendeines Kunst, so war gerade diese des scheinbar Allernatürlichsten nicht mühelos. Durch sieben Jahre arbeitet Tolstoi acht Stunden, zehn Stunden am Tag – kein Wunder darum, daß selbst dieser gesundnervigste Mann nach jedem seiner großen Romane psychisch zusammenbricht; der Magen versagt plötzlich, die Sinne taumeln trüb, und er muß hinaus in die absolute Einsamkeit, ganz weit weg von aller Kultur, in die Steppe zu den Baschkiren, um dort in Hütten zu wohnen und mit einer Kumyßkur das seelische Gleichgewicht wieder zu erlangen. Gerade dieser homerische Epiker, dieser naturhafteste, wasserhelle, beinahe volkstümlich primitive Erzähler, verbirgt einen ungeheuer ungenügsamen und gequälten Künstler (gibt es andere?). Aber Gnade aller Gnaden – die Mühsamkeit des Schaffens bleibt unsichtbar im vollendeten Dasein des Werkes. Gleichsam von ewig her, ursprungslos, alterslos wie Natur erscheint Tolstois als Kunst gar nicht mehr fühlbare Prosa inmitten unserer Zeit und zugleich jenseits aller Zeiten. Nirgends trägt sie die erkennbare Präge bestimmter Epoche; kämen einzelne seiner Novellen ohne Namen ihres Bildners einem erstmalig zur Hand, niemand wagte zu bestimmen, welches Jahrzehnt, ja Jahrhundert sie geschaffen, derart bedeuten sie absolutes zeitloses Erzählen. Die Volkslegenden von den »Drei Greisen« oder »Wieviel Erde braucht der Mensch« könnten gleichzeitig mit Ruth und Hiob, ein Millennium vor Erfindung des Druckes und im Anfang der Schrift erfabelt sein, Iwan Iljitschs Todeskampf, »Polikei« oder »Leinwandmesser« gehören ebenso dem neunzehnten wie dem zwanzigsten und dreißigsten Jahrhundert an, denn nicht die zeitgenössische Seele findet hier zeitseelischen Ausdruck, wie bei Stendhal, Rousseau, Dostojewski, sondern die primitive, allzeitige, die keiner Verwandlung unterliegende – das irdische Pneuma, Urfühlen, Urangst, Ureinsamkeit des Menschen vor der Unendlichkeit. Und genau wie innerhalb des absoluten Raumes der Menschheit, so hebt innerhalb des relativen der Schaffensdauer seine gleichmäßige Meisterschaft die Zeit auf. Tolstoi hat seine erzählende Kunst nie erlernen müssen und nie verlernt, sein naturhaftes Genie kennt weder Fortschritt noch Rückschritt. Die Landschaftsschilderungen des Vierundzwanzigjährigen in den »Kosaken« und jener strahlend unvergeßliche Ostermorgen in der »Auferstehung«, sechzig Jahre, ein rauschendes Menschenalter später geschrieben, atmen ein und dieselbe unverwelkliche unmittelbare, mit allen Nerven fühlsame Frische der Natur, dieselbe plastische, mit den Fingern faßbare Anschaulichkeit der anorganisch-organischen Welt. In Tolstois Kunst gibt es also weder Lernen noch Verlernen, weder Abstieg noch Übergang, sondern ein Halbjahrhundert lang bewährt sie gleiche sachliche Vollendung; wie Felsen vor Gott, ernst und dauerhaft, starr und unabänderlich in jeder Linie, so stehen seine Werke innerhalb der weichen und veränderlichen Zeit.

Aber gerade dank dieser ebenmäßigen und darum gar nicht persönlich-betonten Vollendung spürt man des Künstlers mitatmendes Dabeisein in seinem Kunstwerk kaum: nicht als der Erdichter einer Phantasiewelt erscheint Tolstoi, sondern bloß als Berichter unmittelbarer Wirklichkeit. Tatsächlich, man hat manchmal eine Art Scheu, Tolstoi Dichter zu nennen, poète, denn Dichter, dies schwingende Wort, meint unwillkürlich ein Andersgeartetsein, eine gesteigerte Form des Menschlichen, ein geheimnisvoll mit Mythus und Magie Verbundensein. Tolstoi dagegen ist keineswegs ein »höherer« Typus Mensch, sondern ein vollkommen diesseitiger, kein überirdischer, sondern Inbegriff aller Irdischkeit. Nirgends überschreitet er die enge Zone des Faßlichen, Sinnenklaren, Handgreiflichen; innerhalb dieses Maßes aber, welche Vollkommenheit! Er hat keine andern, keine musischen und magischen Eigenschaften über die gewöhnlichen hinaus, diese aber in unerhörter Verstärktheit: er funktioniert nur seelisch intensiver, er sieht, hört, riecht, empfindet deutlicher, klarer, weitreichender, wissender als der normale Mensch, er erinnert sich länger und logischer, er denkt rascher, kombinatorischer und präziser, kurz, jede menschliche Eigenschaft bildet sich in dem einzig vollkommenen Apparat seines Organismus mit verhundertfachter Intensität als in einer gewöhnlichen Natur heraus. Aber niemals überschwebt Tolstoi – (und deshalb wagen so wenige zu ihm das Wort: »Genie«, das bei Dostojewski selbstverständliche) – die Schranke der Normalität, niemals erscheint Tolstois Dichten vom Dämon, vom Unbegreiflichen beseelt. Wie vermag diese erdgebundene Phantasie jenseits »des sachlichen Gedächtnisses« etwas zu erfinden, was außerhalb des Gemeinmenschlichen nicht schon vorhanden wäre, immer wird darum seine Kunst fachlich, sachlich, deutlich; menschlich verbleiben, eine Taglichtkunst, eine potenzierte Wirklichkeit; darum meint man, wenn er erzählt, nicht einen Künstler, sondern die Dinge selbst sprechen zu hören. Menschen und Tiere treten aus seinem Werk wie aus ihrer eigenen warmen Wohnstatt; man fühlt, kein passionierter Dichter drängt hinter ihnen, der sie hetzt und hitzt, etwa wie Dostojewski seine Gestalten immer mit der Fieberpeitsche knutet, daß sie heiß und schreiend in die Arena ihrer Leidenschaften stürzen. Wenn Tolstoi erzählt, hört man seinen Atem nicht. Er erzählt, wie Bergbauern eine Höhe emporklimmen: langsam, gleichmäßig, stufenhaft, Schritt für Schritt, ohne Sprünge, ohne Ungeduld, ohne Ermüdung, ohne Schwäche; daher auch unser unerhörtes Beruhigtsein des Mit-ihm-Gehens. Man schwankt, man zweifelt, man ermüdet nicht, man steigt Schritt für Schritt an seiner ehernen Hand die großen Bergblöcke seiner Epen empor, und Stufe um Stufe wächst mit erweitertem Horizonte der Überblick. Langsam nur entrollen sich die Geschehnisse, erst allmählich erhellt sich die Fernsicht, aber all dies geschieht mit der unausbleiblichen uhrhaften Gewißheit, die bei einem morgendlichen Sonnenaufgang Zoll um Zoll aus der Tiefe eine Landschaft emporleuchten läßt.

Tolstoi erzählt ganz unbetont einfach, wie jene Epiker der ersten Zeiten, die Rhapsoden und Psalmisten und Chronisten ihre Mythen erzählten, als noch die Ungeduld nicht unter den Menschen war, die Natur noch nicht getrennt von ihren Geschöpfen, keine humanistische Rangordnung Mensch und Tier, Pflanzen und Steine hochmütig unterschied und der Dichter dem Kleinsten und Gewaltigsten noch gleiche Ehrfurcht und Göttlichkeit gab. Für ihn besteht kein Unterschied zwischen dem heulenden Zucken eines verreckenden Hundes und dem Tode eines ordenbeladenen Generals oder dem Hinfall eines vom Wind zerknickten, absterbenden Baumes. Schönes und Häßliches, Tierisches und Pflanzliches, Reines und Unreines, Magisches und Menschliches, all dies sieht er mit dem gleichen malerischen und doch durchseelenden Blick – man spielte mit dem Wort, wollte man unterscheiden, ob er den Menschen vernatürlicht oder die Natur vermenschlicht. Keine Sphäre innerhalb des Irdischen bleibt ihm darum verschlossen, sein Gefühl gleitet aus dem rosigen Leib eines Säuglings in das schlotternde Fell eines abgetriebenen Stallpferdes und aus dem Kattunrock eines Dorfweibs in die Uniform des erlauchtesten Feldherrn, in jedem Leib, in jeder Seele gleich wissend und bluthaft daheim mit einer unbegreiflichen Sicherheit allergeheimster, fleischhaftester Wahrnehmung. Oft haben Frauen erschrocken gefragt, wie dieser Mann ihre verdecktesten und nicht mitzuerlebenden Körpergefühle gleichsam unter der Haut herausschildern konnte, das drückende Ziehen in der Brust von quellender Milch bei Müttern oder die wohltuend rieselnde Kälte über den zum erstenmal auf dem Ball entblößten Armen eines jungen Mädchens. Und wenn den Tieren eine Stimme gegeben wäre, ihr Staunen ins Wort zu treiben, so würden sie fragen, dank welcher unheimlichen Intuition er die quälende Lust eines Jagdhundes beim nahen Geruch der Wildschnepfe oder die nur in Bewegung gekleideten Instinktgedanken eines Vollbluthengstes am Start erraten konnte – man lese die Schilderung jener Jagd in »Anna Karenina« –, Detailwahrnehmungen von einer visionären Präzision, die alle Experimente der Zoologen und Entomologen von Buffon bis Fabre schildernd vorausnehmen. Tolstois Exaktheit in der Beobachtung ist an keine Abstufungen innerhalb des Irdischen gebunden: er hat keine Vorliebe in seiner Liebe. Napoleon ist seinem unbestechlichen Blick nicht mehr Mensch als der letzte seiner Soldaten und dieser letzte wiederum nicht wichtiger und wesenhafter als der Hund, der ihm nachläuft, und der Stein wiederum, den dieser mit den Pfoten tritt. Alles im Kreise des Irdischen, Mensch und Masse, Pflanzen und Tiere, Männer und Frauen, Greise und Kinder, Feldherrn und Bauern strömen als sinnliche Schwingung mit derselben kristallenen Lichtgleichmäßigkeit in seine Organe ein, um ihnen ebenso ordnungshaft zu entströmen. Das gibt seiner Kunst etwas vom Ebenmaß der allzeit wahrhaftigen Natur und seiner Epik jenen meerhaft monotonen und doch großartigen Rhythmus, der immer wieder den Namen Homers beschwört.

Wer so viel und so vollkommen sieht, braucht nichts zu erfinden, wer dermaßen dichterisch beobachtet, nichts zu erdichten. Absoluter Wachkünstler im Gegensatz zu Dostojewski, dem Visionär, braucht er die Schwelle des Wirklichen nirgends zu überschreiten, um an das Außerordentliche zu gelangen; er holt nicht Geschehnisse aus einem überweltlichen Phantasieraum heran, sondern gräbt nur in gemeine Erde, in den gewöhnlichen Menschen seine kühnen und verwegenen Stollen hinab. Und im Menschlichen wiederum kann Tolstoi sich's erübrigen, abwegige und pathologische Naturen zu betrachten oder gar über sie hinaus wie Shakespeare und Dostojewski geheimnisvoll neue Zwischenstufen zwischen Gott und Tier, Ariels und Aljoschas, Kalibans und Karamasows zu erzaubern. Schon der alltäglichste, der banalste Bauernbursche wird in jener nur von ihm erreichten Tiefe Geheimnis: ihm genügt als Einstieg in die profundesten Schächte seiner Seelenreiche schon ein simpler Bauer, ein Soldat, ein Trunkenbold, ein Hund, ein Pferd, ein Irgendetwas, gewissermaßen das billigst vorkömmliche Menschenmaterial, keine kostbaren subtilen Seelen: diesen vollkommen durchschnittlichen Gestalten aber zwingt er ein seelisch Unerhörtes ab, und zwar nicht, indem er sie verschönt, sondern indem er sie vertieft. Sein Kunstwerk spricht nur diese eine Sprache der Wirklichkeit – dies seine Grenze –, sie aber vollkommener, als vor ihm ein Dichter sie gesprochen dies seine Größe. Für Tolstoi sind Schönheit und Wahrheit ein und dasselbe.

So ist er – um es nochmals und deutlicher zu sagen – der sehendste aller Künstler, aber kein Seher, der vollendetste aller Wirklichkeitsberichter, aber kein erfinderischer Dichter. Nicht durch die Nerven wie Dostojewski, nicht durch Visionen wie Hölderlin oder Shelley holt sich Tolstoi seine raffiniertesten Wahrnehmungen heran, sondern einzig durch die koordinierte Aktion seiner radial wie das Licht ausschwingenden Sinne. Wie Bienen schwärmen sie ständig aus, ihm immer neuen farbigen Staub der Beobachtung zu bringen, der dann, in leidenschaftlicher Sachlichkeit gegoren, sich zum goldflüssigen Seim des Kunstwerks formt. Nur sie, seine wunderbar gehorsamen, hellsichtigen, hellhörigen, starknervigen und doch feintastenden, seine auswägenden, überempfindlichen und fast tierisch witternden Sinne bringen ihm von jeder Erscheinung jenes beispiellose Material an sinnlicher Substanz zu, das dann die geheimnisvolle Chemie dieses flügellosen Künstlers genauso langsam in Seele umsetzt, wie ein Chemiker ätherische Stoffe aus Pflanzen und Blüten geduldig destilliert. Immer resultiert die ungeheure Einfachheit des Erzählers Tolstoi aus einer ungeheuren und gar nicht nachrechenbaren Vielfalt von Myriaden Einzelbeobachtungen. Wie ein Arzt beginnt er zunächst mit einer Generalaufnahme, einer Inventur aller körperlichen Eigenheiten bei dem einzelnen, ehe er den epischen Destillationsprozeß auf die ganze Welt seiner Romane anwendet. »Sie können sich gar nicht vorstellen«, schreibt er einmal einem Freunde, »wie schwer mir diese vorbereitende Arbeit fällt, die Notwendigkeit, erst einmal das Feld durchzupflügen, auf dem ich dann gesonnen bin zu säen. Es ist furchtbar schwer, zu denken und immer wieder zu überdenken, was sich alles ereignen kann mit allen erst werdenden Personen des in Aussicht genommenen, sehr umfangreichen Werkes. Es ist furchtbar schwer, die Möglichkeiten so vieler Aktionen zu bedenken, um aus diesen dann ein Millionstel zu wählen.« Und da dieser mehr mechanische als visionäre Prozeß bei jeder einzelnen Person sich wiederholt, berechne man, wie viele Staubkörner in dieser Geduldmühle zerrieben und neu gebunden werden müssen. Jede Einzelheit, jeder Mensch resultiert aus tausend Einzelheiten, jede Einzelheit aus weiteren Infinitesimalen, denn mit der kalten und unbeirrbaren Gerechtigkeit einer Vergrößerungslinse durchforscht er jedes charakterologische Symptom. Im Holbein-Stil, Strich am Strich, wird etwa ein Mund gestaltet, die Oberlippe von der Unterlippe abgegrenzt mit all ihren individuellen Anomalien, jedes Zucken der Winkel bei gewissen seelischen Affekten genau notiert, die Art des Lächelns wie der Zornfalte zeichnerisch gemessen. Dann erst wird die Farbe dieser Lippe langsam eingemalt, ihre Fleischigkeit oder Feste mit unsichtbarem Finger angefühlt, das kleine Dunkel von Schnurrbart, der sie umschattet, wissend eingestichelt – dies ergibt jedoch erst die Rohform, die bloß fleischliche der Lippengestaltung, und sie wird ergänzt nun durch ihre charakteristische Funktion, durch die Rhythmik des Sprechens, den typischen Ausdruck der Stimme, die organisch als eine besondere diesem besonderen Mund angeglichen wird. Und so wie eine Lippe, wird im anatomischen Atlas seiner Darstellung Nase, Wange, Kinn und Haar mit einer fast beängstigend genauen Akribie festgestellt, ein Detail mit dem andern auf das genaueste verzahnt, und all diese Beobachtungen, die akustischen, phonetischen, optischen und motorischen, werden im unsichtbaren Laboratorium des Künstlers dann noch einmal gegeneinander ausgewogen. Erst aus dieser phantastischen Summe von Detailbeobachtungen zieht dann der ordnende Künstler die Wurzel, die verwirrende Fülle wird durch das Sieb der auslesenden Wahl gedrückt – so steht einer verschwenderischen Beobachtung eine sehr sparsame Verwertung der Resultate entgegen.

Denn erst, wenn alles Sinnliche geradezu geometrisch präzise festsitzt, die Physis vollendet, beginnt der Golem, der visuell konstruierte Mensch zu sprechen, zu atmen, zu leben. Immer ist bei Tolstoi die Seele, Psyche, der göttliche Schmetterling in dem tausendmaschigen Netz spinndünner Beobachtungen gefangen. Bei Dostojewski, dem Hellseher, seinem genialen Gegenspieler, setzt die Individuation genau gegenteilig ein: bei der Seele. Ihm ist die Seele das Primäre, und der Körper liegt nur lose und leicht wie ein Insektenkleid um ihren durchleuchtenden feurigen Kern. In den seligsten Sekunden kann sie ihn sogar durchbrennen und aufsteigen, auffliegen in den Äther des Gefühls, in die reine Ekstase. Bei Tolstoi, dem Klarseher, dem Wachkünstler aber kann die Seele niemals fliegen, ja nicht einmal völlig frei atmen, immer bleibt hartschalig und schwer der Körper um die Seele gehängt. Darum können auch die Beschwingtesten seiner Geschöpfe nie auf zu Gott, nie sich ganz aus dem Irdischen schwingen und weltfrei werden; sondern mühsam wie Lastträger, Schritt für Schritt, gleichsam den eigenen Leib auf den Rücken gehängt, steigen sie keuchend Stufe um Stufe zur Heiligung und Reinigung empor, immer wieder ermüdend an ihrer schweren Last und Irdischkeit. Immer sind wir bei diesem flügellosen, humorlosen Künstler daran schmerzhaft erinnert, daß wir auf enger Erde leben und von Tod umgrenzt sind, daß wir nicht fliehen können und nicht entfliehen, daß wir umringt sind media in vita von dem andrängenden Nichts. »Ich wünsche Ihnen mehr geistige Freiheit«, hat einmal seherisch Turgenjew Tolstoi geschrieben. Genau dies wünscht man seinen

Menschen, etwas mehr geistige Freiheit, etwas mehr seelische Flugkraft, ein Hinwegkönnen aus dem Sachlichen und Leiblichen oder zumindest ein Träumenkönnen von reineren, klareren Welten.

Herbstkunst, so möchte man sie darum nennen: jede Kontur hebt sich messerschneideklar und scharf vom hügellosen Horizont russischer Steppe, und der bittere Duft von Welken und Vergängnis drängt von falben Wäldern her. In Tolstois Landschaft fühlt man immer herbstlich: bald wird es Winter sein, bald tritt der Tod in die Natur, bald werden alle Menschen und ebenso der ewige Mensch in uns ausgelebt haben. Eine Welt ohne Traum, ohne Wahn, ohne Lüge, eine furchtbar leere Welt und sogar eine Welt ohne Gott – den erfindet sich Tolstoi erst später aus Lebensräson, wie Kant aus Staatsräson, in seinen Kosmos hinein –, sie hat kein anderes Licht als ihre unerbittliche Wahrheit, nichts als ihre Klarheit, die gleichfalls unerbittliche. Vielleicht drückt bei Dostojewski der Seelenraum zunächst noch düsterer, schwärzer und tragischer als diese ebenmäßige Kalthelligkeit, aber Dostojewski zerschneidet manchmal seine Nächtigkeit mit Blitzen rauschartiger Verzückung, für Sekunden zumindest fahren die Herzen in visionäre Himmel empor. Die Kunst Tolstois dagegen kennt keine Trunkenheit und keinen Trost, sie ist immer bloß heilig-nüchtern, durchsichtig und unberauschend wie Wasser – in alle Tiefen kann man dank ihrer wunderbaren Durchsichtigkeit hinabblicken, aber dies Erkennen tränkt niemals die Seele mit voller Entrückung und Entzückung. Sie macht ernst und nachdenklich wie Wissenschaft mit ihrem steinernen Licht, mit ihrer bohrenden Sachlichkeit, aber sie macht nicht glücklich, die Kunst Tolstois.

Wie aber hat er selbst, der Wissendste aller, dies Gnadenlose und Ernüchternde seines strengen Augenwerks empfunden, einer Kunst ohne den vergütigenden Goldglanz des Traums, ohne die Gnade der Musik! Und im tiefsten hat er sie niemals geliebt, weil sie weder ihm noch den andern einen beglückenden, bejahenden

Sinn des Lebens zu schenken wußte. Denn wie furchtbar hoffnungs-los gebärdet sich das ganze Dasein vor dieser unbarmherzigen Pupille: die Seele ein zuckender kleiner Körpermechanismus inmitten der umhüllenden Raumstille des Todes, die Geschichte ein sinnloses Chaos zufallsmäßig fallender Fakten, der fleischerne Mensch ein wandelndes Skelett, für kurze Frist nur in die warme Hülle des Lebens gekleidet, und dies ganze unerklärbar ordnungs-lose Getriebe zwecklos wie laufendes Wasser oder welkendes Laub. Ist es da wirklich so unverständlich, daß nach dreißig Jahren Schattenbildens Tolstoi plötzlich von seiner Kunst sich abwendet? Daß er sich sehnt nach einer Auswirkung seines Wesens, die jene Schwere entkettet und andern das Leben erleichtert, nach einer Kunst, »die in den Menschen höhere und bessere Gefühle erweckt«? Daß auch er einmal an die silberne Lyra der Hoffnung rühren will, die schon bei leisester Schwingung in der Brust der Menschheit gläubig zu tönen beginnt, daß ihn Heimweh faßt nach einer Kunst, die löst, erlöst von dem dumpfen Druck aller Irdischkeit? Aber vergebens! Die grausam klaren, die wachen und überwachen Augen Tolstois können das Leben, wie es ist, niemals anders als todüber-schattet, dunkel und tragödisch erblicken; nie wird unmittelbar von dieser Kunst, die nicht zu lügen weiß und nicht lügen will, ein wahrhafter Seelentrost ausgehen können. So mag dem Alternden der Wunsch erwacht sein, da er das wirkliche reale Leben nicht anders als tragisch zu sehen und darzustellen vermochte, *das Leben selbst zu ändern*, die Menschen besser zu machen, *ihnen Tröstung zu geben durch ein sittliches Ideal*. Und tatsächlich, in seiner zweiten Epoche findet Tolstoi, der Künstler, nicht mehr Genüge daran, das Leben einfach darzustellen, sondern er sucht bewußt seiner *Kunst einen Sinn, eine ethische Aufgabe*, indem er sie in den Dienst der Versittlichung und Erhebung der Seele stellt. Seine Romane, seine Novellen wollen nun nicht bloß mehr die Welt abbilden, sondern neubilden und »erzieherisch« wirken; in jener Epoche beginnt Tolstoi eine besondere Art Kunstwerke, die »ansteckende« werden wollen, das heißt, den Leser durch Beispiele vor dem Unrecht warnen, durch Vorbilder im Guten bestärken; der spätere Tolstoi erhebt sich aus dem bloßen Dichter des Lebens zum Richter des Lebens.

Diese zweckmäßige doktrinäre Tendenz macht sich schon in der »Anna Karenina« bemerklich. Bereits hier sind die Sittlichen und Unsittlichen im Schicksal voneinander geschieden. Wronski und Anna, die Sinnenmenschen, die Ungläubigen, die Egoisten ihrer Leidenschaft werden »bestraft« und in die Fegefeuer der Seelenunruhe geworfen, Kitty und Lewin dagegen erhoben in die Läuterungen; zum erstenmal versucht hier der bislang unbestechliche Darsteller Partei zu nehmen für oder gegen seine eigenen Geschöpfe. Und diese Tendenz, lehrbuchhaft die Hauptglaubensartikel zu unterstreichen, gleichsam mit Ausrufungszeichen und Anführungszeichen zu dichten, diese doktrinäre Nebenabsicht drängt immer ungeduldiger vor. In der »Kreutzersonate«, in der »Auferstehung« verhüllt schließlich nur noch dünnes dichterisches Kleid die nackte Moraltheologie, und die Legenden dienen (in herrlicher Form!) dem Prediger. Kunst wird für Tolstoi allmählich nicht mehr Endzweck, Selbstzweck, sondern er vermag »die schöne Lüge« nur noch zu lieben, sofern sie der »Wahrheit« dient, aber nun nicht mehr wie vordem der Wahrhaftmachung des Wirklichen, der sinnlich-seelischen Realität, sondern einer – wie er meint – höheren, geistigen, der religiösen Wahrheit, die ihm seine Krise offenbarte. »Gute« Bücher nennt Tolstoi fortan nicht die vollendet gestalteten, sondern einzig diejenigen (gleichgültig gegen ihren artistischen Wert), die »das Gute« befördern, die den Menschen geduldiger, sanfter, christlicher, humaner, liebevoller gestalten helfen, so daß der brave und banale Berthold Auerbach ihm wichtiger scheint als der »Schädling« Shakespeare. Immer mehr gleitet das Richtmaß aus den Händen des Künstlers Tolstoi in jene des sittlichen Doktrinärs: der Menschheitsschilderer, der unvergleichliche, tritt bewußt und ehrerbietig zurück vor dem Menschheitsverbesserer, dem Moralisten.

Aber die Kunst, unduldsam und eifersüchtig wie alles Göttliche, rächt sich an dem, der sie verleugnet. Wo sie dienen soll, unfrei einer angeblich höheren Macht untergeordnet, entzieht sie sich ungestüm selbst dem Meister, und gerade an jenen Stellen, wo Tolstoi doktrinär gestaltet, ermattet und blaßt sofort die elementare Sinnlichkeit seiner Figuren; ein graues kaltes Licht von Verstand nebelt herein, man holpert und stolpert über logische Weitschweifigkeiten und tastet sich nur mühsam dem Ausgang entgegen. Mag er auch später verächtlich seine »Kindheitserinnerungen«, »Krieg und Frieden«, seine Meisternovellen aus moralischem Fanatismus »schlechte, nichtige, gleichgültige Bücher« nennen, weil sie nur ästhetischen Anspruch, also »einen Genuß niederer Art« – höre es, Apoll! – befriedigen, in Wahrheit bleiben doch sie seine Meisterwerke und die zielbewußten moralischen seine brüchigen. Denn je mehr sich Tolstoi seinem »sittlichen Despotismus« hingibt, je weiter er sich von dem Urelement seines Genies, der Sinnenwahrhaftigkeit, entfernt, um so ungleichmäßiger wird er als Künstler: wie Antäus hat er alle Kraft von der Erde. Wo Tolstoi ins Sinnliche sieht mit seinen herrlichen diamantscharfen Augen, bleibt er bis ins letzte Greisenalter genial, wo er ins Wolkige, ins Metaphysische tastet, mindert sich in erschreckender Weise sein Maß. Und es ist beinahe erschütternd, zu sehen, mit welcher Gewaltsamkeit ein Künstler durchaus ins Geistige schweben und fliegen will, dem es vom Schicksal einzig bestimmt war, mit schwerem Schritt auf unserer harten Erde zu gehen, sie zu ackern und zu pflügen, sie zu erkennen und zu schildern wie kein anderer unserer Gegenwart.

Tragischer Zwiespalt dies, urewig wiederholt in allen Werken und Zeiten: was das Kunstwerk erhöhen sollte, die überzeugte und überzeugen wollende Gesinnung, vermindert zumeist den Künstler.

Die wahre Kunst ist egoistisch, sie will nichts als sich selbst und ihre Vollendung. Nur an sein Werk darf der reine Künstler denken, nicht an die Menschheit, der er es zubestimmt. So ist auch Tolstoi so lange am größten als Künstler, als er ungerührten, unbestechlichen Auges die Sinnenwelt gestaltet. Sobald er der Mitleidige wird, helfen will, verbessern, führen und belehren durch sein Werk, verliert seine Kunst an ergreifender Kraft, und er selbst wird durch sein Schicksal erschütterndere Gestalt als all seine Gestalten.

Selbstdarstellung

Unser Leben erkennen, heißt sich selbst erkennen.
An Russanow, 1903

Unerbittlich ist dieser strenge Blick gegen die Welt gerichtet, unerbittlich streng auch gegen sich selbst. Tolstois Natur duldet keine Undeutlichkeit, kein Vernebeltes und Verschattetes weder im Innen noch Außen der irdischen Welt: so kann, der als Künstler gewöhnt ist, den genauesten Umriß in der Linie eines Baumes oder in der zuckenden Bewegung eines aufschreckenden Hundes zwanghaft präzise zu sehen, auch sich selbst nie ertragen als ein dumpf und undeutlich Gemengtes. Unwiderstehlich darum, unablässig und von frühester Zeit an wendet sich sein elementarer Forschungsdrang gegen sich selbst: »Ich will mich durch und durch kennenlernen«, schreibt der Neunzehnjährige in sein Tagebuch. Ein wahrheitsfanatischer Mensch wie Tolstoi kann gar nicht anders als ein leidenschaftlicher Autobiograph sein.

Aber Selbstdarstellung entspannt sich im Gegensatz zur Weltdarstellung niemals vollkommen durch einmalige Leistung im Kunstwerk. Das eigene Ich läßt sich durch Verbildlichung niemals vollkommen abspalten, weil einmalige Betrachtung das ständig wandelhafte Ich nicht erledigt. Darum wiederholen die großen Selbstdarsteller ihr Eigenbildnis das ganze Leben entlang. Alle beginnen sie, Dürer, Rembrandt, Tizian, ihre frühesten Jugendwerke vor dem Spiegel und lassen sie erst mit sinkender Hand, weil sie an der eigenen physischen Gestalt ebenso das Beharrend-Beständige wie das Fließende der Verwandlung reizt. Genauso kommt der große Wirklichkeitszeichner Tolstoi mit seiner Selbstdarstellung niemals zu Rande. Kaum hat er sich dargetan in, wie er meint, definitiver Gestalt, sei es als Nechljudow, als Saryzin oder Pierre oder Lewin, so erkennt er im beendigten Werke das eigene Antlitz nicht mehr; um die erneute Form zu fassen, muß er noch einmal beginnen. Aber ebenso unermüdlich, wie Tolstoi, der Künstler, nach seinem Seelenschatten hascht, flieht sein Selbst weiter in seelischer Flucht, immer neue und unvollendbare Aufgegebenheit, die zu bezwingen der Willensriese sich immer neu angelockt fühlt. Dadurch entsteht kein Werk innerhalb dieser sechzig Jahre, das nicht in irgendeiner Gestalt Tolstois eigenen Umriß enthielte, und nicht eines, das allein für sich die Weite dieses Mannes umfaßte; erst als Summe ergeben alle seine Romane, Novellen, Tagebücher und Briefe seine Selbstdarstellung, dann aber auch das vielfältigste, wachsamste und kontinuierlichste Eigenbildnis, das in unserem Jahrhundert ein Mensch hinterlassen hat.

Denn niemals kann dieser Nichterfinder, er, der immer nur Erlebtes und Wahrgenommenes wiederzugeben befähigt ist, sich selbst, den Lebenden, den Wahrnehmenden aus dem Blickfeld ausschalten. Unablässig, zwanghaft, oft gegen seinen Willen und immer jenseits seines Wachwillens muß er sich bis zur Erschöpfung durchforschen, belauschen, erklären, »Wache halten« über sein eigenes Leben. Und so steht sein autobiographischer Furor nicht einen Augenblick stille, sowenig wie der Herzhammer in seiner Brust, die Gedanken unter seiner Stirn: dichten heißt für ihn immer, sich selbst richten und berichten. Es gibt darum keine Form der Selbstdarstellung, die Tolstoi nicht geübt hätte, die rein mechanische Tatsachenrevision der Erinnerung, die pädagogische, die moralische Kontrolle, die sittliche Anklage und die seelische Beichte, also Selbstdarstellung als Selbstbändigung und Selbstanfeuerung, Autobiographie als einen ästhetischen Akt und religiösen – nein, man wird nicht fertig, alle die Formeln, Motive seiner Selbstdarstellungen einzeln abzuschildern. Wir kennen den Siebzigjährigen aus seinem Tagebuch nicht minder als den Achtzigjährigen, wir wissen seine Jugendleidenschaften, seine Ehetragödie, seine intimsten Gedanken ebenso archivarisch genau wie seine banalsten Handlungen, denn, auch hier ganz Gegensatz zu Dostojewski, der »mit geschlossenen Lippen« lebte, verlangte Tolstoi, sein Dasein »bei offenen Türen und Fenstern« zu führen. Wir kennen jeden Wink und Schritt von ihm, jede flüchtigste und belangloseste Episode seiner achtzig Jahre genauso, wie wir sein physisches Bildnis von unzähligen Reproduktionen kennen, beim Schustern und im Gespräch mit den Bauern, zu Pferde und beim Pfluge, am Schreibtisch und beim Lawn-Tennis, mit der Frau, den Freunden, der Enkelin, im Schlafe sogar und im Tode. Und diese so unvergleichliche leibgeistige Darstellung und Selbstdokumentierung erscheint überdies noch gleichsam gegengezeichnet von den unzähligen Erinnerungen und Aufzeichnungen seiner ganzen Umgebung, von Frau und Tochter, von Sekretären und Reportern und zufälligen Besuchern: ich glaube, man könnte die Wälder von Jasnaja Poljana noch einmal aufbauen aus dem zu Tolstoi-Erinnerungen verholzten Papier. Nie hat ein Dichter bewußt so offen gelebt, selten sich einer mitteilsamer den Menschen aufgetan. Seit Goethe haben wir keine durch innere und äußere Beobachtung derart restlos dokumentierte Gestalt wie die seine.

Dieser Selbstbeobachtungszwang Tolstois reicht so weit zurück wie sein Bewußtsein selbst. Er beginnt schon im rosig umtapsenden Kinderleib lange vor der Sprache und endet erst im dreiundachtzigsten Jahr auf dem Totenbett, da das gewollte Wort die Sprache

207

nicht mehr zwingt. Innerhalb dieses riesigen Raumes vom Schweigen des Anfangs bis zum Schweigen des Endes aber gibt es keinen Augenblick ohne Rede und Schrift. Mit neunzehn Jahren bereits, kaum der Schule entwachsen, kauft der Student sich ein Tagebuch. »Ich habe nie ein Tagebuch geführt«, schreibt er gleich auf die ersten Blätter, »weil ich den Nutzen eines solchen nicht absah, jetzt aber, wo ich mit der Entwicklung meiner Fähigkeiten beschäftigt bin, werde ich nach dem Tagebuch imstande sein, dem Gang meiner Entwicklung zu folgen; das Tagebuch soll Regeln für das Leben enthalten, und im Tagebuch müssen auch meine künftigen Handlungen vorgezeichnet sein.« Ganz kaufmännischer Art legt er sich zuvörderst ein Konto seiner Pflichten an, ein Soll und Haben von Vorsätzen und Leistungen. Über das eingebrachte Kapital seiner Person ist der Neunzehnjährige sich bereits vollkommen im klaren. Er konstatiert gleich bei der ersten Selbstinventur, daß er ein »besonderer Mensch« sei, mit einer »besonderen« Aufgabe: aber gleichzeitig stellt der Halbknabe schon unbarmherzig fest, welches ungeheure Willensmaß er noch aufbringen müsse, um seiner zur Trägheit, zur Sprunghaftigkeit und Sinnlichkeit neigenden Natur eine wirklich moralische Lebensleistung abzuzwingen. So schafft er sich selbst einen Kontrollapparat jeder Tagesleistung, um kein Quentchen seiner Kraft zu verlieren: das Tagebuch dient also zunächst als Stimulans, um sich pädagogisch zu durchschauen und – immer muß man das Tolstoi-Wort wiederholen – »Wache zu halten über das eigene Leben«. Mit unbarmherziger Schonungslosigkeit resümiert der Knabe z. B. das Ergebnis eines Tages: »Von 12 bis 2 mit Bigitschew, zu offen gesprochen, eitel, selbstbetrügerisch. Von 2 bis 4 Gymnastik: wenig Standhaftigkeit und Geduld. Von 4 bis 6 zu Mittag gegessen und unnötige Einkäufe gemacht. Zu Hause nicht geschrieben: Faulheit; ich habe mich nicht entschließen können, ob ich zu Wolkonskij fahren soll; dort wenig gesprochen: Feigheit. Habe mich schlecht benommen: Feigheit, Eitelkeit,

Unbedachtsamkeit, Schwäche, Faulheit.« So früh, so rücksichtslos hart faßt sich schon die Knabenhand an die Gurgel, und dieser stählerne Griff läßt sechzig Jahre nicht ab; genau wie der Neunzehnjährige hat der zweiundachtzigjährige Tolstoi noch die Karbatsche für sich bereit, genau so zieht er sich im Alterstagebuch die Schimpfworte »feig, schlecht, träge« über, wenn der ermüdete Leib nicht vollkommen der spartanischen Disziplin des Willens pariert.

Aber fast ebenso zeitig wie der frühreife Moralist verlangt auch der Künstler in Tolstoi schon nach eigenem Bildnis, und mit dreiundzwanzig Jahren beginnt er – Unikum in der Weltliteratur! – eine dreibändige Selbstbiographie. Spiegelblick ist Tolstois erster Blick. Noch hat der Jüngling nichts von der Welt erfahren und bereits wählt er sich dreiundzwanzigjährig das einzige Erlebnis, die eigene Kindheit, als Objekt. Genauso naiv, wie der zwölfjährige Dürer den Silberstift faßt, um sein mädchenschmales, von Erfahrung noch nicht zerfaltetes Kindergesicht auf ein zufälliges Blatt zu zeichnen, versucht aus Spielneugierde der flaumbärtige damalige Leutnant Tolstoi, als Artillerist verschlagen in eine kaukasische Festung, sich seine »Kindheit«, »Knabenjahre« und »Jünglingsjahre« zu erzählen. Für wen er schreibt, denkt er damals nicht und am wenigsten an Literatur, Zeitungen, Öffentlichkeit. Er gehorcht instinkthaft einem Drängen nach Selbstklärung durch Darstellung, und dieser dumpfe Trieb ist von keiner Zweckabsicht erhellt und noch weniger – wie er später fordern wird – »vom Licht der sittlichen Forderung erleuchtet«. Der kleine Offizier im Kaukasus aquarelliert aus Neugier und Langeweile sich die Bilder seiner Heimat und Kindheit auf das Papier; er weiß noch nichts von der später bei Tolstoi vorbrechenden Heilsarmeegeste, der »Beichte« und einem Willen »zum Guten«, noch müht er sich, die »Scheußlichkeiten seiner Jugend« grell warnend zu plakatieren – nein, niemandem zu Nutz, einzig aus dem naiven Spieltrieb eines halben Knaben, der eben nichts anderes erlebt hat als dies, wie er »aus einem kleinen Kind herüberglitt«, beschreibt der Dreiundzwanzigjährige seine Handvoll Dasein, die ersten Eindrücke, Vater, Mutter, die Verwandten, die Erzieher, Menschen, Tiere und Natur. Wie sternweit ist noch dies sorglose Fabulieren von der abgründigen Analyse des bewußten Schriftstellers Leo Tolstoi, der um seiner Stellung willen sich verpflichtet fühlen wird, vor der Welt als Büßer, vor den Künstlern als Künstler, vor Gott als Sünder und vor sich selbst als Beispiel der eigenen Demut zu stehen; der da erzählt, ist nichts als frischer Junker, der sich inmitten einer Fremdheit nach der warmen Umgebung des Heimischen, nach der Güte längst entschwundener Gestalten sehnt. Als dann das Unerwartete geschieht und jene absichtslose Selbstbiographie ihm einen Namen macht, unterläßt Leo Tolstoi sofort die Fortsetzung, die »Mannesjahre«; der namhafte Schriftsteller findet den Ton des Namenlosen nie wieder zurück, niemals ist auch dem reifen Meister ein so rein bildnerisches Selbstporträt mehr gelungen. Und es dauert – bei Tolstoi werden alle Zahlen weit wie das russische Land – ein Halbjahrhundert, bis der vom Jüngling spielhaft aufgenommene Gedanke einer vollständigen systematischen Selbstdarstellung den Künstler wieder beschäftigt. Aber wie hat sich dann, seiner Wandlung ins Religiöse zufolge, die Aufgabe gewandelt; wie alle seine Gedanken, so wendet Tolstoi auch das Bildnis seines Lebens einzig der ganzen Menschheit zu, damit sie an seiner »Seelenwäsche« sich selber säubere. »Eine möglichst wahrhaftige Beschreibung des eigenen Lebens besitzt großen Wert von jedem Menschen und muß für die Menschen von großem Nutzen sein«, so kündigt er programmatisch die neue Selbstschau an, und umständlich trifft der Achtzigjährige alle Vorbereitungen für diese entscheidende Rechtfertigung; aber kaum begonnen, läßt er vom Werke, obwohl er noch immer »eine solche völlig wahrheitsgetreue Selbstbiographie für nützlicher hält ... als all das künstlerische Geschwätz, das zwölf Bände meiner Werke füllt und dem die Menschen von heute eine ganz unverdiente Bedeutung zuschreiben«. Denn sein Maßstab für Wahrhaftigkeit ist mit der Erkenntnis des eigenen Daseins an den Jahren gewachsen, er hat die ganze vieldeutige, abgründige und verwandlungsfähige Form alles Wahrseins erkannt, und wo der Dreiundzwanzigjährige wie über spiegelglatte Flächen mit dem Schneeschuh sorglos hinwegsaust, da schreckt später der verantwortungsvoll Gewordene, der wissende Wahrheitssucher entmutigt zurück. Ihm bangt vor den »Unzulänglichkeiten, vor den Unehrlichkeiten, die sich jeder Eigengeschichte unvermeidlich einschleichen«, er befürchtet, »daß, wenn sie auch keine direkte Lüge wäre, solche Selbstbiographie doch zur Lüge würde durch falsch eingesetzte Lichter, durch eine bewußt hingelenkte Helligkeit auf das Gute und Verdunkeln dessen, was darin übel war«. Und er gesteht offen: »Dann wieder, als ich beschloß, die nackte Wahrheit hinzuschreiben und keine Schlechtigkeit meines Lebens zu verhehlen, erschrak ich vor der Wirkung, die eine solche Autobiographie haben müsse.« Aber beklagen wir nicht übermäßig diesen Verlust, denn aus den Niederschriften jener Zeit, etwa der »Beichte«, wissen wir genau, daß für Tolstois Wahrheitsbedürfnis seit seiner religiösen Krise immer unvermeidlich jeder Wille zur Darstellung eine fanatische und flagellantische Lust an der Selbstgeißelung geworden war und jedes Geständnis in eine krampfige Selbstbeschimpfung umschlug. Dieser Tolstoi der letzten Jahre wollte sich längst nicht mehr darstellen, sondern nur demütigen vor den Menschen, »Dinge sagen, die er sich selber einzugestehen schämte«, und so wäre diese endgültige Selbstdarstellung mit ihrer gewaltsamen Anprangerung seiner angeblichen »Niedrigkeiten« und Sünden wahrscheinlich eine Verzerrung der Wahrheit geworden. Zudem können wir sie vollkommen entbehren, weil wir ja eine andere, und zwar lebenumfassende, zeitumspannende Autobiographie Tolstois ohnehin besitzen, die vollständigste vielleicht, die außer Goethe ein Dichter von sich gegeben, in der Summe seiner Werke,

Briefe und Tagebücher. Der kleine Adelsleutnant Olenin in den »Kosaken«, der aus der Moskauer Melancholie und Unbeschäftigtheit in Beruf und Natur flüchtet, um dort sich selber zu finden, ist bis in jeden Faden seines Anzugs, jede Falte seines Gesichtes getreu der junge Artilleriekapitän Tolstoi; der grüblerische, schwerblütige Pierre Besuchow in »Krieg und Frieden« und sein späterer Bruder, der gottsuchende, glühend um den Sinn des Daseins bemühte Landjunker Lewin in »Anna Karenina« sind bis ins Physische unverkennbar Tolstoi am Vorabend seiner Krise. Niemand wird unter der Kutte des »Vater Sergius« das Ringen des Berühmten um Heiligkeit, im »Teufel« den Widerstand des alternden Tolstoi gegen ein sinnliches Abenteuer verkennen und in dem Fürsten Nechljudow, dieser merkwürdigsten seiner Figuren (sie durchschreitet sein ganzes Werk) die tief verborgene Wunschgestalt seines Wesens, den Ideal-Tolstoi, dem er all seine Absichten und ethischen Taten auflädt. Und gar jener Saryzin in »Das Licht leuchtet in der Finsternis« trägt eine so dünne Verkleidung und verrät Tolstoi so vollkommen in jeder Szene seiner häuslichen Tragödie, daß noch heute der Schauspieler immer seine Maske nimmt. Eine so weite Natur wie Tolstoi war eben genötigt, sich in eine ganze Fülle von Gestalten zu verteilen; ganz wie Goethes Gedicht bedeutet Tolstois Prosa nichts anderes als eine einzige, quer durch ein ganzes Leben hin fortgesetzte, Bild an Bild sich ergänzende große Konfession, so daß es innerhalb dieser vielfältigen Seelenwelt kaum eine einzige leere, unerforschte Stelle gibt, eine terra incognita; alle sozialen, alle familiären, alle epischen wie literarischen, zeitlichen wie metaphysischen Fragen werden erörtert; seit Goethe haben wir niemals so vollzählig und erschöpfend die geistig-sittliche Funktion eines irdischen Dichters gekannt. Und weil Tolstoi innerhalb dieser scheinbar übermenschlichen Menschlichkeit genau wie Goethe, doch durchaus den normalen, den gesunden Menschen darstellt, das vollendete Exemplar der

Gattung, das ewige Ich und das universale Wir, so empfinden wir – abermals wie bei Goethe – seine Biographie als eine vollendete Form des sich vollendenden Lebens.

Krise und Verwandlung

> Das wichtigste Ereignis im Leben eines Menschen ist der Augenblick, wo er sich seines Ichs bewußt wird; die Folgen dieses Ereignisses können die wohltätigsten oder die schrecklichsten sein.
>
> *November 1898*

Jede Gefährdung wird zu Gnade, jede Hemmung zu Hilfe und Heiltrieb im Schöpferischen, weil sie unbekannte Kräfte der Seele gewaltsam herausfordert; nichts wird einer dichterischen Existenz gefährlicher als Zufriedenheit und ebene Bahn. Tolstois Weltlauf kennt nur ein einziges Mal solche selbstvergessene Entspannung, dies Glück des Menschen, diese Gefahr des Künstlers. Nur einmal inmitten seiner Pilgerschaft zu sich selbst schenkt sich seine ungenügsame Seele Rast, sechzehn Jahre innerhalb eines dreiundachtzigjährigen Daseins; einzig die Zeit von seiner Vermählung bis zum Abschluß der beiden Romane »Krieg und Frieden« und »Anna Karenina« lebt Tolstoi mit sich und seinem Werke in Frieden. Dreizehn Jahre (1865 bis 1878) verstummt auch das Tagebuch, dieser Büttel seines Gewissens, Tolstoi, der Glückliche, in sein Werk Verlorene, beobachtet nicht sich mehr, sondern einzig die Welt. Er fragt nicht, weil er zeugt, sieben Kinder und die zwei mächtigsten epischen Werke: damals und nur damals allein lebt Tolstoi wie alle andern Sorglosen im bürgerlich ehrenhaften Egoismus der Familie, glücklich, zufrieden, weil von der »schrecklichen Frage nach dem Warum« befreit. »Ich grüble nicht mehr über meine Lage (alles Grübeln ist vorbei) und wühle nicht mehr in

213

meinen Empfindungen – in den Beziehungen zu meiner Familie fühle ich nur und reflektiere nicht. Dieser Zustand gewährt mir außerordentlich viel geistige Freiheit.« Die Selbstbeschäftigung hemmt nicht das innerlich strömende Gestalten, der unerbittliche Wachtposten vor dem moralischen Ich tritt schläfernd zurück und läßt dem Künstler freie Bewegung, vollsinnliches Spiel. Er wird berühmt in jenen Jahren, Leo Tolstoi, er vervierfacht sein Vermögen, er erzieht seine Kinder und weitet sein Haus, aber sich am Glück zu befriedigen, am Ruhm sich zu sättigen, an Reichtum sich zu mästen, ist diesem moralischen Genie auf die Dauer nicht erlaubt. Von jeder Gestaltung wird er immer zurückkehren zu seinem ureigentlichen Werke der vollkommenen Selbstgestaltung, und da kein Gott ihn aufruft in der Not, wird er selbst ihr entgegengehen. Da kein Außen ihm ein Schicksal schenkt, wird er sich von innen seine Tragik erschaffen. Denn immer will sich das Leben – und wie erst ein so gewaltiges! – in der Schwebe halten. Setzt weltseitig der Zustrom des Schicksals aus, so höhlt von innen der Geist sich neue springende Quelle, damit der Kreislauf des Daseins nicht versiege. Was Tolstoi in der Nähe des fünfzigsten Jahres erfährt, seinen Zeitgenossen zu unerklärbarer Überraschung, nämlich seine plötzliche Abkehr von der Kunst, seine Hinwendung auf das Religiöse, dieses Phänomen betrachte man durchaus nicht als außerordentliches – vergebens sucht man nach einer Anormalität in der Entwicklung dieses allergesündesten Menschen – außerordentlich entäußert sich daran nur, wie immer bei Tolstoi, die Vehemenz der Empfindung. Denn die Umschaltung, die Tolstoi im fünfzigsten Jahre seines Lebens vornimmt, veranschaulicht nichts anderes als einen Vorgang, der dank geringerer Plastizität bei den meisten Männern unsichtbar bleibt: die unvermeidliche Anpassung des leibgeistigen Organismus an das nahende Alter, das *Klimakterium des Künstlers*.

»Das Leben blieb stehen und wurde unheimlich«, so formuliert er selbst den Anfang seiner Seelenkrise. Der Fünfzigjährige hat jenen kritischen Punkt erreicht, wo die produktive Formkraft des Plasmas nachzulassen beginnt und die Seele droht, in Erstarrung überzugehen. Nicht mehr so bildnerisch drängen die Sinne, die Farbkraft der Eindrücke verblaßt wie jene des eigenen Haares, jene zweite Epoche beginnt, die gleichfalls uns von Goethe vertraute, da das warme Sinnenspiel sich zur Kelter der Begriffe sublimiert, Gegenstand zur Erscheinung, Bildnis zum Symbol wird. Wie jede profunde Verwandlung des Geistes leitet auch hier zunächst ein leises Unbehagen des Leibes solche Umgeburt ein. Eine geistige Kälteangst, eine entsetzliche Verarmungsfurcht schauert jählings über die beunruhigte Seele, und der feinnervige Seismograph des Körpers verzeichnet sofort herannahende Erschütterung (die mystischen Krankheiten Goethes bei jeder Verwandlung!). Aber – und hier betreten wir kaum durchlichtetes Gebiet – indes die Seele diesen Angriff vom Dunkel her noch nicht zu deuten weiß, hat im Organismus schon selbsttätig die Gegenwehr begonnen, eine Umstellung im Psycho-Physischen, ohne Wissen, ohne Willen des Menschen, aus der undurchdringlichen Vorsorge der Natur. Denn genau wie den Tieren noch lange vor dem Kälteeinbruch plötzlich ein warmes Winterhaar um den Leib sich legt, so wächst auch der menschlichen Seele im Zeitpunkt des ersten Altersüberganges, kaum daß der Zenit überschritten, ein neues geistiges Schutzkleid, eine dichte, defensive Deckhülle. Diese profunde Umstellung vom Sinnlichen ins Geistige, ausgehend vielleicht vom Zellwerk der Drüsen und hinvibrierend bis in die letzten Schwingungen schöpferischer Produktion, diese klimakterische Epoche formt sich als seelische Erschütterung genauso blutbedingt und krisenhaft wie die Pubertät selbst aus, wenn auch – heran, ihr Psychoanalytiker und Psychologen! – kaum in den körperlichen Grundspuren erlauscht, geschweige denn in den geistigen beobachtet. Bei den

Frauen bestenfalls, wo das Phänomen der Geschlechtsrückbildung gröber und klinischer in beinahe greifbaren Formen zutage tritt, mögen einzelne Beobachtungen gesammelt sein; vollkommen unerforscht dagegen harrt noch die mehr geistige der männlichen Umschaltung und ihre seelischen Konsequenzen der psychologischen Durchlichtung. Denn das Mannesklimakterium ist fast einhellig die Lieblingzeit der großen Konversionen, der religiösen, der dichterischen und verstandesmäßigen Sublimierungen, Schutzkleid sie alle um das schwächer durchblutete Sein, geistiger Ersatz für verminderte Sinnlichkeit, verstärktes Weltgefühl für abklingendes Selbstgefühl, verebbende Lebenspotenz. Vollkommen komplementär der Pubertät, gleich lebensgefährlich bei den Gefährdeten, gleich vehement bei den Vehementen, gleich produktiv bei den Produktiven, leitet solcherart das Mannesklimakterium eine andersfarbige schöpferische Seelenepoche ein, einen neuen geistigen Johannestrieb zwischen Aufstieg und Niederstieg. Bei jedem bedeutenden Künstler begegnen wir diesem unausweichlichen Krisenaugenblick, bei keinem freilich mit solch erdaufwühlender, vulkanischer und beinahe vernichtender Impetuosität wie bei Tolstoi. Vom realen Raum aus betrachtet, von bequemer Objektivität her, geschieht ja Tolstoi in seinem fünfzigsten Jahr eigentlich nichts anderes als das Altersgemäße: eben, daß er sich altern fühlt. Das ist alles, sein ganzes Erlebnis. Ein paar Zähne fallen aus, das Gedächtnis dunkelt ab, manchmal schatten Mattigkeiten in die Gedanken: alltägliches Phänomen eines Fünfzigjährigen. Aber Tolstoi, dieser Vollmensch, diese nur im Strömen und Überströmen erfüllte Natur fühlt sich bei dem ersten Anhauch von Herbstlichkeit sofort schon welk und todesreif. Er vermeint, »nicht mehr leben zu können, wenn man nicht trunken ist vom Leben«; eine neurasthenische Depression, eine ratlose Verstörung überkommt den übergesunden Mann. Er kann nicht schreiben, er kann nicht denken – »Ich schlafe geistig und kann nicht aufwachen, mir ist nicht wohl, ich bin mutlos« –; wie eine Kette schleppt er »die langweilige und platte Anna Karenina« zu Ende, sein Haar färbt sich plötzlich grau, Falten zerschneiden die Stirn, der Magen revoltiert, die Gelenke werden schwach. Stumpf brütet er vor sich hin und sagt, »daß ihn nichts mehr freue, daß vom Leben nichts mehr zu erwarten sei, daß er bald sterben werde«, er »strebt mit allen Kräften fort vom Leben«, und knapp hintereinander verzeichnet das Tagebuch die zwei schneidenden Eintragungen »Todesfurcht« und dann wenige Tage später »Il faudra mourir seul«. Tod aber – ich habe es in der Darstellung seiner Vitalität auszuführen versucht – bedeutet diesem Lebensriesen den schrecklichsten aller Schreckgedanken, darum schauert er sofort zusammen, sobald nur ein paar Nähte seines ungeheuren Bündels Kraft sich zu lockern scheinen.

Allerdings, der geniale Selbstdiagnostiker irrt nicht vollkommen, wenn er mit den Nüstern Verhängnis wittert, denn tatsächlich, etwas von dem ursprünglichen Tolstoi stirbt endgültig ab in dieser Krise. Bisher hatte Tolstoi niemals die Welt nach ihrem metaphysischen Sinn gefragt, er hat sie nur betrachtet wie der Künstler sein Modell; folgsam hatte sie sich ihm gegenübergestellt, wenn er ihr Bildnis zeichnete, und sich streicheln lassen und fassen von seinen schöpferischen Händen. Plötzlich ist diese naive Freude, dieses rein bildnerische Anschauen ihm unmöglich. Die Dinge geben sich ihm nicht mehr ganz, er spürt, sie verstecken etwas vor ihm, ein Hintersich, irgendeine Frage; zum erstenmal empfindet dieser klarsehende Mensch das Sein als ein Geheimnis, er ahnt einen Sinn, den er nicht fassen kann mit den bloß äußern Sinnen – zum erstenmal versteht Tolstoi, daß, dies Hintergründige zu begreifen, ein neues Instrument ihm not tue, ein wissenderes, ein bewußteres Auge, ein Denkauge. Beispiele mögen diese innere Umwandlung sinnfälliger erläutern. Hundertmal hat Tolstoi im Kriege Menschen sterben sehen und ohne Frage nach Recht und Unrecht ihr Verbluten geschildert als Maler, als Dichter, als spiegelnde Pupille bloß, als formenempfindliche Netzhaut. Jetzt sieht er in Frankreich den Kopf eines Verbrechers von der Guillotine niederpoltern, und sofort empört eine sittliche Macht in ihm sich gegen die ganze Menschheit. Tausendemal ist er, der Herr, der Barin, der Graf, an seinen Dorfbauern vorbeigeritten und hat gleichgültig, indes sein Pferd im Galopp ihnen die Röcke überstaubte, demütig-sklavischen Gruß als ein Selbstverständliches hingenommen. Jetzt bemerkt er zum erstenmal ihre Barfüßigkeit, ihre Armut, ihr verschrecktes rechtloses Dasein und wirft sich zum erstenmal die Frage in die Brust, ob er selbst ein Recht habe, angesichts ihrer Notdurft und Mühe sorglos zu bleiben. Unzähligemal sauste sein Schlitten in Moskau Scharen frierender Bettler entlang, ohne daß er den Kopf oder die geringste Aufmerksamkeit ihnen zuwendete; Armut, Elend, Unterdrückung, Militär, Gefängnisse, Sibirien waren ihm so natürliche Fakta gewesen wie Schnee im Winter und Wasser im Faß; jetzt plötzlich, bei einer Volkszählung, erkennt der Erweckte die furchtbare Lage des Proletariats als eine Anklage gegen seinen Überfluß. Seit er Menschliches nicht mehr als bloßes Material empfindet, das man »zu studieren und zu beobachten« hat, stürzt die ruhige, malerische Ordnung des Daseins über seiner Seele zusammen; er kann nicht mehr kaltbildnerisch ins Leben schauen, sondern muß unablässig fragen nach Sinn und Widersinn, er fühlt alles Humane nicht mehr von sich aus, egozentrisch oder introvertiert, sondern sozial, brüderlich, extrovertiert: das Bewußtsein der Gemeinschaft mit jedem und allem hat ihn »befallen« wie eine Krankheit. »Man muß nicht denken – es ist zu schmerzhaft«, stöhnt er auf. Aber seit einmal dieses Auge des Gewissens aufgebrochen, wird ihm das Leiden der Menschheit, die Urqual der Welt von jetzt ab unabänderlich alleigenste Angelegenheit. Gerade aus dem mystischen Schrecken vor dem Nichts erhebt sich ein neuer schöpferischer Schauer vor dem All, erst aus seiner vollkommenen Selbstaufgebung erwächst dem Künstler die Aufgabe, noch

218

einmal und nun in moralischen Maßen seine Welt zu erbauen. Wo er Tod vermeint, waltet das Wunder der Wiedergeburt: jener Tolstoi ist erstanden, den nicht nur als Künstler, sondern als menschlichsten der Menschen eine Menschheit verehrt.

Aber damals, unmittelbar in der schmetternden Stunde des Zusammenbruchs, in jenem ungewissen Augenblick vor dem »Erwachen« (wie Tolstoi später, getröstet, seinen beunruhigenden Zustand nennt), ahnt der Überraschte in der Verwandlung noch nicht den Übergang. Ehe dies andere neue Auge des Gewissens in ihm aufbricht, fühlt er sich völlig blind, nur Chaos rundum und weglose Nacht. »Wozu denn leben, wenn das Leben so furchtbar ist?« fragt er die ewige Frage des Ekklesiastes. Wozu sich mühen, wenn man doch nur ackert für den Tod? Wie ein Verzweifelter tastet er im verfinsterten Weltgewölbe die Wände ab, um irgendwo einen Ausgang zu finden, eine Selbstrettung, einen Funken Licht, einen Sternglanz Hoffnung. Und erst, wie er sieht, daß niemand von außen ihm Hilfe und Erleuchtung bringt, gräbt er sich selbst einen Minengang, planhaft und systematisch, Stufe um Stufe. 1879 schreibt er die folgenden »unbekannten Fragen« auf ein Blatt Papier:

a) Wozu leben?
b) Welche Ursache hat meine Existenz und die jedes anderen?
c) Welchen Zweck hat mein Dasein und jedes andere?
d) Was bedeutet jene Spaltung in Gut und Böse, welche ich in mir fühle, und wozu ist sie da?
e) Wie soll ich leben?
f) Was ist der Tod – wie kann ich mich retten?

»Wie kann ich mich retten? Wie soll ich leben?« das ist Tolstois furchtbarer Schrei, von der Kralle der Krise ihm heiß aus dem Herzen gerissen. Und dieser Schrei gellt nun durch dreißig Jahre, bis die Lippen versagen. Die gute Botschaft, die von den Sinnen kam, er glaubt sie nicht mehr, die Kunst gibt keinen Trost, die heiße Trunkenheit der Jugend ist grausam ernüchtert, von allen Seiten strömt Kälte heran. Wie kann ich mich retten? Immer gieriger wird dieser Schrei, denn es kann doch nicht sein, daß dieses scheinbar Sinnlose nicht doch einen Sinn hätte. Vernunft allein reicht nur aus, das Lebendige, nicht aber den Tod zu wissen, darum tut eine neue, eine andere Seelenkraft not, das Unfaßbare zu erfassen. Und da er in sich selbst, dem Ungläubigen, dem Sinnesmenschen, sie nicht findet, da wirft er sich, media in vita, inmitten seines Weges plötzlich demütig hin auf die Knie vor Gott, schleudert sein Weltwissen, das ihn fünfzig Jahre unendlich beglückte, verächtlich von sich und bittet ungestüm um einen Glauben: »Schenke mir ihn, Herr, und laß mich den andern helfen, ihn zu finden.«

Der künstliche Christ

Mein Gott, wie schwer ist es, zu leben nur vor Gott – zu leben, wie Menschen gelebt haben, die in einem Schacht verschüttet waren und die wußten, daß sie niemals herauskommen und niemand je erfahren würde, wie sie dort gelebt haben. Aber man muß, man muß so leben, weil nur solch ein Leben ein Leben ist. Hilf mir, Herr!
Tagebuch, November 1900

»Schenke mir einen Glauben, Herr«, schreit Tolstoi verzweifelt auf zu seinem bisher geleugneten Gott. Aber es scheint, dieser Gott gewährt sich jenen nicht, die allzu ungestüm nach ihm verlangen. Denn leidenschaftliche Ungeduld, sein Erzlaster, Tolstoi trägt es bis in den Glauben hinein. Nicht genug, einen Glauben zu verlangen, nein, sofort muß er ihn haben, über Nacht fertig und handlich wie eine Axt, um das ganze Dickicht seiner Zweifel auszuroden, denn der adelige Herr, gewohnt, flink umsprungen zu sein von seinen Dienern, verwöhnt auch von den hellsichtigen, hellhörigen Sinnen, die ihm jede Wissenschaft der Welt mit Lidschlagschnelligkeit vermitteln, er will nicht geduldig warten, der unbeherrschte, launische, eigenwillige Mann. Er will nicht warten, mönchisch versenkt in beharrliches Lauschen auf die allmähliche Durchfilterung des obern Lichts – nein, sofort soll es wieder tagklar sein in der verdunkelten Seele. Mit einem einzigen Sprung, mit einem Ruck will sein impetuoser, alle Hindernisse überjagender Geist zum »Sinn des Lebens« vorpreschen – »Gott wissen«, »Gott denken«, wie er beinahe frevlerisch zu sagen sich vermißt. Den Glauben, das Christlichwerden und Demütigsein, das In-Gott-Wohnen hofft er genauso flink und eilfertig erlernen zu können, wie er jetzt mit grauen Haaren Griechisch und Hebräisch lernt, plötzlicher Pädagoge, Theologe oder Soziologe innerhalb von sechs Monaten, bestenfalls eines raschen Jahres.

Aber wo findet man derart plötzlich einen Glauben, trägt man in sich selbst kein Samenkorn Gläubigkeit? Wie wird man über Nacht mitleidig, gütig, demütig, sanft franziskanisch, wenn man fünfzig Jahre nur mit dem schonungslosen Auge des Betrachters, als bewußter, urrussischer Nihilist die Welt gewertet und darin einzig sich selber als wichtig und wesentlich empfunden? Wie biegt man solchen steinharten Willen mit einem einzigen Handgriff in nachgiebige Menschenliebe um, wo lernt, wo erlernt man den Glauben, das Sichselbstverlieren an eine höhere und überweltliche Macht? Selbstverständlich bei jenen, die den Glauben schon haben oder zumindest vorgeben, ihn zu besitzen, sagt sich Tolstoi: bei der Mater orthodoxa, der Kirche. Sofort (denn er läßt sich keine Zeit, der ungeduldige Mann) wirft sich Leo Tolstoi ins Knie vor den Ikonen, fastet, pilgert in die Klöster, diskutiert mit Bischöfen und Popen und zerblättert das Evangelium. Drei Jahre müht er sich, strenggläubig zu sein: aber die Kirchenluft weht ihm leeren Weihrauch und Frost in die schon frierende Seele, bald schlägt er enttäuscht für immer die Tür zu zwischen sich und der rechtgläubigen Lehre; nein, die Kirche hat den rechten Glauben nicht, erkennt er, oder vielmehr: sie hat die Wasser des Lebens versickern lassen, vergeudet, verfälscht. So sucht er weiter: vielleicht wissen die Philosophen, die Denklehrer mehr von diesem unheimlichen »Sinn des Lebens«. Und sofort beginnt berserkerwütig und fieberhaft Tolstoi, kreuz und quer durcheinander alle Philosophen aller Zeiten zu lesen (viel zu rasch, sie zu verdauen, zu begreifen), Schopenhauer zuerst, den ewigen Beischläfer jeder Seelenverdüsterung, dann Sokrates und Plato, Mohammed, Konfuzius und Laotse, die Mystiker, die Stoiker, die Skeptiker und Nietzsche. Aber bald schlägt er die Bücher zu. Auch diese haben ja kein anderes Medium der Weltsicht als das seine, den überscharfen, schmerzhaft schauenden Verstand, auch sie nur Ungeduldige zu Gott hin und nicht Ruhende in Gott. Sie schaffen Systeme für den Geist, aber keinen Frieden einer beunruhigten Seele, sie geben Wissen, aber keinen Trost.

Und wie ein gequälter Kranker, an dem die Wissenschaft versagte, mit seinem Gebrest zu den Wurzelweibern und Dorfbadern, so geht Tolstoi, geht der geistigste Mensch Rußlands im fünfzigsten Jahre seines Lebens zu den Bauern, zum »Volk«, um von ihnen, den Unbelehrten, endlich den rechten Glauben zu lernen. Ja, sie, die Unbelehrten, die von der Schrift nicht Verwirrten, sie, die Armen und Gequälten, die ohne Klage roboten, die sich stumm wie Tiere in einen Winkel legen, wenn der Tod aus ihnen wächst, sie, die nicht zweifeln, weil sie nicht denken, sancta simplicitas, die heilige Einfalt, sie müssen doch irgendein Geheimnis haben, sonst könnten sie nicht derart ergeben und ohne Empörung den Nacken beugen. Sie müssen etwas wissen in ihrer Dumpfheit, was die Weisheit nicht weiß und der schneidende Geist, und dem zu Dank sie, die Zurückgebliebenen im Verstände, uns voraus sind mit der Seele. »Wie wir leben, ist es falsch, wie sie leben, ist es richtig« – darum tritt Gott aus ihrem geduldigen Dasein sichtbar empor, indes der Geist, der Wissensdrang mit seiner »müßigen, wollüstigen Gier«, von der wahren Lichtquelle des Herzens entfernt. Hätten sie nicht einen Trost, nicht innen ein magisches Heilkraut, sie könnten nicht so heiter eine derart erbärmliche Existenz ertragen: irgendeinen Glauben müssen sie verbergen, und eine Ungeduld überkommt den unbändigen Mann, dieses Arkanum ihnen abzulernen. Von ihnen, nur von ihnen, dem »Gottvolk«, beredet sich Tolstoi, kann man einzig das »richtige« Leben kennenlernen, das große Geduldigsein und Sichergeben in das harte Dasein und den noch härteren Tod.

Also heran an sie, ganz dicht hinein in ihr Leben, das Gottgeheimnis ihnen abzulauschen! Herunter mit dem Adelsrock und die Muschikbluse an, weg vom Tisch mit den leckeren Speisen und überflüssigen Büchern: nur die unschuldigen Kräuter und die sanfte Milch der Tiere soll von nun an den Leib nähren, nur die Demut, die Dumpfheit den faustisch wühlenden Geist. So stellt sich Leo Nikolajewitsch Tolstoi, Herr von Jasnaja Poljana und noch mehr: Herr im Geiste über Millionen, im fünfzigsten Jahre seines Lebens selbst an den Pflug, trägt auf breitem Bärenrücken die Wassertonne vom Brunnen und mäht in der Mitte seiner Bauern mit unermüdlichem Arbeitstrotz das Getreide. Die Hand, die »Anna Karenina« und »Krieg und Frieden« geschrieben, fädelt jetzt die Pechahle in selbstgeschnittene Schuhsohlen, fegt den Schmutz aus der Stube und näht sich selber das eigene Kleid. Nur nahe heran, nur rasch, nur eng heran zu den »Brüdern« – mit einem einzigen Willensruck hofft so Leo Tolstoi, »Volk« zu werden und damit »Gottes-Christ«. Er geht hinab in das Dorf zu den halb noch Leibeigenen (bei seiner Annäherung fassen sie verlegen an die Mützen), er ruft sie ins Haus, wo sie mit ihren plumpen Schuhen ungeschickt über die spiegelnden Parkette wie über Glas gehen und aufatmen, daß der »Barin«, der gnädige Herr, nicht Böses mit ihnen vorhat, nicht, wie sie fürchteten, abermals Zins und Pacht erhöht, sondern – sonderbar: sie schütteln verlegen ihre Köpfe – gerade mit ihnen über Gott sprechen will, immer über Gott. Sie erinnern sich, die guten Bauern von Jasnaja Poljana, so hat er's schon einmal gemacht, da hatte er's mit der Schule, der Herr Graf, und ein Jahr lang (dann langweilte es ihn) gab er den Kindern persönlich Unterricht. Aber was will er jetzt? Mißtrauisch hören sie ihm zu, denn tatsächlich wie ein Spion drängt der verkleidete Nihilist an das »Volk« heran, die für seinen Feldzug zu Gott notwendige Strategie auszukundschaften.

Aber nur der Kunst und dem Künstler werden diese gewaltsamen Erkundungen zum Nutzen – die schönsten seiner Legenden dankt Tolstoi ländlichen Dorferzählern, und seine Sprache versinnlicht und versaftigt sich herrlich am naiv bildnerischen Bauernwort –, doch das Geheimnis der Einfalt erlernt sich nicht. Hellseherisch hat Dostojewski noch vor der pathetischen Krise, schon beim Erscheinen der »Anna Karenina«, von Tolstois Spiegelbild Lewin gesagt: »Solche Menschen wie Lewin, mögen sie auch mit dem Volke leben, solange sie wollen, werden doch nie Volk werden: Eigendünkel und Willenskraft, mögen sie noch so launenhaft sein, genügen nicht, um den Wunsch, zum Volke herabzusteigen, zu erfassen und auszuführen.« Mit psychologischem Kernschuß trifft der geniale Visionär damit in das Zentrum der Tolstoischen Willensverwandlung, den Gewaltakt entlarvend, die nicht aus eingeborener, bluthafter Liebe, sondern aus Seelennot begonnene Brüderlichkeit Tolstois mit dem Volk. Denn, mag er noch so willenstätig dumpf und bäurisch tun, nie kann sich der Intellektualist Tolstoi eine enge Muschikseele statt seiner weiten und weltumfassenden Daseinsdeutung einpflanzen, nie ein solcher Wahrheitsgeist sich zu einer verworrenen Köhlergläubigkeit völlig hinabzwingen. Es genügt nicht, sich plötzlich hinzuwerfen in der Zelle wie Verlaine und zu beten: »Mon Dieu, donnez-moi de la simplicité«, und schon blüht das silberne Reis der Demut in der Brust. Man muß immer erst sein und werden, was man bekennt: weder die Bindung mit dem Volke durch das Mysterium des Mitleids noch die Befriedung des Gewissens durch vollgläubige Religiosität lassen sich ruckhaft aufschalten in einer Seele wie ein elektrischer Kontakt. Den Bauernrock zu nehmen, Kwaß zu trinken, Felder zu mähen, alle diese äußern Formen der Gleichsetzung mögen sich spielhaft leicht, spielhaft sogar im doppelten Sinne, erfüllen – nie aber läßt sich der Geist abdumpfen, die Wachheit eines Menschen willkürlich niederschrauben wie eine Gasflamme. Leuchtkraft und Wachsamkeit seines Geistes bleibt das eingeborene, unabänderliche Maß eines jeden Menschen; sie ist Macht über seinen Willen und darum jenseits unseres Willens, ja sie flammt nur noch ungestümer und unruhiger empor, je mehr sie sich bedroht fühlt in ihrer souveränen Pflicht wachsamer Helligkeit. Denn sowenig man durch spiritistische Spiele sich auch nur eine Stufe über sein eingeborenes Erkenntnismaß hinüberturnen kann zu höherem Wissen, sowenig vermag der Intellekt kraft eines plötzlichen Willensaktes auch nur eine einzige Stufe in die Einfalt zurückzutreten.

Unmöglich, daß Tolstoi, dieser wissende und weitsichtige Geist, nicht bald selber erkannt hat, daß ein Abdumpfen seiner geistigen Kompliziertheit zu einer Nitschewo-Einfalt selbst einem so ungeheuerlichen Willen wie dem seinen über Nacht nicht möglich war. Kein anderer als er selbst hat (allerdings später) das wunderbare Wort gesagt: »Gegen den Geist mit Gewalt vorzugehen, ist wie das Einfangen von Sonnenstrahlen; womit man sie auch zudecken will, immer kommen sie obenauf.« Auf die Dauer konnte er sich nicht täuschen darüber, wie wenig sein schroffer, streiterischer, rechthaberischer Herrenintellekt einer ständigen dumpfen Demut fähig war: nie haben jemals auch die Bauern ihn wirklich für einen der

Ihren genommen, weil er ihr Kleid anzog und ihre Gewohnheiten äußerlich teilte, nie hat die Welt diesen Akt anders als eine Verkleidung verstanden. Gerade seine Allernächsten, seine Frau, seine Kinder, die Babuschka, seine wirklichen Freunde (nicht die professionellen Tolstoianer) beobachten von Anfang an mißtrauisch und unmutig dieses krampfige, gewalttätige Hinabwollen des »großen Dichters des Russenvolkes« (so ruft Turgenjew vom Sterbebett ihn zur Rückkehr in die Kunst auf) in eine ihm naturwidrige Sphäre der Ungeistigkeit. Die eigene Gattin, das tragische Opfer seiner Seelenkämpfe, sagt damals zu ihm das allerüberzeugendste Wort: »Früher sagtest du, du seist unruhig, weil du den Glauben nicht hättest. Warum bist du jetzt nicht glücklich, da du sagst, ihn zu haben?« – ein ganz einfaches und unwiderlegliches Argument. Denn nichts deutet bei Tolstoi nach seiner Konversion zum Volksgotte an, daß er in diesem seinem Glauben Seelengelassenheit gefunden habe; im Gegenteil, immer hat man das Gefühl, er rette, sobald er von seiner Lehre spricht, eine Unsicherheit der Überzeugung in eine schreiende Gewißheit hinein. Alle Akte und Worte Tolstois gerade in jener Zeit der Bekehrung haben einen unangenehmen Schreiton, etwas Ostentatives, Gewaltsames, Zänkisches, Zelotisches. Seine Christlichkeit posaunt wie eine Fanfare, seine Demut schlägt Pfauenrad, und wer feinere Ohren hat, spürt eben in der Übertreiblichkeit seiner Selbsterniedrigung etwas vom alten Tolstoi-Hochmut, nur umgewandelt jetzt in einen Verkehrtstolz auf die neue Demut. Man lese doch nur die berühmte Stelle seiner Beichte, in der er seine Bekehrung »beweisen« will, indem er sein eigenes früheres Leben bespeit und verunglimpft: »Ich habe im Kriege Menschen getötet, ich habe Duelle ausgefochten, ich vergeudete im Kartenspiel das den Bauern abgepreßte Vermögen und züchtigte sie grausam, ich hurte mit leichtsinnigen Weibern und betrog die Männer. Lüge, Raub, Ehebruch, alle Art Trunkenheit und Brutalität, jede Schandtat beging ich, nicht ein Verbrechen

226

gab es, das ich unterließ.« Und damit niemand diese angeblichen Verbrechen ihm als dem Künstler entschuldige, fährt er fort in seiner lärmenden Gemeindebeichte: »Während dieser Zeit begann ich zu schriftstellern aus Eitelkeit, Gewinnsucht und Hochmut. Um den Ruhm und Reichtum zu erzwingen, war ich gezwungen, das Gute in mir zu unterdrücken und mich zur Sünde zu erniedrigen.«

Furchtbar bekennerische Worte dies, gewiß, und erschütternd in ihrem moralischen Pathos. Aber doch, Hand aufs Herz, hat es jemals irgend jemanden gegeben, der wirklich Leo Tolstoi, weil er im Krieg pflichtgemäß seine Batterie bediente oder als stark potenter Mann innerhalb seiner Junggesellenzeit sich geschlechtlich auslebte, auf Grund dieser Selbstanklagen »als einen niedrigen und sündigen Menschen« verachtet hat, als eine »Laus«, wie er sich selbst in fanatischer Erniedrigungslust bezeichnet? Drängt sich nicht eher der Verdacht auf, hier erfinde sich ein überreiztes Gewissen um jeden Preis Sünden aus einem Hochmut der Demut, hier wolle – ähnlich wie der Hausknecht im Raskolnikow jenen Mord sich zuerfindet – eine geständniswütige Seele gar nicht vorhandene Verbrechen als »das Kreuz auf sich nehmen«, um sich als Christ zu »beweisen«? Offenbart nicht gerade dieses Sichbeweisenwollen, dieses krampfige, pathetische, marktschreierische Sicherniedrigen Tolstois das Nichtvorhandensein oder Nochnichtvorhandensein einer gelassenen, ebenmäßig atmenden Demut in dieser erschütterten Seele und vielleicht sogar eine gefährlich verschobene Verkehrteitelkeit? Jedenfalls: *demütig* gebärdet sich diese Demut nicht, im Gegenteil, nichts Leidenschaftlicheres läßt sich denken als dieser Asketenkampf gegen die Leidenschaft: kaum erst einen kleinen, noch ungewissen Funken Glauben in der Seele, will der Ungeduldige sofort die ganze Menschheit damit entzünden, jenen germanischen Barbarenfürsten ähnlich, die, eben erst das Haupt vom Taufwasser genetzt, sofort die Axt nahmen, um ihre bislang heiligen Eichen zu fällen. Wenn Glauben ein Ruhen in Gott bedeutet, dann war dieser herrlich Ungeduldige niemals ein geduldig Gläubiger, dieser Glühende und Ungenügsame niemals ein Christ: nur wenn man grenzenlose Gier nach Religiosität schon Religion nennt, darf dieser Gottsucher, dieser ewig unberuhigte, unter den Gläubigen gelten.

Eben durch dieses nur halbe Gelingen und ungewisse Erreichen einer Überzeugung aber wächst die Krise Tolstois symbolisch über das Individualerlebnis hinaus, ewig denkwürdiges Beispiel, daß es auch dem willenskräftigsten Menschen nicht gegeben ist, die Urform seiner Natur ruckhaft zu verändern, das ihm eigentümliche Wesen durch einen Energieakt ins Gegenteil umzustülpen. Die zugewiesene Form unseres Lebens duldet Verbesserungen, Abschleifungen, Zuspitzungen, und wohl vermag ethische Leidenschaft das Sittliche, Moralische in uns dank bewußter und zäher Arbeit zu steigern, nie aber die Grundlinien unserer Charakterzeichnung einfach wegzuradieren und unser Fleisch und unsern Geist nach einer andern architektonischen Ordnung aufzubauen. Wenn Tolstoi meint, man könne sich »den Egoismus abgewöhnen wie das Rauchen«, oder man vermöchte die Liebe sich »zu erobern«, den Glauben zu »erzwingen«, so widerspricht bei ihm selbst ein durchaus bescheidenes Resultat einer ungeheuerlichen und fast manischen Anstrengung. Denn nichts bezeugt, daß Tolstoi, der Zornmensch, »dessen Augen blitzen, sobald man ihm nur leise widerspricht«, zufolge seiner Gewaltkonversion damals sofort ein gütiger, sanfter, liebevoller, sozialer Christ, ein »Diener Gottes«, ein »Bruder« seiner Brüder geworden sei. Seine »Wandlung« hat wohl seine Ansichten, seine Meinungen, seine Worte verändert, nicht aber seine innerste Natur – »nach dem Gesetz, wonach du angetreten, so mußt du sein, dir kannst du nicht entfliehen« (Goethe) –; die gleiche Unheiterkeit und Qualsucht überschattet seine Unruhseele vor und nach dem »Erwachen«: Tolstoi war nicht geboren zum Zufriedensein. Gerade um seiner Ungeduld willen hat Gott ihm den Glauben nicht sofort »geschenkt«, er muß noch dreißig Jahre, bis in die letzte Lebensstunde unablässig ringen. Sein Damaskus vollendet sich nicht an einem Tag, nicht in einem einzigen Jahr: bis zum erlöschenden Atemzuge wird Tolstoi an keiner Antwort Genüge finden, an keinem Glauben sich befrieden und das Leben bis zum letzten Augenblick als großartig-grauenhaftes Geheimnis empfinden.

So wird Tolstoi auf seine Frage nach dem Sinn »des Lebens« keine Antwort, sein Ansprung gegen Gott, der gierig gewaltsame, ist mißlungen. Aber dem Künstler ist ja allezeit eine Rettung gegeben, wenn er eines Zwiespalts nicht Meister wird – er kann seine Not aus sich in die Menschheit werfen und seine Seelenfrage in eine Weltfrage verwandeln, und so steigert auch Tolstoi den egoistischen Schreckensschrei seiner Krise »Was wird aus mir?« in den gewaltigeren »Was wird aus uns?« Da er seinen eigenen eigenwilligen Geist nicht überzeugen kann, will er die andern überreden. Da er sich selbst nicht zu ändern vermag, versucht er die Menschheit zu ändern. Alle Religionen aller Zeiten sind so entstanden, alle Weltverbesserungen haben sich (Nietzsche, der Durchschauendste, weiß es) aus der »Selbstflucht« eines einzigen in seiner Seele bedrohten Menschen geformt, der, um die verhängnisvolle Frage von der eigenen Brust abzuwälzen, sie zurück gegen alle wirft, Wesensunruhe in Weltunruhe verwandelnd. Er ist kein frommer und franziskanischer Christ geworden, niemals, dieser großartig leidenschaftliche Mann mit den unbelügbaren Augen, mit dem harten und heißen Herzen des Zweifels, aber er hat eben aus dem Wissen um die Qual des Unglaubens den fanatischesten Versuch unserer Neuzeit unternommen, die Welt aus nihilistischer Not zu erretten, sie gläubiger zu machen, als er jemals selber war. »Die einzige Rettung aus der Verzweiflung des Lebens ist das Hinaustragen seines Ichs in die Welt«, und dieses gequälte wahrheitsgierige Ich Tolstois wirft darum, was ihn als furchtbare Frage überfiel, der ganzen Menschheit als Warnruf und Lehre entgegen.

Die Lehre und ihr Widersinn

> Ich bin einer großen Idee nahegekommen, deren Verwirklichung ich mein ganzes Leben opfern könnte. Diese Idee ist die Gründung einer neuen Religion, der Religion Christi, aber von Glaubenssätzen und Wunden befreit.
>
> *Jugendtagebuch, 5. März 1855*

Als Grundstein dieser seiner Lehre, seiner »Botschaft« an die Menschheit setzt Tolstoi das Wort des Evangeliums »Widerstrebet nicht dem Bösen« und gibt ihm die schöpferische Auslegung: »Widerstrebet nicht dem Bösen mit Gewalt.«

In diesem Satz liegt latent die ganze Tolstoische Ethik: diesen steinernen Katapult hat der große Kämpfer mit der ganzen oratorischen und ethischen Vehemenz seines schmerzüberspannten Gewissens so wuchtig gegen die Wand des Jahrhunderts gestoßen, daß noch heute die Erschütterung nachschwingt im halb geborstenen Gebälk. Unmöglich, die Seelenwirkung dieses Wurfs in ihrer ganzen Tragweite auszumessen: die freiwillige Waffenstreckung der Russen nach Brest-Litowsk, die non-résistance Gandhis, der pazifistische Anruf Rollands inmitten des Krieges, der heroische Widerstand unzähliger einzelner Namenloser gegen die Vergewaltigung des Gewissens, der Kampf gegen die Todesstrafe – alle diese isolierten und scheinbar zusammenhanglosen Akte des neuen Jahrhunderts danken Leo Tolstois Botschaft den energetischen Antrieb. Wo immer heute Gewalt verneint wird, sei es als Mittel, als Waffe, als Recht oder vorgeblich göttliche Einrichtung, bestimmt, was immer, unter welch immer einem Vorwande zu schützen, Nationen, Religionen, Rasse, Eigentum, allüberall, wo eine human gerichtete Sittlichkeit sich auflehnt, Blut zu vergießen – überall empfängt noch heute jeder sittliche Revolutionär von Tolstois Autorität und Inbrunst eine brüderlich bestätigende Kraft. Allorts, wo ein unabhängiges Gewissen statt der erkalteten Formeln der Kirche, der herrschgierigen Forderung des Staates, einer eingerosteten und schematisch funktionierenden Justiz die letzte Entscheidung nur dem brüderlichen Menschheitsempfinden als der einzig moralischen Instanz zuweist, darf es sich auf die vorbildliche Luthertat Tolstois berufen, der die Menschen im Menschlichen anruft, daß jeder in jedem Falle nur »mit dem Herzen« richte.

Welches »Böse« aber, dem wir zu widerstreben haben, ohne Gewalt anzuwenden, meint nun Tolstoi? Nichts anderes als sie selbst, die absolute Gewalt, mag sie ihre Muskeln hinter dem pathetischen Kleiderkram von Volkswirtschaft, nationaler Prosperität, völkischer Aspirationen und kolonialer Expansionen verstecken, mag sie noch so geschickt Machttrieb und Bluttrieb des Menschen zu philosophischen und vaterländischen Idealen umfälschen – wir dürfen uns nicht täuschen lassen: selbst in den verlockendsten Sublimierungen dient Gewalttätigkeit immer statt der Verbrüderung der Menschheit bloß der gesteigerten Selbstbehauptung einer einzelnen Gruppe und verewigt damit die Verungleichung der Welt. Jede Gewalt meint Besitz, ein Haben und Mehrhabenwollen, darum beginnt alle Ungleichheit für Tolstoi beim Eigentum. Nicht umsonst hat der junge Adelige Stunden mit Proudhon in Brüssel verbracht: noch vor Marx postuliert Tolstoi, als der damals radikalste aller Sozialisten: »Das Eigentum ist die Wurzel alles Übels und aller Leiden, und die Gefahr eines Zusammenstoßes liegt zwischen denen, die Eigentum im Überfluß, und denen, die keines haben.« Denn um sich zu erhalten, muß der Besitz notwendigerweise defensiv und sogar aggressiv werden. Gewalt ist notwendig, um Eigentum zu erraffen, notwendig, um Besitz zu vergrößern, notwendig, um ihn zu verteidigen. So schafft das Eigentum sich den Staat zu seinem Schutze, der Staat zu seiner Selbstbehauptung wiederum organisierte Formen brachialer Gewalt, die Armee, die Justiz, »das ganze Zwingsystem, das nur dient, das Eigentum zu schützen«, und wer sich dem Staate einordnet und ihn anerkennt, wird mit seiner Seele diesem Machtprinzip hörig. Ohne es zu ahnen, dienen nach Tolstois Auffassung selbst die scheinbar unabhängigen, die geistigen Menschen im modernen Staate einzig der Besitzerhaltung einiger weniger, sogar die Kirche Christi, die »in ihrer wahren Bedeutung staatsaufhebend war«, wendet sich »mit lügnerischen Lehren« von ihrer eigensten Pflicht ab. Die Künstler wiederum, sie, die freigeborenen berufenen Anwälte des Gewissens, Verteidiger des Menschenrechts, schnitzen an ihren elfenbeinernen Türmchen und »schläfern das Gewissen ein«. Der Sozialismus versucht Arzt zu sein am Unheilbaren, die Revolutionäre, die einzigen, die in richtiger Erkenntnis die falsche Weltordnung von Grund auf zersprengen wollen, gebrauchen fehlhafterweise selbst das mörderische Mittel ihrer Gegner und verewigen das Unrecht, indem sie das Prinzip des »Bösen« unangetastet lassen, ja noch heiligen: die Gewalt.

Falsch und morsch also im Sinn dieser anarchistischen Forderungen das Fundament des Staates und unserer gegenwärtig gültigen Gesellschaftsordnung: vehement weist darum Tolstoi alle demokratischen, philanthropischen, pazifistischen und revolutionären Verbesserungen der Regierungsform als vergeblich und unzulänglich zurück. Denn keine Duma, kein Parlament und am wenigsten eine Revolution erlösen die Nation vom »Bösen« der Gewalt: ein Haus auf schwankem Grund kann nicht gestützt werden, man kann es nur verlassen und sich ein anderes erbauen. Der moderne Staat aber ruht auf dem Machtgedanken, nicht auf der Brüderlichkeit: folglich ist er für Tolstoi unwiderruflich zum Einsturz verurteilt, und alles soziale und liberale Flickwerk verlängert nur seinen Todeskampf. Nicht die staatsbürgerliche Beziehung zwischen Volk und Regierung, sondern *die Menschen selbst müssen geändert werden*: statt der gewaltsamen Zusammenpressung durch die Staatsmacht muß eine innigere seelische Bindung durch Brüderlichkeit jeder Völkergemeinschaft Festigkeit geben. Insolange aber diese religiöse, diese ethische Bruderschaft noch nicht die gegenwärtige Form des Zwangsbürgers ersetzt, so lange erklärt Tolstoi eine wahre Sittlichkeit nur möglich im unsichtbaren Geheimnisraum des Individualgewissens. Da der Staat identisch ist mit Gewalt, so darf sich ein ethischer Mensch nicht mit dem Staate identifizieren. Was not tut, ist eine religiöse Revolution, ein Sichlossagen jedes Gewissensmenschen von jeder Gewaltgemeinschaft. Darum stellt sich Tolstoi selbst mit entschlossenem Ruck außerhalb der Staatsformen und deklariert sich sittlich für unabhängig von jedem Pflichtgebot außer dem seines Gewissens. Er aberkennt sich »eine ausschließliche Zugehörigkeit zu irgendeinem Volke und Staate oder eine Untertanenschaft unter irgendeine Regierung«; er stößt sich freiwillig aus der orthodoxen Kirche, er verzichtet aus Prinzip auf den Appell an Justiz oder irgendeine statuierte Einrichtung der gegenwärtigen Gesellschaft, nur um nicht den Finger des »Teufels Gewaltstaat« zu fassen. Man lasse sich darum nicht durch die evangelische Sanftheit seiner Brüderlichkeitspredigten, durch die Überfärbung mit einer christlich-demütigen Diktion, die Anlehnung an das Evangelium hinwegtäuschen über das vollkommen Staatsfeindliche seiner Sozialkritik. Seine Staatslehre ist die erbittertste Antistaatslehre und seit Luther der vollkommenste Bruch eines einzelnen Menschen mit dem neuen Papismus, dem Unfehlbarkeitsgedanken des Eigentums. Selbst Trotzki und Lenin sind theoretisch nicht um einen Schritt über das »Alles muß geändert werden« Tolstois hinausgegangen, und genau wie Jean-Jacques Rousseau, der »ami des hommes«, mit seinen Schriften der Französischen Revolution die Minengänge höhlte, aus denen sie dann das Königtum in die Luft schmetterte, so hat kein Russe wuchtiger die

Grundfesten der zaristischen, der kapitalistischen Ordnung erschüttert und sturmreif gemacht als dieser Radikalrevolutionär, dem man bei uns, durch den patriarchalischen Bart und eine gewisse Öligkeit der Doktrin getäuscht, einzig als Sanftmutsapostel anzusehen beliebt. Allerdings: genau wie Rousseau über die Sansculotten, hätte Tolstoi sich zweifellos über die Methodik des Bolschewismus entrüstet, denn er haßte Parteien – »welche der Parteien auch siegt, sie müßte, um ihre Macht zu erhalten, nicht nur alle vorhandenen Gewaltmittel anwenden, sondern noch neue erfinden«, steht prophetisch in seinen Schriften – aber eine aufrichtige Geschichtsdarstellung wird einmal bezeugen, daß er ihr bester Wegbereiter gewesen, daß alle Bomben aller Revolutionäre nicht dermaßen unterhöhlend und autoritätserschütternd in Rußland gewirkt haben, wie die offene Auflehnung dieses Einzigen und Größten gegen die scheinbar unüberwindbaren Mächte seiner Heimat: den Zaren, die Kirche und den Besitz. Seit dieser Genialste aller Diagnostiker den unterirdischen Baufehler unserer Zivilisationskonstruktion entdeckte, nämlich, daß unser Staatsgebäude nicht auf Humanität, auf Menschengemeinschaft, sondern auf Brutalität, auf Menschenbeherrschung beruht, hat er seine ungeheure ethische Stoßkraft dreißig Jahre lang in immer wieder erneuten Attacken gegen die russische Weltordnung geworfen, Winkelried der Revolution, ohne sie zu wollen, sozialer Dynamit, zersprengende, zerstörende elementarische Urkraft, und unbewußt damit Repräsentant seiner russischen Mission. Denn zwanghaft muß alles russische Denken, um aufzubauen, vorerst radikal und bei den Wurzeln zerstören – nicht zufällig bleibt keinem seiner Künstler erspart, zuvor in die schwärzesten Schächte des lichtlosesten, weglosesten Nihilismus niederzustürzen, um dann erst aus brennendster, ekstatischer Verzweiflung sich inbrünstig wieder neue Gläubigkeiten zu erzwingen; nicht wie wir Europäer, in zaghaften Verbesserungen, in pietätvoll aufpfropfender Vorsicht, sondern brüsk wie ein Holzfäller

234

mit dem rechten Niederreißemut der gefährlichen Experimente geht der russische Denker, der russische Dichter, der russische Tatmensch auf die Probleme los. Ein Rostopschin zögert nicht, um der Idee des Sieges willen, Moskau, dies miraculum mundi, bis auf die Hausschwellen niederzubrennen, und ebensowenig Tolstoi – hierin Savonarola gleich – das ganze Kulturgut der Menschheit, Kunst, Wissenschaft, auf den Scheiterhaufen zu verbannen, nur damit eine neue und bessere Theorie gerechtfertigt sei. Mag sein, nie ist sich vielleicht der religiöse Träumer Tolstoi der praktischen Konsequenzen seines Bildersturms bewußt geworden, nie hat er wahrscheinlich durchzurechnen gewagt, wieviel irdische Existenzen der plötzliche Einsturz solch eines himmelweiten Weltgebäudes mit sich reißen würde – er hat einzig mit aller Seelenkraft und Starrnäckigkeit seiner Überzeugung an den Säulen des sozialen Staatsgebäudes gerüttelt. Und wenn ein solcher Simson seine Fäuste reckt, neigt und beugt sich auch das riesigste Dach. Darum bleiben alle nachzüglerischen Debatten, inwieweit Tolstoi bolschewistischen Umsturz gebilligt oder befeindet hätte, überflüssig gegen das nackte Faktum, daß nichts die russische Revolution geistig so sehr gefördert hat wie die fanatischen Bußpredigten Tolstois gegen Überfluß und Besitz, die Petarden seiner Broschüren, die Bomben seiner Pamphlete. Keine Kritik der Zeit, auch jene Nietzsches nicht, der als Deutscher doch immer nur auf die Gebildeten zielte und schon durch seine dichterisch-dionysische Diktion sich jeden Masseneinfluß versperrte, hat derart seelenaufwühlend und glaubensumstürzend in die breite Volksmasse gewirkt; und wider seinen Wunsch und Willen steht Tolstois Herme für alle Zeiten im unsichtbaren Pantheon der großen Revolutionäre, der Machtumstürzer und Weltverwandler.

Wider seinen Wunsch und Willen: denn Tolstoi hat deutlich seine christlich-religiöse Revolution, seinen Staatsanarchismus von jeder aktiven und gewalttätigen abgesondert. Er schreibt in den

»Reifen Ähren«: »Wenn wir Revolutionären begegnen, täuschen wir uns häufig in der Meinung, daß wir und sie uns berühren. Sie und auch wir rufen: keinen Staat, kein Eigentum, keine Ungleichheit und vieles andere. Dennoch besteht da ein großer Unterschied: für den Christen gibt es keinen Staat – jene aber wollen den Staat vernichten. Für den Christen gibt es kein Eigentum – jene wollen es abschaffen. Für den Christen sind alle gleich – sie wollen die Ungleichheit zerstören. Die Revolutionäre kämpfen mit der Regierung von außen, das Christentum *kämpft aber gar nicht*, es zerstört die Fundamente des Staates von innen.« Man sieht, Tolstoi wollte nicht den Staat mit Gewalt vernichtet wissen, sondern durch die Passivität unzähliger Einzelner, langsam in seiner Autorität geschwächt, indem sich Molekül nach Molekül, ein Individuum nach dem andern seiner Umklammerung so lange entzieht, bis endlich der Staatsorganismus infolge Entkräftung sich selbst auflöst. Der schließliche Effekt aber bleibt doch der gleiche: Zerstörung aller Autorität, und dieser Anstrengung hat Tolstoi ein Leben lang leidenschaftlich gedient. Allerdings wollte er zugleich eine neue Ordnung, eine Staatskirche dem Staat, eine humanere, brüderlichere Lebensreligion begründen, das altneue und urchristliche, das tolstoichristliche Evangelium. Aber bei der Wertung dieser aufbauenden geistigen Leistung muß – Redlichkeit über alles! – mit dem Messer ein Schnitt gemacht werden zwischen dem genialen Kulturkritiker, dem irdischen Augengenie Tolstoi und dem verwaschenen, unzulänglichen, launenhaften, inkonsequenten Moralisten, dem Denker Tolstoi, der in einem pädagogischen Anfall nicht mehr wie in den sechziger Jahren bloß die Bauernjungen von Jasnaja Poljana in die Schule treiben, sondern ganz Europa das große Abc des einzig »richtigen« Lebens, »die« Wahrheit mit einem erschreckenden Maß von philosophischer Leichtfertigkeit eindrillen will. Kein Respekt beugt sich tief genug vor Tolstoi, solange er, der unbeflügelt Geborene, in seiner Sinnenwelt verharrt und mit seinen genialen Organen die Struktur des Menschlichen zerlegt; aber sobald er flughaft frei ins Metaphysische will, wo seine Sinne nicht mehr zupacken, sehen und saugen können, wo all diese sublimen Fangarme zwecklos im Leeren tasten, da erschrickt man geradezu über seine geistige Unbehilflichkeit. Nein, nicht vehement genug kann hier abgegrenzt werden: Tolstoi als theoretischer, als systematischer Philosoph war eine ebenso bedauerliche Selbsttäuschung wie Nietzsche, sein Polargenie, als Komponist. Genau wie Nietzsches Musikalität, die innerhalb der Sprachmelodik herrlich produktive, in selbständiger Tonsphäre, also kompositorisch, beinahe kläglich versagt, so stockt der eminente Verstand Tolstois sofort, wenn er über die sinnlich kritische Sphäre ins Theoretische, ins Abstrakte sich hinüberwagt. Man kann bis ins einzelne Werk hinein diese Scheide und Niete abtasten; in seinem sozialen Pamphlet »Was sollen wir tun« z. B. schildert der erste Teil augensinnlich, erfahrungsgemäß die Elendsquartiere Moskaus mit einer Meisterschaft, daß einem der Atem in den Lungen stockt. Niemals oder kaum jemals ist Sozialkritik genialer am irdischen Objekt demonstriert worden als in der Darstellung jener Elendsstuben und verlorener Menschen: aber kaum, daß im zweiten Teil der Utopist Tolstoi von der Diagnose zur Therapie übergeht und sachliche Verbesserungsvorschläge dozieren will, wird sofort jeder Begriff nebulos, die Konturen verwaschen, die Gedanken treten sich in ihrer Hast auf die Füße. Und diese Konfusion steigert sich von Problem zu Problem, je kühner Tolstoi sich vorwagt. Und weiß Gott, er wagt sich weit vor! Ohne jede philosophische Schulung, mit einer erschreckenden Ehrfurchtslosigkeit greift er in seinen Traktaten nach allen ewig unauflöslichen Fragen, die mit Sternketten im Unerreichbaren hangen, und »löst« sie wie Gelatine leichtflüssig auf. Denn genau wie der Ungeduldige während seiner Krise einen »Glauben« sich überwerfen wollte, rasch wie einen Pelzrock, Christ und Demütiger werden über Nacht, so läßt er in diesen Welterziehungsschriften »im Handumdrehen einen Wald wachsen«; und der 1878 noch selbst verzweifelt aufschrie: »Unsinn ist unser ganzes Erdenleben«, hat drei Jahre später schon seine Universaltheologie mit der Lösung aller Welträtsel für uns fertig. Selbstverständlich muß jeder Widerspruch bei solchen übereilten Konstruktionen einen Geschwinddenker stören, darum doziert Tolstoi beharrlich mit verstopften Ohren, jede Inkonsequenz überrennend und mit einer verdächtigen Hast sich selbst die restlose Lösung zubilligend. Was für ein unsicherer Glaube, der unablässig sich verpflichtet fühlt zu »beweisen«, was für ein unlogisches, unstrenges Denken, dem, sobald die Argumente fehlen, immer ein Bibelwort zur rechten Zeit sich einstellt als letzte und ausschließliche Unwiderlegbarkeit! Nein, nein, nein man kann es nicht energisch genug feststellen: die lehrhaften Traktate Tolstois gehören (trotz einiger unvermeidbar genialer Einzelheiten) – corraggio, corragio! – zu den unangenehmsten Zelotentrakten der Weltliteratur, sie sind ärgerliche Beispiele eines überhastet konfusen, hochmütig eigenwilligen und – was bei dem Wahrheitsmenschen Tolstoi geradezu erschütternd wirkt – sogar unehrlichen Denkens.

Denn tatsächlich, der allerwahrhaftigste Künstler, der edle und vorbildliche Ethiker Tolstoi, dieser große und fast heilige Mann, spielt als theoretischer Denker schlechtes und unredliches Spiel. Um die ganze geistunendliche Welt in seinem philosophischen Sack unterzubringen, beginnt er mit einem groben Taschenspielerkunststück, und zwar: vorerst alle Probleme derart zu versimpeln, bis sie dünn und handlich wie Kartenblätter werden. Er statuiert also höchst einfach zunächst einmal »den« Menschen, daraufhin »das« Gute, »das« Böse, »die« Sünde, »die« Sinnlichkeit, »die« Brüderlichkeit, »den« Glauben. Dann mischt er die Karten munter durcheinander, zückt »die« Liebe als Trumpf, und siehe, er hat gewonnen. In einem Weltstündchen ist das ganze Weltspiel, das unendlich und unlösbare, von Millionen Menschengeschlechtern gesuchte, auf dem Schreibtisch von Jasnaja Poljana gelöst, und der alte Mann staunt auf, seine Augen sind kindlich erhellt, beglückt lächeln seine greisen Lippen, er staunt und staunt, »wie einfach doch alles ist«. Unerklärlich fürwahr, daß alle Philosophen, alle Denker, die seit tausend Jahren in tausend Särgen in tausend Ländern liegen, so kraus und quälerisch ihre Sinne abmühten, statt zu merken, daß »die« ganze Wahrheit doch längst sonnenklar im Evangelium stand, vorausgesetzt freilich, daß man es wie er, Leo Nikolajewitsch, im Jahre des Herrn 1878 »zum erstenmal seit achtzehnhundert Jahren richtig verstand« und endlich die göttliche Botschaft von der »Übertünchung« gereinigt hatte. (Wahrhaftig, wortwörtlich sagt er so frevelhafte Worte!) Aber nun ist es zu Ende mit allen den Mühen und Plagen – nun müssen doch die Menschen erkennen, wie ungeheuer einfach das Leben zu leben ist: was stört, wirft man glattweg unter den Tisch, man schafft Staat, Religion, Kunst, Kultur, das Eigentum, die Ehe einfach ab, damit ist »das« Böse und »die« Sünde für immer erledigt; und wenn nun jeder einzelne mit eigner Hand die Erde pflügt und das Brot bäckt und seine Stiefel schustert, dann gibt es keinen Staat mehr und keine Religionen, nur das reine Reich Gottes auf Erden. Dann ist »Gott die Liebe und die Liebe der Zweck des Lebens«. Also weg mit allen Büchern, nicht mehr denken, nicht mehr geistig schaffen, es genügt »die« Liebe, und schon morgen kann alles verwirklicht sein, »wenn die Menschen nur wollten«.

Man scheint zu übertreiben, wenn man den nackten Inhalt der Tolstoischen Welttheologie wiedergibt. Aber leider ist's er selbst, der in seinem Proselyteneifer so ärgerlich übertreibt. Wie schön, wie klar, wie unwidersprechlich ist sein Lebensgrundgedanke, das Evangelium der Gewaltlosigkeit: Tolstoi fordert von uns allen Nachgiebigkeit, eine geistige Demut. Er mahnt uns, um den unausweichlichen Konflikt zwischen der immer steigenden Ungleichheit der sozialen Schichten zu vermeiden *der Revolution von unten zu-*

vorzukommen, indem wir sie freiwillig von oben beginnen und durch rechtzeitige urchristliche Nachgiebigkeit die Gewalt ausschalten. Der Reiche soll seinen Reichtum, der Intellektuelle seinen Hochmut preisgeben, die Künstler ihren elfenbeinernen Turm verlassen und durch Verständlichkeit sich dem Volke nähern, wir sollen unsere Leidenschaften, unsere »tierische Persönlichkeit« bezähmen und statt der Gier, zu nehmen, die heiligere Fähigkeit des Gebens in uns entwickeln. Erhabene Forderungen, gewiß, uralt geheischte von allen Evangelien der Welt, ewige Forderungen, weil um des Aufstiegs der Menschheit willen ewig wieder neu zu heischende. Aber Tolstois maßlose Ungeduld begnügt sich nicht wie jene religiösen Naturen, sie als moralische Höchstleistung des einzelnen zu postulieren; er verlangt, der herrisch Ungeduldige, zornig diese Sanftmut sofort und von allen. Er fordert, daß wir auf sein religiöses Kommando hin sofort alles aufgeben, hingeben, preisgeben, womit wir gefühlsmäßig verbunden sind; er heischt (ein Sechzigjähriger) von den jungen Menschen Enthaltsamkeit (die er als Mann selbst nie geübt), von den Geistigen Gleichgültigkeit, ja Verachtung der Kunst und Intellektualität (der er selbst sein ganzes Leben gewidmet); und um uns nur ganz rasch, ganz blitzschnell zu überzeugen, an wie Nichtiges unsere Kultur sich verliert, demoliert er mit wütigen Faustschlägen unsere ganze geistige Welt. Nur um uns die vollkommene Askese verlockender zu machen, bespeit er unsere ganze gegenwärtige Kultur, unsere Künstler, unsere Dichter, unsere Technik und Wissenschaft, er greift zu knüppeligster Übertreibung, zu faustdicken Unwahrheiten, und zwar beschimpft und erniedrigt er immer zuerst sich selbst, um freien Anlauf zur Attacke gegen alle andern zu haben. So kompromittiert er die edelsten ethischen Absichten durch eine wilde Rechthaberei, der keine Übersteigerung zu maßlos, keine Täuschung zu plump ist. Oder glaubt wirklich jemand, Leo Tolstoi, den ein Leibarzt täglich behorchte und begleitete, betrachte tatsächlich die Heilkunde und die Ärzte als »unnötige Dinge«, das Lesen als eine »Sünde«, die Reinlichkeit als »überflüssigen Luxus«? Hat er, dessen Werke ein Regal füllen, wirklich als ein »unnützer Schmarotzer«, als »Blattlaus« sein Leben verbracht, wirklich in der parodistisch übertreiblichen Weise, wie er selbst es folgendermaßen schildert? »Ich esse, schwatze, höre zu, ich esse wieder, schreibe und lese, das heißt, ich rede und höre wieder zu, dann esse ich abermals, spiele, esse und rede wieder, dann esse ich nochmals und gehe ins Bett.« Ist tatsächlich solcherart »Krieg und Frieden« und »Anna Karenina« entstanden? Bedeutet ihm wirklich, ihm, dem die Tränen überströmen, kaum daß einer Sonaten Chopins spielt, die Musik wie bornierten Quäkern nichts als des Teufels Dudelsack? Hält er wirklich Beethoven für einen »Verführer zur Sinnlichkeit«, Shakespeares Dramen für »zweifellosen Unsinn«, Nietzsches Werk für ein »grobspuriges, sinnlos emphatisches Geschwätz«? Oder Puschkins Werke nur »dafür gut, um als Zigarettenpapier für das Volk zu dienen«? Ist ihm die Kunst, der er herrlicher als irgendeiner gedient, tatsächlich nur ein »Luxus müßiger Menschen« und der Schneider Grischa und der Schuhmacher Pjotr ihm in Wahrheit höhere ästhetische Instanz als ein Urteil Turgenjews oder Dostojewskis? Glaubt er ernstlich, er, der selbst »ein unermüdlicher Hurer in seiner Jugend war« und dann im Ehebett noch dreizehn Kinder zeugte, nun würde auf einmal, von seinen Appellen gerührt, jeder Jüngling ein Skopze werden und sich das Geschlecht verschneiden? Man sieht: er, Tolstoi, übertreibt wie ein Tollwütiger und übertreibt aus schlechtem Gewissen, damit man nicht merke, daß er sich's mit seinen »Beweisen« doch zu billig gemacht hat. Manchmal allerdings scheint eine Ahnung, daß dieser lärmende Nonsens sich gerade durch sein Unmaß erledige, ihm selbst im kritischen Untergrund seines Bewußtseins gedämmert zu haben, »ich hege wenig Hoffnung, daß man meine Beweise akzeptiert oder auch nur ernst diskutiert«, schreibt er einmal und hat in fürchterlicher Weise recht, denn sowenig man zu Lebzeiten mit diesem angeblich Nachgiebigen diskutieren konnte – »Man kann Leo Tolstoi nicht überzeugen«, seufzt seine Frau, und »seine Eigenliebe erlaubt ihm niemals, einen Fehler einzugestehen«, berichtet seine beste Freundin –, so unsinnig täte man, Beethoven, Shakespeare gegen Tolstoi ernstlich zu verteidigen: wer Tolstoi liebt, wendet sich am besten dort ab, wo der alte Mann zu offenkundig seine logische Blöße enthüllt. Nicht eine Sekunde hat irgendein ernst zu nehmender Mensch daran gedacht, auf diese theologischen Ausbrüche Tolstois hin tatsächlich zweitausend Jahre Kampfes um Durchgeistigung des Lebens plötzlich abzudrehen wie einen Gashahn und unsere heiligsten Werte auf den Müllhaufen zu werfen. Denn unser Europa, dem eben erst ein Nietzsche als Denker zugeboren war, dem einzig die Geistfreude unsere schwere Erde wahrhaft wohnlich macht, dieses Europa hatte, weiß Gott, nicht Lust, sich plötzlich auf ein moralisches Kommando hin prompt verbauern, versimpeln und mongolisieren zu lassen, gehorsam in die Kibitka zu kriechen und eine herrliche Geistvergangenheit als »sündigen« Irrtum abzuschwören. Es war und wird immer respektvoll genug sein, den vorbildlichen Ethiker Tolstoi, den heroischen Anwalt des Gewissens, nicht zu verwechseln mit seinen verzweifelten Versuchen, eine Nervenkrise in Weltanschauung, eine Klimakteriumsangst in Nationalökonomie umzusetzen, immer werden wir unterscheiden zwischen den großartigen moralischen Impulsen, die dem heldischen Leben dieses Künstlers entwuchsen, und dem bauernzornigen Kulturexorzismus des in Theorie geflüchteten Greises. Tolstois Ernst und Sachlichkeit hat in unvergleichlicher Weise das Gewissen unserer Generation vertieft, seine depressiven Theorien aber stellen ein einziges Attentat auf die Freudigkeit des Daseins dar, ein mönchisch asketisches Rückstoßenwollen unserer Kultur in ein nicht mehr rekonstruierbares Urchristentum, ersonnen von einem Nichtmehr-Christen und darum überchristlichen

Menschen. Nein, wir glauben nicht, daß »die Enthaltsamkeit das ganze Leben bestimmt«, daß wir unserer durchaus diesseitigen Weltleidenschaft das Blut aus den Adern zapfen sollen und uns einzig mit Pflichten und Bibelsprüchen bebürden: wir mißtrauen einem Deuter, der nichts weiß von der zeugenden kraftbelebenden Macht der Freude, als einem bewußten Verarmer und Verdunkler unserer freien Sinnenspiele und des sublimsten und seligsten: der Kunst. Wir wollen nichts von den Errungenschaften des Geistes und der Technik, nichts von unserem abendländischen Erbe wieder hergeben, nichts: nicht unsere Bücher, unsere Bilder, unsere Städte, unsere Wissenschaft, keinen Zoll und kein Gran unserer sinnlichen, sichtbaren Wirklichkeit für irgendein Philosophem, und am wenigsten für ein rückschrittliches, depressives, das uns in die Steppe und geistige Dumpfheit zurückdrängte. Für keine himmlische Seligkeit tauschen wir die verwirrende Fülle unseres Daseins von heute gegen irgendeine enge Einfachheit: wir wollen frech lieber »sündig« sein als primitiv, lieber leidenschaftlich als dumm und bibelbrav. Darum hat Europa das ganze Bündel der soziologischen Tolstoi-Theorien einfach in den literarischen Aktenschrank gelegt, respektvoll vor seinem vorbildlichen ethischen Willen, aber doch weggelegt für heute und immer. Denn selbst in seiner höchsten religiösen Form, selbst getragen von einem so herrlichen Geiste, kann Rückläufiges und Reaktionäres nie schöpferisch werden, und was aus persönlicher Verwirrung der Seele stammt, niemals die Weltseele entwirren. Nochmals und endgültig darum: der stärkste kritische Umpflüger unserer Zeit, ist Tolstoi nicht mit einem Korn Sämann unserer europäischen Zukunft geworden und hierin ganz Russe, ganz Genius seiner Rasse und seines Geschlechts.

Denn gewiß ist dies Sinn und Sendung des letzten russischen Jahrhunderts gewesen, mit einer heiligen Unruhe und rücksichtslosem Leidensdrang alle moralischen Tiefen aufzuwühlen, alle sozialen Probleme anzugraben und zu entblößen bis an ihre Wurzeln, und unendlich beugt sich unsere Ehrfurcht vor der kollektiven Geistesleistung seiner genialen Künstler. Wenn wir manches tiefer durchfühlen, wenn wir vieles entschlossener erkennen, wenn die Probleme der Zeit und die ewigen des Menschen uns ansehen mit strengerem, tragischerem und unbarmherzigerem Blick als vordem, so danken wir dies Rußland und der russischen Literatur, ihr auch alle die schöpferische Unruhe zum Neuwahren über die alte Wahrheit hinaus. Alles russische Denken ist Gärung des Geistes, dehnende, aufsprengende Macht, aber nicht Klärung des Geistes wie jenes Spinozas, Montaignes und einiger Deutscher; es hilft herrlich mit an der seelischen Ausweitung der Welt, und kein Künstler der Neuzeit hat uns derart die Seele umgepflügt und aufgewühlt wie Tolstoi und Dostojewski. Aber eine Ordnung, eine neue, haben sie beide uns nicht schaffen helfen, und wo sie ihr eigenes Chaos, das seelisch abgründige, als Weltsinn abzureagieren suchen, da lösen wir uns von ihrer Lösung. Denn beide, Tolstoi und Dostojewski, retten sich aus dem eigenen Schrecken über den auf getanen, unüberbrückbaren Nihilismus, aus einer Urangst in eine religiöse Reaktion hinein, beide klammern sich, um nicht in ihren inneren Abgrund zu stürzen, sklavisch an das christliche Kreuz und verwölken in einer Stunde die russische Welt, da Nietzsches reinigender Blitz alle alten ängstlichen Himmel zerschlägt und dem europäischen Menschen den Glauben an seine Macht und Freiheit wie einen heiligen Hammer in die Hände legt.

Phantastisches Schauspiel: Tolstoi und Dostojewski, diese beiden mächtigsten Menschen ihres Vaterlandes, beide schrecken sie plötzlich auf, von apokalyptischen Schauern gepackt, aus ihrem Werke, und erheben beide dasselbe russische Kreuz, beide Christus anrufend und jeder einen andern, als Retter und Erlöser einer sinkenden Welt. Wie zwei rasende mittelalterliche Mönche stehen sie jeder auf seiner Kanzel, feindlich widereinander im Geist wie im Leben – Dostojewski, Erzreaktionär und Verteidiger der Autokratie, Krieg predigend und Terror, rasend im Machtrausch der übersteigerten Kraft, Knecht des Zaren, der ihn in den Kerker geworfen. Anbeter eines imperialistischen, welterobernden Heilands. Und ihm gegenüber Tolstoi, gleich fanatisch verhöhnend, was jener preist, ebenso mystisch anarchisch wie jener mystisch servil, den Zaren als Mörder, die Kirche, den Staat als Diebe anprangernd, den Krieg verfluchend, aber gleichfalls Christus auf der Lippe und das Evangelium in Händen – beide aber rückschrittlerisch die Welt in Demut und Dumpfheit zurücktreibend aus einem geheimnisvollen Terror der erschütterten Seele. Irgendein prophetisches Ahnen muß in den beiden gewesen sein, daß sie ihre apokalyptische Angst so schreiend über ihr Volk hinschütten, ein Ahnen von Weltuntergang und Jüngstem Gericht, ein seherisches Wissen, daß die russische Erde unter ihren Füßen trächtig war der ungeheuersten Erschütterung – denn was, wenn nicht dies, schafft Armut und Sendung des Dichters, daß er prophetisch das Feurige in der Zeit und den Donner im Gewölke vorausfühle, daß er gespannt und zerquält sei vom Kreißen der Umgeburt? Bußrufer alle beide, zornige und liebeswütige Propheten, stehen sie tragisch umleuchtet am Tor eines Weltuntergangs, noch einmal versuchend, das Ungeheure abzuwehren, das schon in den Lüften schwingt, alttestamentarisch gigantische Gestalten, wie sie unser Jahrhundert nicht mehr gesehen.

Aber nur zu ahnen vermögen sie das Werdende, nicht den Weltlauf zu wenden. Dostojewski verhöhnt die Revolution, und knapp hinter seinem Leichenzuge springt die Bombe auf, die den Zaren zerreißt. Tolstoi geißelt den Krieg und fordert die irdische Liebe: noch grünt nicht viermal die Erde über seinem Sarg, und der fürchterlichste Brudermord schändet die Welt. Seine Gestalten, die selbstgeschmähten seiner Kunst, überdauern die Zeit, aber seine Lehre zerbläst, der erste Anhauch und Wind. Den Zusammenbruch seines Gottesreiches, er hat ihn nicht mehr erlebt, aber wohl noch geahnt, denn im letzten Jahr seines Lebens, er sitzt ruhig im Kreise der Freunde, bringt ihm der Diener einen Brief, er öffnet ihn und liest:

»Nein, Leo Nikolajewitsch, ich kann nicht mit Ihnen darin übereinstimmen, daß die menschlichen Beziehungen allein durch die Liebe verbessert werden können. Das vermögen nur wohlerzogene, immer satte Leute zu sagen. Was wollen Sie aber jenen gegenüber vorbringen, die von Kindheit auf hungern und ihr ganzes Leben hindurch unter dem Joch von Tyrannen schmachten? Sie werden kämpfen und sich bemühen, die Sklaverei loszuwerden. Und ich sage es Ihnen am Vorabende Ihres Todes, Leo Nikolajewitsch, die Welt wird noch im Blute ersticken, und man wird mehr als einmal nicht nur die Herren, ohne Unterschied des Geschlechtes, sondern auch ihre Kinder erschlagen und in Stücke reißen, damit die Erde auch von diesen nichts Schlimmes mehr zu gewärtigen habe. Ich bedaure, daß Sie diese Zeit nicht mehr erleben werden, damit Sie selbst Augenzeuge Ihres Irrtums sein könnten. Ich wünsche Ihnen einen friedlichen Tod.«

Niemand weiß, wer diesen wetterleuchtenden Brief geschrieben. War es Trotzki, Lenin oder irgendeiner der namenlosen Revolutionäre, die in der Schlüsselburg vermoderten: wir werden es nie erfahren. Aber vielleicht hat in diesem Augenblick Tolstoi schon gewußt, daß seine Lehre Rauch und Vergeblichkeit wider die Wirklichkeit gewesen, daß die wirre und wilde Leidenschaft allezeit mächtiger sein wird unter den Menschen als die brüderliche Güte. Sein Antlitz wurde – so erzählen die Zeugen – ernst in diesem Augenblick. Er nahm das Blatt und ging damit nachdenklich in sein Zimmer, eine Schwinge der Ahnung kühl um das alternde Haupt.

246

Der Kampf um Verwirklichung

Es ist leichter, zehn Bände Philosophie zu schreiben, als einen einzigen Grundsatz in der Praxis durchzuführen.
Tagebuch 1847

Im Evangelium, das Leo Tolstoi in jenen Jahren so beharrlich durchblättert, wird er nicht ohne Erschütterung das prophetische Wort gelesen haben: »Wer Wind sät, wird Sturm ernten«, denn dies Schicksal erfüllt sich nun in seinem eigenen Leben. Niemals wirft ohne Sühne ein einziger Mensch, und am wenigsten ein gewaltiger, seine geistige Unruhe in die Welt: tausendfältig schwillt im Rückstoß der Aufruhr wider die eigene Brust. Heute, da längst die Diskussion ausgekühlt ist, vermögen wir gar nicht mehr zu ermessen, welche fanatische Erwartung im ersten Anruf die Botschaft Tolstois in der russischen und darüberhin in der ganzen Welt entzündete: ein Seelenaufruhr muß es gewesen sein, gewaltsame Erweckung eines ganzen Volksgewissens. Vergebens, daß die Regierung, von solch umstürzender Wirkung erschreckt, die polemischen Schriften Tolstois hastig verbietet, in Schreibmaschinenkopien schleichen sie von Hand zu Hand, sie werden eingeschmuggelt dank ausländischer Ausgaben; und je kühner Tolstoi die Elemente der bisherigen Ordnung, den Staat, den Zaren, die Kirche angreift, je glühender er eine bessere Weltordnung für die Mitmenschheit postuliert, um so strömender wendet sich das jeder Heilsbotschaft offene Herz der Menschheit ihm entgegen. Denn trotz Eisenbahn, Radio und Telegraph, trotz Mikroskop und aller technischen Magie hat unsere sittliche Welt sich genau dieselbe messianische Erwartung eines höheren moralischen Zustandes bewahrt wie in den Tagen Christi, Mohammeds oder Buddhas; unaustilgbar lebt und bebt in der ewig wunderwilligen Massenseele eine immer wieder erneute Sehnsucht nach einem Führer und

Lehrer. Immer darum, wenn ein Mensch, ein einzelner, sich mit einer Verheißung an die Menschheit wendet, rührt er an den Nerv dieser Glaubenssehnsüchtigkeit, und eine unendliche aufgestaute Opferbereitschaft pocht jedem entgegen, der den Mut auf sich nimmt, aufzustehen und das verantwortlichste Wort zu wagen: »Ich weiß um die Wahrheit.«

So wenden sich aus ganz Rußland Millionen Seelenblicke zu Ende des Jahrhunderts Tolstoi entgegen, kaum daß er seine apostolische Botschaft ankündigt. Die »Beichte«, für uns längst bloß noch ein psychologisches Dokument, berauscht die gläubige Jugend wie eine Verkündigung. Endlich, so jubeln sie, hat einmal ein Gewaltiger und Freier und überdies der größte Dichter Rußlands als Forderung ausgesprochen, was bisher nur die Enterbten klagten, die halb Leibeigenen heimlich flüsterten: daß die gegenwärtige Ordnung der Welt ungerecht, unmoralisch und darum unhaltbar sei und eine neue, bessere Form gefunden werden müsse. Ein unverhoffter Impuls ist allen Unzufriedenen geworden, und zwar nicht von einem der professionellen Fortschrittsphraseure, sondern von einem unabhängigen und unbestechlichen Geiste, dessen Autorität und Ehrlichkeit niemand zu bezweifeln wagt. Mit seinem eigenen Leben, mit jeder Handlung seines offensichtlichen Daseins will, so hören sie, dieser Mann beispielgebend vorausgehen, er will als Graf seine Vorrechte, als reicher Mann sein Eigentum lassen und als erster der Besitzenden und Großen demütig sich einordnen in die unterschiedslose Werkgemeinschaft des arbeitenden Volkes. Bis zu den Ungebildeten, zu den Bauern und Analphabeten wandert die Botschaft von dem neuen Heiland der Enterbten, schon scharen sich die ersten Jünger zusammen, die Sekte der Tolstoianer beginnt buchstabengläubig ihres Lehrers Wort zu erfüllen, und hinter ihnen erwacht und wartet die unübersehbare Masse der Bedrückten. So glühen Millionen Herzen, Millionen Blicke Tolstoi, dem Verkünder entgegen und blicken gierig auf jeden Akt, jede Tat seines weltbedeutsam gewordenen Lebens. »Doch dieser hat gelernt, er wird uns lehren.«

Aber sonderbar, Tolstoi scheint ursprünglich gar nicht wahrzunehmen, welche Wucht von Verantwortung er sich zulastet. Selbstverständlich ist er klarsichtig genug, um zu empfinden, daß man eine solche Lebenslehre als Verkünder nicht nur in kalten Lettern auf dem Papier stehenlassen, sondern beispielhaft inmitten der eigenen Existenz verwirklichen müsse. Aber – und dies ist der Irrtum seines Anfangs – er meint, schon genug getan zu haben, wenn er die Durchführbarkeit seiner neuen sozialen und ethischen Forderungen in seiner Lebenshaltung nur symbolisch andeutet und ab und zu ein Zeichen prinzipieller Bereitschaft gibt. Er kleidet sich also wie ein Bauer, um den äußern Unterschied zwischen Herrn und Knecht unsichtbar zu machen; er arbeitet auf dem Felde mit Sense und Pflug und läßt sich dabei von Rjepin malen, damit jedermann schwarz auf weiß gewahren könne: Arbeit im Felde, grobe, ehrliche Arbeit um das Brot empfinde ich nicht als Schande, und niemand muß sich ihrer schämen, denn seht! ich selbst, Leo Tolstoi, der, wie ihr alle wißt, derlei nicht nötig hätte und den seine geistige Leistung vollkommen entschuldigte, ich nehme sie freudig auf mich. Er überträgt, um mit der »Sünde« des Eigentums nicht länger die Seele zu beflecken, seinen Besitz, sein Hab und Gut (damals schon mehr als eine halbe Million Rubel) an die Frau und Familie und weigert sich, von seinen Werken weiterhin noch Geld oder Geldeswert zu empfangen. Er gibt Almosen und dem fremdesten, niedersten Menschen, der ihn anspricht, seine Zeit in Besuchen und Briefen; er nimmt sich jedes Unrechts und jeder Ungerechtigkeit auf Erden mit brüderlich helfender Liebe an. Aber dennoch, bald muß er erkennen, daß noch mehr von ihm gefordert wird, denn die große grobe Masse der Gläubigen, jenes »Volk« eben, das er mit allen Sinnen seiner Seele sucht, hat kein Genügen an jenen geistig gedachten Symbolen der Demüti-

gung, sondern fordert mehr von Leo Tolstoi: die völlige Entäuße-
rung, das restlose Aufgehen in seinem Elend und Unglück.
Wahrhaft Gläubige und Überzeugte schafft immer nur die Märty-
rertat – und immer steht darum am Anfang jeder Religion ein
Mann der vollkommenen Selbsthingabe – niemals aber die bloß
andeutende, die versprechende Haltung. Und alles, was Tolstoi
bisher tat, um seine Lehre in ihrer Erfüllbarkeit zu bekräftigen,
war nie mehr als bloß Geste der Erniedrigung, ein religiös demütiger Symbolakt, vergleichbar etwa jenem, den die katholische
Kirche dem Papst oder den strenggläubigen Kaisern auferlegt, daß
sie am Gründonnerstage, also einmal im Jahre, zwölf Greisen die
Füße waschen. Damit wird bekundet und vor dem Volke gezeigt,
daß selbst die niedrigste Handhabung auch die Höchsten der Erde
nicht erniedrige. Aber sowenig der Papst oder die Kaiser Öster-
reichs und Spaniens durch diesen einmal jährlichen Akt der Buß-
übung sich ihrer Macht begeben und wirklich zu Badeknechten
werden, sowenig wird der große Dichter und Adelsherr durch die
eine Stunde mit Pfriem und Leisten zum Schuster, durch die zwei
Stunden Feldarbeit schon zum Bauern, durch die Vermögensübertragung an seine Hausgenossen zum wirklichen Bettler. Tolstoi
demonstrierte zuerst nur die *Erfüllbarkeit* seiner Lehre, aber er
erfüllt sie nicht. Gerade aber dies hatte das Volk, dem Symbole
(aus einem tiefen Instinkt) nicht genügen und das nur ein vollkommenes Opfer zu überzeugen vermag, von Leo Tolstoi erwartet,
denn immer legen die ersten Anhänger ihres Meisters Lehre viel
buchstabengenauer und strenger und wortwörtlicher aus als der
Lehrer selbst. Darum jene profunde Enttäuschung, da sie, zu dem
Propheten der freiwilligen Armut pilgernd, bemerken müssen, daß
genau wie auf den andern Adelssitzen, die Bauern von Jasnaja
Poljana weiterhin im Elend sielen, er aber, Leo Tolstoi, ganz wie
vordem die Gäste als Graf im Herrenhaus herrschaftlich empfängt
und somit immer noch der »Klasse von Menschen« angehört, »die

250

durch allerlei Kunstgriffe dem Volk das Notwendige rauben«. Jene laut angekündigte Vermögensübertragung wird ihnen nicht eingängig als tatsächlicher Verzicht, sein Nichtmehrhaben nicht als Armut, sehen sie doch weiterhin den Dichter im Vollgenuß aller bisherigen Bequemlichkeit, und selbst die Stunde Ackern und Schustern vermag sie keineswegs zu überzeugen. »Was ist das für ein Mensch, der das eine predigt und das andere tut?«, murrt entrüstet ein alter Bauer, und härter noch äußern sich die Studenten und wirklichen Kommunisten über dies zweideutige Schwanken zwischen Lehre und Tat. Allmählich ergreift die Enttäuschung über seine halbe Haltung gerade die überzeugtesten Anhänger seiner Theorien: Briefe und oft pöbelhafte Angriffe mahnen immer vehementer, entweder sich zu dementieren oder endlich die Lehre wortwörtlich und nicht nur in symbolischen Gelegenheitsbeispielen zu erfüllen.

Aufgeschreckt durch diesen Anruf, erkennt Tolstoi endlich selbst, welch ungeheuren Anspruch er herausgefordert, und daß kein Diktum, sondern nur ein Faktum, nicht agitatorische Exempel, sondern nur vollkommene Umformung der Lebensführung seine Botschaft verlebendigen könne. Wer als Sprecher und Versprecher auf öffentlicher Tribüne steht, auf der höchsten des neunzehnten Jahrhunderts, erhellt vom grellen Scheinwerferlicht des Ruhms, überwacht von Millionen Augenpaaren, der muß auf alles private und konziliante Leben endgültig Verzicht leisten, der darf seine Gesinnung nicht bloß gelegentlich andeuten durch Symbole, sondern braucht als gültigen Zeugen die wirkliche Opfertat: »Um von den Menschen gehört zu werden, muß man die Wahrheit durch Leiden erhärten, noch besser durch den Tod.« So wächst Tolstoi für sein persönliches Dasein eine Verpflichtung entgegen, die der apostolische Doktrinär niemals geahnt. Mit Schauern, verstört, seiner Kraft nicht gewiß, bis in die unterste Seelentiefe verängstigt, nimmt Tolstoi das Kreuz auf sich, das er sich mit seiner Lehre aufgeladen, nämlich von nun an mit jeder Handlung seines Daseins restlos seine sittlichen Forderungen zu verbildlichen und inmitten einer spottfreudigen und geschwätzigen Welt ein heiliger Diener seiner religiösen Überzeugung zu sein.

Ein Heiliger: das Wort ist ausgesprochen, aller lächelnden Ironie zu Trotz. Denn gewiß scheint zunächst der Heilige in unserer ernüchterten Zeit vollkommen absurd und unmöglich, ein Anachronismus verschollenen Mittelalters. Aber nur die Embleme und die kultische Umschalung eines jeden seelischen Typs unterliegen der Vergängnis; jeder Typus selbst kehrt folgerichtig und zwanghaft immer wieder zurück in jenem unabsehbaren Spiel der Analogien, das wir Geschichte nennen. Immer und in jeder Epoche werden Menschen ein heiliges Dasein versuchen müssen, weil das religiöse Gefühl der Menschheit diese höchste Seelenform immer wieder neu benötigt und erschafft; nur wird ihre Vollführung sich äußerlich wandeln müssen am Wandel der Zeit. Unser Begriff von der Durchheiligung des Daseins kraft geistiger Inbrunst hat nichts mehr zu tun mit den holzschnitthaften Figuren der Legenda aurea und der Säulenstarre der Wüstenväter, denn wir haben die Gestalt des Heiligen längst abgelöst von dem Spruch theologischer Konzile und päpstlicher Konklaven – »heilig« bedeutet für uns heute einzig heroisch im Sinne der vollkommenen Hingabe des Daseins an eine religiös durchlebte Idee. Nicht um einen Zollstrich dünkt uns die intellektuelle Ekstase, die weltverleugnende Einsamkeit des Gott-Töters von Sils-Maria oder die erschütternde Bedürfnislosigkeit des Diamantschleifers von Amsterdam geringer, als die Ekstase eines fanatischen Dorngeißlers; selbst jenseits alles Wundertums, bei Schreibmaschine und elektrischem Licht, mitten in unseren querschnittigen, helligkeitserfüllten, menschendurchfluteten Städten ist der Geistheilige als der Blutzeuge des Gewissens auch heute noch möglich; nur tut es uns nicht mehr not, diese Wunderbaren und Seltenen als göttlich Unfehlbare und irdisch Unanfechtbare zu betrachten, sondern im Gegenteil: wir lieben diese großartigen

Versucher, diese gefährlich Versuchten gerade in ihren Krisen und Kämpfen und am tiefsten nicht trotz, sondern eben in ihrer Fehlbarkeit. Denn unser Geschlecht will seine Heiligen nicht mehr als Gottesgesandte eines überirdischen Jenseits verehren, sondern gerade als die allerirdischsten unter den Menschen.

Darum ergreift bei dem ungeheuren Versuche Tolstois um die vorbildliche Form seines Lebens uns gerade am meisten sein Schwanken, und daß er in letzter Erfüllung menschlich versagt, scheint uns erschütternder, als sein Heiligsein uns gewesen wäre. Hic incipit tragoedia! Im Augenblicke, da Tolstoi die heroische Aufgabe unternimmt, aus den zeitlich konventionellen Lebensformen herauszutreten und nur die zeitlosen seines Gewissens zu verwirklichen, wird sein Leben notwendigerweise tragisches Schauspiel, größer als irgendeines, das wir seit Friedrich Nietzsches Empörung und Untergang gesehen. Denn eine solche gewaltsame Ablösung aus allen eingewachsenen Beziehungen der Familie, der Adelswelt, des Eigentums, der Zeitgesetze kann nie geschehen, ohne ein tausendgliedriges Nervengeflecht zu zerfetzen, ohne sich selbst und seine Nächsten auf das schmerzhafteste zu verwunden. Aber Tolstoi fürchtet keineswegs den Schmerz, im Gegenteil sogar, als echter Russe und darum Extremist dürstet er geradezu nach wirklicher Qual als dem sichtlichen Beweis seiner Wahrhaftigkeit. Er ist längst müde der Gemächlichkeit seines Daseins; das flache Familienglück, der Ruhm seiner Werke, die Ehrfurcht seiner Mitmenschen ekeln ihn an – unbewußt sehnt sich der schöpferische Mensch in ihm nach gespannterem vielfältigerem Schicksal, nach einer tieferen Vermischung mit den Urkräften der Menschheit, nach Armut, Not und dem Leiden, dessen schöpferischen Sinn er seit seiner Krise zum erstenmal erkennt. Er möchte, um die Reinheit seiner Demutslehre apostolisch zu bezeugen, das Leben des niedrigsten Menschen führen, ohne Haus, ohne Geld, ohne Familie, beschmutzt, verlaust, verachtet, vom Staat verfolgt, von der Kirche verstoßen. Er möchte im eigenen Fleisch und Bein und Hirn erleben, was er als die wichtigste und einzige seelenträchtige Form eines wahren Menschen in seinen Büchern geschildert: den Heimatlosen, Besitzlosen, den der Wind des Schicksals wie ein Herbstblatt vor sich hinjagt. Tolstoi verlangt – und hier baut die große Künstlerin Geschichte wieder eine ihrer genialen und ironischen Antithesen – aus innerstem Willen eigentlich genau nach dem Schicksal, das seinem Gegenspieler Dostojewski, diesem aber wider seinen Willen, verhängt gewesen. Denn Dostojewski erlebt alles an offensichtlichem Leiden, an Grausamkeit und Haß des Geschicks, was Tolstoi aus pädagogischem Prinzip, aus Märtyrergier gewaltsam erleben möchte. Dostojewski klebt die echte, quälende, brennende, freudenaussaugende Armut wie ein Nessushemd an, als Heimatloser schleppt er sich über alle Länder der Erde, Krankheit zerspellt seinen Körper, die Soldaten des Zaren binden ihn an den Todespfahl und werfen ihn in die Gefängnisse Sibiriens – alles, was Tolstoi zur Demonstration seiner Lehre als Märtyrer dieser Lehre durchaus erleben möchte, das ist jenem verschwenderisch zugeteilt, indes dem nach äußern, sichtbaren Leiden dürstenden Tolstoi nicht ein Tropfen Verfolgung und Armut zufällt.

Denn keine weltüberzeugende Bestätigung und Sichtbarmachung seines Leidenswillens will jemals Tolstoi gelingen. Überall sperrt ihm ein höhnisches und ironisches Schicksal den Weg zum Märtyrertum. Er möchte arm sein, sein Vermögen an die Menschheit schenken, nie mehr Geld aus seinen Schriften und Werken ziehen, aber seine Familie erlaubt ihm nicht, arm zu sein; wider seinen Willen wächst das große Vermögen ständig in seiner Hausgenossen Hand. Er möchte einsam sein; aber der Ruhm überflutet sein Haus mit Reportern und Neugierigen. Er möchte verachtet sein, aber je mehr er sich selber beschimpft und erniedrigt, je gehässiger er sein eigenes Werk herabsetzt und seine Aufrichtigkeit verdächtigt, um so ehrfürchtiger hängen die Menschen ihm an. Er möchte das Leben eines Bauern führen, in niederen rauchigen Hütten, unbekannt und ungestört, oder als Pilger und Bettler über die Straßen irren, aber die Familie umhüllt ihn mit Pflege und schiebt zu seiner Qual alle Bequemlichkeiten der Technik, die er öffentlich mißbilligt, bis in sein Zimmer hinein. Er möchte verfolgt sein, eingesperrt und geknutet – »es ist mir peinlich, in Freiheit zu leben« –, aber mit Sammetpfötchen weichen die Behörden ihm aus und begnügen sich damit, einzig seine Anhänger zu knuten und nach Sibirien zu schicken. So greift er zum Äußersten und beschimpft schließlich den Zaren, um endlich bestraft, verschickt, verurteilt zu werden, endlich einmal öffentlich die Revolte seiner Überzeugung zu büßen; jedoch Nikolaus II. entgegnet dem Beschwerde führenden Minister: »Ich bitte, Leo Tolstoi nicht anzurühren, ich habe nicht die Absicht, einen Märtyrer aus ihm zu machen.« Dies aber, gerade dies, Märtyrer seiner Überzeugung, wollte Tolstoi in den letzten Jahren durchaus werden, und gerade dies gestattet ihm das Schicksal nicht, ja, es entfaltet eine geradezu boshafte Fürsorge gegen diesen Leidenswilligen, daß ihm nur kein Leid geschehe. Wie ein Rasender, irrsinnig in seiner Gummizelle, so schlägt er im unsichtbaren Gefängnis seines Ruhms um sich; er bespeit seinen eigenen Namen, er schneidet dem Staat, der Kirche und allen Mächten grimmige Fratzen – aber man hört ihm höflich zu, den Hut in der Hand, und schont ihn als einen hochgeborenen und ungefährlichen Irren. Niemals gelingt ihm die sichtliche Tat, der endgültige Beweis, das ostentative Märtyrertum. Zwischen seinen Willen zur Kreuzigung und die Verwirklichung hat der Teufel den Ruhm gestellt, der alle Schläge des Schicksals auffängt und das Leiden nicht an ihn herankommen läßt.

Warum aber – so fragt ungeduldig das Mißtrauen aller seiner Anhänger und höhnisch der Spott seiner Gegner –, warum zerreißt Leo Tolstoi nicht mit entschlossenem Willen diesen peinlichen Widerspruch? Warum fegt er nicht das Haus rein von Reportern und Photographen, warum duldet er den Verkauf seiner Werke durch die Familie, warum gibt er statt dem eigenen immer wieder dem Willen seiner Umgebung nach, die in vollkommener Mißachtung seiner Forderungen unentwegt Reichtum, Behagen als höchste Güter der Erde anspricht? Warum handelt er nicht endlich eindeutig und klar nach dem Gebot seines Gewissens? Tolstoi hat selbst den Menschen auf diese furchtbare Frage nie geantwortet und niemals sich entschuldigt, im Gegenteil, keiner der müßigen Schwätzer, die mit schmutzigen Fingern auf den taghellen Widerspruch zwischen Wille und Wirksamkeit hindeuteten, verurteilte die Halbheit seines Handelns oder vielmehr seines Nichthandelns härter als er selbst. 1908 schreibt er in sein Tagebuch: »Wenn ich von mir als von einem Fremden reden hörte: ein Mensch, der in Luxus lebt, alles, was er kann, den Bauern nimmt, sie verhaften läßt und dabei das Christentum bekennt und predigt, Fünfkopekenstücke als Almosen austeilt und sich bei all seinen gemeinen Handlungen hinter seine liebe Frau verkriecht – ich würde mich nicht bedenken, einen solchen Menschen als Schuft zu bezeichnen! Und eben das müßte auch mir gesagt werden, damit ich mich von den Eitelkeiten der Welt lossage und nur der Seele lebe.« Nein, einen Leo Tolstoi brauchte niemand über seine moralischen Zweideutigkeiten aufzuklären, er zerriß sich selbst täglich die Seele an ihnen. Wenn er sich, im Tagebuch, die Frage ins Gewissen stößt, rotglühenden Brandstahl: »Sag, Leo Tolstoi, lebst du nach den Grundsätzen deiner Lehre?«, so antwortet die ingrimmige Verzweiflung: »Nein, ich sterbe vor Scham, ich bin schuldig und verdiene Verachtung«. Er war sich vollkommen darüber klar, daß nach seinem Glaubensbekenntnis zur Entbehrung logisch und ethisch nur eine einzige Lebensform für ihn möglich war: sein Haus zu verlassen, seinen Adelstitel, seine Kunst aufzugeben und als Pilger über die russischen Straßen zu ziehen. Zu diesem letzten notwendigsten und einzig überzeugenden Entschluß hat sich der

Bekenner jedoch niemals aufraffen können. Aber gerade dies Geheimnis seiner letzten Schwäche, diese Unfähigkeit zum prinzipiellen Radikalismus, will mir Tolstois letzte Schönheit bedeuten. Denn Vollkommenheit ist immer nur jenseits des Menschlichen möglich; jeder Heilige, selbst der Apostel der Sanftmut, muß hart sein können, er muß die fast übermenschliche, die inhumane Forderung an die Jünger stellen, daß sie Vater und Mutter, Weib und Kind gleichgültig hinter sich lassen um der Heiligkeit willen. Ein konsequentes, ein vollkommenes Leben läßt sich immer nur im luftleeren Raum eines abgelösten Individuums verwirklichen, nie in Bindung und Verbindung: darum führt zu allen Zeiten der Weg des Heiligen in die Wüste als die ihm einzig gemäße Hausung und Heimstatt. So müßte auch Tolstoi, sofern er die äußersten Konsequenzen seiner Lehre tätig verwirklichen will, wie von Kirche und Staat sich auch aus dem engeren, wärmeren und haftenderen Kreise der Familie loslösen: zu diesem brutalen, rücksichtslosen Gewaltakt aber fehlt dem allzu menschlichen Heiligen dreißig Jahre lang die Kraft. Zweimal war er geflohen, zweimal zurückgekehrt, denn der Gedanke, seine verstörte Frau könnte Selbstmord begehen, lähmt ihm in letzter Stunde den Willen, er kann sich nicht entschließen – dies seine geistige Schuld und seine menschliche Schönheit! –, einen einzigen Menschen aufzuopfern für seine abstrakte Idee. Lieber als sich mit den Kindern zu entzweien und die Gattin in den Selbstmord zu treiben, duldet er stöhnend das drückende Dach einer nur körperlichen Gemeinsamkeit; verzweifelt gibt er in entscheidenden Fragen, wie jener des Testaments und des Bücherverkaufes, seiner Familie nach und nimmt es eher auf sich, selbst zu leiden, als anderen Leiden zu verursachen. Er bescheidet sich schmerzlich, lieber ein brüchiger Mensch statt ein felsenharter Heiliger zu sein.

Denn auf sich und sich allein häuft er derart vor der Öffentlichkeit allen Anschein der Lauheit und Halbschlächtigkeit. Er weiß, jeder Bube darf nun seiner spotten, jeder Aufrichtige ihn bezweifeln, jeder seiner Anhänger ihn richten, aber dies und gerade *dies* wird nun Tolstois großartige Dulderart in all diesen dunklen Jahren, daß er mit hartverschlossenen Lippen die Beschuldigung der Zweideutigkeit hinnimmt, ohne sich jemals zu entschuldigen. »Möge meine Lage vor den Menschen falsch sein, vielleicht ist gerade das nötig«, schreibt er 1898 erschüttert in sein Tagebuch, und langsam beginnt er den besonderen Sinn seiner Prüfung zu erkennen, nämlich, daß dieses sein Märtyrertum ohne Triumph, dieses Unrechtleiden ohne Gegenwehr und Entschuldigung für ihn längst ein grimmigeres und gewichtigeres geworden ist, als ein Märtyrertum am Markte, jenes andere theatralische, gewesen wäre, das er vom Schicksal jahrelang ersehnt. »Ich wünschte oft, zu leiden und Verfolgung zu erdulden, aber das bedeutet, daß ich faul war und andere für mich arbeiten lassen wollte, dadurch daß sie mich quälen, während ich bloß zu leiden hätte.« Der ungeduldigste aller Menschen, der gern mit einem Ruck in die Qual hineingesprungen wäre und in überschwenglicher Büßerlust sich hätte verbrennen lassen am Opferpfahl seiner Überzeugung, erkennt, daß ihm als viel härtere Prüfung das Brennen am langsam schwelenden Feuer auferlegt ist: die Mißachtung der Uneingeweihten und die ewige Unruhe des eigenen wissenden Gewissens. Denn welch unaufhörliche Gewissensfolter für einen so wachen und unbelügbaren Selbstbeobachter, sich täglich neu eingestehen zu müssen, daß er, der irdische Mensch Leo Tolstoi, in seinem eigenen Haus und Leben nicht imstande ist, die ethischen Forderungen zu erfüllen, die der Apostel Leo Tolstoi an eine Millionenmenschheit stellt, und daß er trotzdem, seines eigenen Versagens bewußt, nicht innehält, weiter und weiter diese Lehre zu predigen! Daß er, der längst sich selbst nicht mehr glaubt, von den andern immer noch Gläubigkeit und Zustimmung fordert! Hier schwärt die Wunde, die eitrige Stelle in Tolstois Gewissen. Er weiß, daß die Mission, die er auf sich genommen, längst eine Rolle geworden ist, ein Schauspielstück der Demut, unablässig der Welt neu vorgespielt; sich selbst hat Tolstoi nie belogen, und eben daß er um seine Halbschlächtigkeiten und Posen genauer wußte als selbst seine erbittertsten Feinde, gerade das hat sein Leben zu einer intimen Tragödie gemacht. Wer wissen oder nur ahnen will, bis zu welchem Maße des Selbstekels und der Selbstzerschmetterung diese gequälte, und wahrheitswütige Seele sich gepeinigt hat, der lese jene Novelle, die man erst im Nachlaß gefunden hat, den »Vater Sergius«. Genau wie die heilige Therese, von ihren Visionen erschreckt, ihren Beichtvater ängstlich fragt, ob diese Verkündigungen wirklich von Gott und nicht vielleicht von seinem Widerpart, dem Teufel, ihr zugesandt seien, um ihren Hochmut herauszufordern, so fragt sich Tolstoi in jener Novelle, ob sein Lehren und Tun vor den Menschen wirklich göttlichen, also ethischen und hilfreichen Ursprungs sei oder nicht vom Teufel der Eitelkeit stamme, von Ruhmsucht und Freude am Weihrauch. In sehr durchsichtiger Verhüllung schildert er in jenem Heiligen seine eigne Situation in Jasnaja Poljana: wie zu ihm selbst die Gläubigen, die Neugierigen, die Pilger der Bewunderung, wandern zu jenem wundertätigen Mönch Hunderte Büßer und Verehrer. Aber gleich Tolstoi selbst fragt sich inmitten des Tumults seiner Anhänger, dieser Doppelgänger seines Gewissens, ob er, den alle als Heiligen verehren, tatsächlich heiligen Herzens lebe; er fragt sich: »In welchem Maße geschieht, was ich tue, Gott zuliebe und inwieweit nur um der Menschen willen?« Und zerschmetternd antwortet Tolstoi sich selbst durch Vater Sergius:

»Er fühlte in der Tiefe seiner Seele, daß der Teufel sein Wirken um Gottes willen durch ein anderes, nur auf den Ruhm bei den Menschen abgesehenes, vertauscht hatte. Er fühlte das; denn wie es ihm früher wohlgetan hatte, wenn man ihn nicht aus seiner Einsamkeit aufstörte, so war ihm jetzt diese Einsamkeit eine Qual.

259

Er fühlte sich durch die Besucher belästigt, sie machten ihn müde, doch in seinem innersten Herzen freute er sich über sie, freute sich über die Lobpreisungen, mit denen sie ihn überhäuften. Es blieb ihm immer weniger Zeit zu seelischer Stärkung und Gebet, mitunter dachte er, er sei einem Platze ähnlich, an dem eine Quelle gesprudelt hatte, eine schwache Quelle lebendigen Wassers, die aus ihm und durch ihn strömte; jetzt aber kann sich das Wasser nicht mehr ansammeln, wenn die Dürstenden herandrängen und einander stoßen, und sie haben alles zerstampft, es ist nur Schmutz übriggeblieben ... Es war jetzt keine Liebe mehr in ihm, keine Demut und auch keine Reinheit.«

Kann man furchtbarere Verurteilung sich erdenken als diese schneidende Selbstzurückweisung, die jede mögliche Vergötterung für immer erledigen soll? Mit diesem Bekenntnis zertrümmert Tolstoi für immer das für Lesebücher schon gestanzte Klischee des heiligen Mannes von Jasnaja Poljana; wie erschüttert zeigt sich das zerfleischte Gewissen eines brüchigen, unsicheren Menschen, der unter der Last seiner selbst aufgeladenen Verantwortung zusammenbricht, statt der Aureole des Heiligen. Die Bewunderung einer Welt, die scharwenzelnde Verhimmelung seiner Jünger, die Pilgerzüge jedes einzelnen Tags, all diese lärmenden und berauschenden Zustimmungen vermochten diesen mißtrauischen Geist, dieses unbestechliche Gewissen darüber nicht zu täuschen, wieviel Theatralisches in diesem literarisch aufgezogenen Christentum, wieviel Ruhmsucht in den eigenen Demütigungen versteckt war. Doch unersättlich in seiner Grausamkeit gegen sich selbst, bezweifelt in dieser symbolischen Autopsie Tolstoi die Ehrlichkeit sogar seines ersten Willens. Ganz ängstlich fragt er weiter durch seines Doppelgängers Mund: »Aber war nicht wenigstens eine ehrliche Absicht, Gott zu dienen, vorhanden?« Doch abermals schlägt die Antwort alle Pforten der Heiligkeit zu. »Ja, sie war vorhanden, aber alles ist beschmutzt und von Ruhm überwuchert. Es gibt keinen Gott für einen, der so gelebt hat wie ich um des Ruhmes vor den Menschen willen.« Er hat den Glauben vertan durch zu viel Reden und Tragieren der Gläubigkeit. Die Theaterpose vor der versammelten Literatur Europas, die pathetischen Gemeindebeichten statt einer schweigenden Demut, dies hat, so fühlt und bekennt hellseherisch Tolstoi, ihm seine vollkommene Heiligung unmöglich gemacht. Erst wenn er der Welt, dem Ruhm, der Eitelkeit entsagt, wird Vater Sergius, sein Gewissensbruder, sich seinem Gotte nähern; und es ist sein Wort, wenn er ihn sehnsüchtig am Ende seiner Irrfahrten sagen läßt: »Ich will ihn suchen.«

»Ich will ihn suchen« – nur dies Wort enthält Tolstois wahrsten Willen –, sein wirkliches Schicksal: kein Gottfinder zu sein, nur Gottsucher. Er ist kein Heiliger gewesen, kein welterlösender Prophet, nicht einmal ein vollkommen eindeutig ehrlicher Gestalter seines Lebens: er ist immer Mensch geblieben, großartig in manchen Augenblicken und in den nächsten wieder unwahrhaftig und eitel. Ein Mensch mit Schwächen, Unzulänglichkeiten und Zweideutigkeiten, aber immer dieser Fehler tragisch bewußt und mit einer Leidenschaftlichkeit ohnegleichen um Vollendung bemüht. Kein Heiliger, aber ein heiliger Wille, kein Gläubiger, aber eine titanische Glaubenskraft, Bildnis nicht des Göttlichen, das still gefaßt und beendet in sich ruht, sondern Symbol einer Menschheit, die nie befriedigt rasten darf auf ihrem Wege, sondern unablässig ringen muß um reinere Gestaltung, jede Stunde und jeden Tag.

Ein Tag aus dem Leben Tolstois

In der Familie ist mir traurig zumute, weil ich die Empfindungen meiner Angehörigen nicht teilen kann. Alles, was sie freut, die Schulprüfungen, der Erfolg in der Welt, die Einkäufe, alles das halte ich für ein Unglück und Übel für sie selbst, darf es aber nicht sagen. Ich darf es ja freilich und tue es auch, aber meine Worte werden von niemandem erfaßt.

Tagebuch

So bilde ich mir dank der Zeugnisse seiner Freunde und nach seinem eigenen Wort aus tausend einen einzigen Tag Leo Tolstois.

Frühmorgens: Der Schlaf fließt langsam ab von den Lidern des alten Mannes, er erwacht, sieht sich um – Morgenlicht färbt schon die Fenster, es wird Tag. Aus dunkler Verschattung taucht das Denken empor und als erstes Gefühl, das erstaunt beglückte: Ich lebe noch. Gestern abend, wie allnachts, hat er sich hingestreckt auf sein Bett, mit der demütigen Ergebung, sich nicht wieder zu erheben. Bei der flackernden Lampe hat er noch in sein Tagebuch vor das Datum des werdenden Tages die drei Buchstaben geschrieben: W. i. l., »Wenn ich lebe«, und wunderbar, noch einmal ist ihm die Gnade des Daseins geschenkt, er lebt, atmet noch, er ist gesund. Wie einen Gruß Gottes saugt er mit aufgetaner Lunge die Luft und mit grauen gierigen Augen das Licht: wunderbar, man lebt noch, man ist gesund. Dankbar steht er auf, der alte Mann, macht sich nackt, der Guß eiskalten Wassers rötet gut den wohlerhaltenen Leib. Mit turnerischer Lust beugt er, bis die Lunge stöhnt und die Gelenke knacken, den Oberkörper auf und nieder. Dann zieht er Hemd und Hausrock um die rotgescheuerte Haut, stößt die Fenster auf und fegt eigenhändig die Stube, wirft die krachenden Holzscheite ins flink aufprasselnde Feuer, sein eigener Diener, sein eigener Knecht.

Dann hinab in die Frühstücksstube. Sophia Andrejewna, die Töchter, der Sekretär, ein paar Freunde sind schon zur Stelle, im Samowar brodelt der Tee. Auf einem hohen Tablett bringt der Sekretär ihm den bunten Wust von Briefen, Zeitschriften, Büchern entgegen, bespickt mit Frankaturen aus vier Erdteilen. Mißmutig blickt Tolstoi auf den papiernen Turm. »Weihrauch und Belästigung«, denkt er im stillen; »Verwirrung jedenfalls! Man sollte mehr allein sein mit sich selbst und mit Gott, nicht immer Nabel des Weltalls spielen, sich all das fernhalten, was stört, verwirrt, was eitel, hoffärtig, ruhmsüchtig und unwahr macht. Besser, man schaufelte all das in den Ofen, um sich nicht zu verzetteln, nicht sich die Seele mit Hochmut zu verstören.« Aber die Neugier ist mächtiger, er durchblättert doch die gehäufte, wirre Vielfältigkeit von Bitten, Anklagen, Betteleien, geschäftlichen Anträgen, Besuchsankündigungen und loser Schwätzerei mit raschen knisternden Fingern. Ein Brahmane schreibt aus Indien, er hätte Buddha falsch verstanden, ein Verbrecher aus dem Zuchthaus erzählt seine Lebensgeschichte und will Rat, junge Menschen wenden sich an ihn in ihrer Verwirrung, Bettler in ihrer Verzweiflung, alle drängen sie demütig zu ihm, wie sie sagen, als dem einzigen, der ihnen helfen könnte, an das Gewissen der Welt. Die Runzeln auf der Stirn schneiden sich tiefer: »Wem kann ich helfen«, denkt er, »ich, der mir selbst nicht zu helfen weiß; von einem Tage zum andern gehe ich irre und suche mir neuen Sinn, um dieses unergründliche Leben zu ertragen, und rede großspurig von der Wahrheit, um mich zu täuschen. Was Wunder, daß sie da alle kommen und schreien: Leo Nikolajewitsch, lehre du uns das Leben! Lüge ist, was ich tue, Großtuerei und Gaukelspiel, in Wahrheit bin ich längst ausgeschöpft, weil ich mich verschwende, weil ich mich fortgieße an alle die tausend und aber tausend Menschen, statt mich in mir selber zu sammeln, weil ich rede und rede und rede, statt mich auszuschweigen und mein innerstes wahrstes Wort in der Stille zu hören. Aber ich darf die Menschen in ihrem Vertrauen nicht enttäuschen, ich muß ihnen antworten.« Einen Brief hält er länger und liest ihn zweimal, dreimal: den eines Studenten, der ihn ingrimmig schmäht, daß er Wasser predige und Wein trinke. Es sei Zeit, daß er endlich sein Haus verlasse, sein Eigentum an die Bauern gebe und Pilgrim werde auf den Straßen Gottes. »Er hat recht«, denkt Tolstoi, »er spricht mein Gewissen. Aber, wie ihm erklären, was ich mir selber nicht erklären kann, wie mich verteidigen, da er mich anklagt in meinem eigenen Namen?« Diesen einen Brief nimmt er mit sich, um ihn gleich zu beantworten, nun er aufsteht, in sein Arbeitszimmer zu gehen. An der Tür kommt der Sekretär noch nach und erinnert, zu Mittag habe sich der Korrespondent der »Times« angesagt für ein Interview: ob er ihn empfangen wolle. Tolstois Gesicht verfinstert sich. »Immer diese Zudringlichkeit! Was wollen sie denn von mir: nur in mein Leben gaffen. Was ich sage, steht in meinen Schriften; jeder, der lesen kann, vermag sie zu verstehen.« Aber irgendeine eitle Schwäche gibt doch rasch nach. »Meinetwegen«, sagt er, »aber nur für eine halbe Stunde.« Und kaum, daß er die Schwelle des Arbeitszimmers überschreitet, murrt schon das Gewissen: »Warum habe ich schon wieder nachgegeben; immer noch, mit grauen Haaren, eine Spanne vor dem Tode handle ich noch eitel und liefere mich aus an Menschengeschwätz, immer wieder werde ich schwach, wenn sie gegen mich andringen. Wann werde ich endlich lernen, mich zu verbergen, mich zu verschweigen! Hilf mir, Gott, hilf mir doch!«

Endlich allein mit sich im Arbeitszimmer. An den nackten Wänden hängen Sense, Rechen und Beil, auf dem gebohnten Grund steht fest, mehr Klotz als Ruhestatt, ein schwerer Sessel vor dem plumpen Tisch; eine Zelle, halb mönchisch, halb bäurisch. Vom letzten Tage liegt noch der Aufsatz halbfertig auf dem Tisch, »Gedanken über das Leben«. Er überliest seine eigenen Worte, streicht, ändert, setzt wieder an. Immer wieder stockt die rasche, übergroß kindliche Schrift. »Ich bin zu leichtfertig, ich bin zu ungeduldig. Wie kann ich über Gott schreiben, wenn ich mich über den Begriff noch nicht klar fühle, wenn ich selbst noch nicht fest stehe, und meine Gedanken schwanken von einem Tage zum andern? Wie soll ich deutlich sein und jedem verständlich, wenn ich über Gott spreche, den unaussprechlichen, und über das Leben, das ewig unverständliche? Was ich da unternehme, geht über meine Kraft. Mein Gott, wie sicher war ich früher, da ich dichterische Werke schrieb, den Menschen das Leben darbot, wie Er es vor uns hinge-stellt hat und nicht so, wie ich, ein alter, verwirrter, suchender Mann, mir wünsche, daß es wahrhaft sei. Ich bin kein Heiliger, nein, ich bin es nicht und sollte nicht die Menschen lehren; ich bin nur einer, dem Gott hellere Augen und bessere Sinne als Tausenden zugetan, damit er seine Welt rühme. Und vielleicht war ich wahrer und besser damals, als ich nur der Kunst diente, die ich jetzt so unsinnig verfluche.« Er hält inne und blickt sich unwillkürlich um, als könnte ihn jemand belauschen, wie er nun aus einer versteckten Lade die Novellen holt, an denen er jetzt heimlich arbeitet (denn öffentlich hat er ja die Kunst als eine »Überflüssigkeit«, eine »Sünde« verhöhnt und erniedrigt). Da sind sie, die heimlich geschriebenen, vor den Menschen versteckten Werke, »Hadschi Murat«, »Der gefälschte Coupon«; er blättert sie an und liest ein paar Seiten. Das Auge wird wieder warm. »Ja, das ist gut geschrieben«, fühlt er, »das ist gut! Daß ich seine Welt schildere, nur dazu hat mich Gott gerufen, nicht daß ich seine Gedanken verrate. Wie schön ist die Kunst, wie rein das Schaffen und wie qualvoll das Denken! Wie war ich glücklich damals, als ich jene Blätter schrieb, mir selber rannen die Tränen nieder, als ich den Frühlingsmorgen im ›Eheglück‹ schilderte, und noch nachts kam Sophia Andrejewna herein, mit brennenden Augen, und umarmte mich: beim Abschreiben mußte sie innehalten und mir danken, und wir waren glücklich die ganze Nacht, das ganze Leben. Aber ich kann jetzt nicht mehr zurück, ich darf die Menschen nicht mehr enttäuschen, ich muß weiter auf dem begonnenen Weg, weil sie von mir Hilfe erhoffen in ihrer Seelennot. Ich darf nicht innehalten, meine Tage sind gezählt.« Er seufzt auf und schiebt die geliebten Blätter wieder in das Versteck der Lade zurück; wie ein Lohnschreiber, stumm, ärgerlich schreibt er weiter an dem theoretischen Traktat, die Stirn zerfurcht und das Kinn so tief gebückt, daß der weiße Bart manchmal raschelnd über das Papier mitstreift.

Endlich Mittag! Genug getan für heute! Weg die Feder: er springt auf und wirbelt mit seinen flinken, kleinen Schritten die Treppe hinab. Dort hält schon der Reitknecht Delire, die Lieblingsstute, bereit. Ein Ruck in den Sattel, und schon strafft sich die beim Schreiben gebückte Gestalt, er scheint größer, stärker, jünger, lebendiger, als er, aufrecht sitzend, leicht und locker wie ein Kosak auf dem schmalhufigen Pferde gegen den Wald sprengt. Der weiße Bart wellt und weht im Sausen des Windes, weit und wollüstig öffnet er die Lippen, um den Brodem der Felder stärker in sich einzusaugen, Leben, das lebendige, im alternden Leib zu fühlen, und die Wollust des gerüttelten Blutes rauscht ihm warm und süß durch die Adern bis zu den Fingerspitzen und in die dröhnende Muschel des Ohres. Wie er jetzt in den jungen Wald einreitet, hält er plötzlich an, um zu sehen, noch einmal zu sehen, wie an der lenzlichen Sonne die klebrigen Knospen aufgebrochen schimmern und ein dünnes, zittriges Grün, zart wie Stickerei, in den Himmel halten. Mit scharfem Schenkeldruck drängt er das Pferd zu den Birken, sein Falkenauge beobachtet erregt, wie eine hinter der andern, vor und zurück, ein mikroskopisches Paternosterwerk, die Ameisen die Borke entlangziehen, die einen, beladen schon, mit dickem Bauch, die andern noch das Baummehl fassend mit ihren winzigen Filigranzangen. Minutenlang steht er reglos begeistert, der greise Patriarch, und blickt auf das Winzige im Ungeheuren, Tränen strömen ihm warm in den Bart. Wie wunderbar das ist, seit mehr als siebzig Jahren immer wieder neu wunderbar, dieser Gottesspiegel der Natur, still und sprechend zugleich, ewig von andern Bildern erfüllt, allzeit belebt und weiser in seiner Stille als alle Gedanken und Fragen. Unter ihm schnaubt ungeduldig das Pferd. Tolstoi erwacht aus seiner sinnenden Versunkenheit, drückt der Stute kräftig die Schenkel an die Flanken, um nun im Sausen des Windes nicht bloß das Kleine und Zärtliche, sondern auch Wildheit und Leidenschaft der Sinne zu fühlen. Und er reitet und reitet und reitet, glücklich und gedankenlos, reitet zwanzig Werst, bis schon glänzender Schweiß die Flanke der Stute weiß überschäumt. Dann lenkt er sie heimwärts in ruhigem Trab. Seine Augen sind ganz licht, seine Seele leicht, er ist glücklich und froh wie als Knabe in denselben Wäldern, auf demselben seit siebzig Jahren vertrauten Weg, der alte, uralte Mann.

Aber in der Nähe des Dorfes verfinstert sich plötzlich das übersonnte Gesicht. Sein fachmännischer Blick hat die Felder geprüft: hier liegt inmitten seines Gutsbereiches eins schlecht gehalten, verwahrlost, der Zaun abgefault und zur Hälfte wahrscheinlich verheizt, der Boden nicht gepflügt. Zornig reitet er heran, Auskunft zu fordern. Aus der Türe tritt barfüßig, mit versträhntem Haar und geducktem Blick eine schmutzige Frau; zwei, drei kleine, halbnackte Kinder drängen ängstlich nach an ihrem zerschlissenen Rock, und von rückwärts aus der niederen, rauchigen Hütte quäkt noch ein viertes. Gerunzelter Stirn forscht er nach dem Grund der Verwahrlosung. Die Frau flennt zusammenhanglose Worte, seit sechs Wochen sei ihr Mann im Gefängnis, verhaftet wegen Holzdiebstahls. Wie sollte sie sorgen ohne ihn, den Starken und Fleißigen, und er habe es doch nur aus Hunger getan, der Herr wisse ja selbst: die schlechte Ernte, die hohen Steuern, die Pacht. Die

Kinder, ihre Mutter flennen sehend, beginnen mitzuheulen, hastig greift Tolstoi in die Tasche und reicht, um jede weitere Erörterung abzuschneiden, ihr ein Geldstück hin. Dann reitet er rasch, ein Flüchtling, davon. Sein Antlitz ist düster, seine Freude verflogen. »Das also geschieht auf meinem – nein, auf dem Grunde, den ich meiner Frau und meinen Kindern geschenkt habe. Aber warum verstecke ich immer feig hinter meine Frau Mitwissen und Schuld? Ein Lügenspiel vor der Welt, nichts sonst war jene Vermögensüberweisung; denn genau, wie ich selbst von Bauernfron satt geworden bin, saugen jetzt die Meinen aus dieser Armut ihr Geld. Ich weiß doch: von dem Neubau des Hauses, in dem ich sitze, ist jeder Ziegel aus dieser Leibeigenen Schweiß gebacken, ihr steingewordenes Fleisch, ihre Arbeit. Wie durfte ich meiner Frau und meinen Kindern schenken, was mir nicht gehörte, die Erde jener Bauern, die sie pflügen und bestellen. Schämen muß ich mich vor Gott, in dessen Namen ich, Leo Tolstoi, immer Gerechtigkeit den Menschen predige, ich, dem täglich fremdes Elend in die Fenster sieht.« Ganz zornig ist sein Antlitz geworden und verdunkelt sich noch mehr, wie er jetzt an den steinernen Säulen vorbei in den »Herrensitz« einreitet. Der livrierte Lakai und der Reitknecht stürzen aus der Tür, um ihm vom Pferd zu helfen. »Meine Sklaven«, höhnt ingrimmig von innen die selbstanklägerische Scham.

Im weiträumigen Speisezimmer erwartet ihn schon die lange Tafel, blühweiß gedeckt und mit Silbergeschirr: die Gräfin, die Töchter, die Söhne, der Sekretär, der Hausarzt, die Französin, die Engländerin, ein paar Nachbarn, ein revolutionärer Student, als Hauslehrer angestellt, und dann jener englische Reporter: der breite Menschenbrei brodelt heiter durcheinander. Jetzt freilich, da er eintritt, bricht sofort ehrfürchtig das Lärmen ab. Ernst, adelshöflich begrüßt Tolstoi die Gäste und setzt sich an den Tisch, ohne ein Wort zu sprechen. Wie der livrierte Diener ihm jetzt seine erlesenen vegetarischen Gerichte hinstellt – Spargel, fremdländische Ware, auf das zärtlichste zubereitet –, muß er denken an die zerschlissene Frau, die Bäuerin, der er zehn Kopeken geschenkt. Finster sitzt er und sieht in sich hinein. »Wenn sie doch nur verstehen wollten, daß ich nicht so leben kann und will, umringt von Lakaien, vier Gänge zu Mittag, auf Silber mit allen Überflüssigkeiten, indes die anderen nicht das Nötigste haben; sie wissen doch alle, daß ich nur dies eine Opfer von ihnen begehre, nur dies eine, daß sie den Luxus lassen, diese schändliche Sünde an der von Gott gleichgewollten Menschheit. Aber sie, die meine Frau ist und meine Gedanken teilen sollte wie mein Bett und mein Leben, sie steht als Feind gegen meine Gedanken. Ein Mühlstein ist sie an meinem Hals, eine Gewissenslast, die mich hinabzieht in ein falsches, verlogenes Leben; längst sollte ich die Stricke zerschneiden, mit denen sie mich binden. Was habe ich noch mit ihnen zu tun? Sie stören mich in meinem Leben, und ich störe sie in dem ihren. Überflüssig bin ich hier, eine Last für mich und sie alle.«

Unwillkürlich feindselig hebt er den Blick aus seinem Zorn und sieht sie an, Sophia Andrejewna, seine Frau. Mein Gott, wie ist sie alt geworden und grau, auch ihr queren Falten die Stirn, auch ihr zerreißt Gram den verfallenen Mund. Und eine weiche Welle überflutet plötzlich des alten Mannes Herz. »Mein Gott«, denkt er, »wie sieht sie düster, wie sieht sie traurig aus, sie, die ich als junges, lachendes, unschuldiges Mädchen in mein Leben nahm. Ein Menschenalter, vierzig, fünfundvierzig Jahre leben wir nun zusammen, als ein Mädchen habe ich sie genommen, ich schon halb verbrauchter Mann, und sie hat mir dreizehn Kinder geboren. Meine Werke hat sie schaffen helfen, meine Kinder gesäugt, und ich, was habe ich aus ihr gemacht? Eine verzweifelte, fast wahnsinnige, überreizte Frau, der man die Schlafmittel versperren muß, damit sie nicht ihr Leben wegwirft, so unglücklich wurde sie durch mich. Und da, meine Söhne, ich weiß, sie mögen mich nicht, und da, meine Töchter, denen zehre ich die Jugend weg, und da, die Sekretäre, die jedes Wort aufschreiben und jedes meiner Worte aufpicken wie Spatzen den Pferdemist; schon haben sie den Balsam und Weihrauch im Kasten bereit, um meine Mumie für das Museum der Menschheit zu erhalten. Und dort dieser englische Laffe wartet schon mit dem Notizbuch, wie ich ihm ›das Leben‹ erklären werde – eine Sünde gegen Gott und gegen die Wahrheit ist dieser Tisch, dieses Haus, gräßlich geheimnislos und ohne Reinheit, und ich Lügner sitze behaglich in dieser Hölle und fühle mich warm und wohl, statt aufzuspringen und meinen Weg zu gehen. Es wäre besser für mich, es wäre besser für sie, wenn ich schon tot wäre: ich lebe zu lange und nicht wahr genug: längst ist meine Zeit schon gekommen.«

Wieder bietet ihm der Lakai einen Gang, süße Früchte, mit Milchschaum umrundet, in Eis gekühlt. Mit zorniger Handbewegung schiebt er die Silberschüssel zur Seite. »Ist das Essen nicht gut?« fragt ängstlich Sophia Andrejewna, »ist es zu schwer für dich?«

Aber Tolstoi antwortet nur bitter: »Das ist ja für mich das Schwere, daß es so gut ist.«

Die Söhne blicken verdrossen, die Frau befremdet, der Reporter angestrengt: man sieht, er will das Aphorisma behalten.

Endlich ist das Essen zu Ende, sie stehen auf und gehen in den Empfangsraum. Tolstoi debattiert mit dem jungen Revolutionär, der trotz aller Ehrfurcht ihm kühn und lebendig widerspricht. Tolstois Auge blitzt auf, er spricht wild, stoßhaft, beinahe schreiend; noch packt ihn jede Diskussion, wie früher die Jagd und das Tennisspiel, mit unbändiger Leidenschaft. Mit einem Mal ertappt er sich in seiner Wildheit, zwingt sich zur Demut, dämpft gewaltsam die Stimme: »Aber vielleicht irre ich mich, Gott hat seine Gedanken unter die Menschen verstreut, und niemand weiß, ob es die seinen oder die eigenen sind, die er ausspricht.« Und um abzulenken, muntert er die anderen auf: »Gehen wir ein wenig in den Park.«

Aber zuvor noch ein kleiner Halt. Unter der uralten Ulme, gegenüber der Schloßtreppe, an dem »Baum der Armen«, warten die Besucher aus dem Volk, die Bettler und Sektierer, die »Finsteren« auf Tolstoi. Zwanzig Meilen sind sie hergepilgert, Rat zu holen oder etwas Geld. Sonnverbrannt, müde, mit verstaubten Schuhen stehen sie da. Wie der »Herr«, der »Barin«, nun naht, beugen sich einige russisch bis zur Erde. Mit raschem, wehendem Schritt tritt Tolstoi auf sie zu. »Habt ihr Fragen?« – »Ich wollte fragen, Erlaucht ...« – »Ich bin nicht erlaucht, niemand ist erlaucht als Gott«, fährt Tolstoi ihn an. Das Bäuerlein dreht erschrocken die Mütze, endlich haspelt es umständliche Fragen heraus, ob wirklich die Erde nun den Bauern gehören sollte, und wann er sein Stück Feld für sich bekommen werde? Tolstoi antwortet ungeduldig, alles Unklare erbittert ihn. Dann kommt ein Förster an die Reihe mit allerhand Gottesfragen. Ob er lesen könne, fragt ihn Tolstoi, und als er bejaht, läßt er die Schrift »Was sollen wir tun?« holen und verabschiedet ihn. Dann drängen Bettler heran, einer nach dem andern. Rasch fertigt Tolstoi sie mit einem Fünfkopekenstück ab, ungeduldig schon. Wie er sich umwendet, bemerkt er, daß der Journalist ihn während der Verteilung photographiert hat. Wieder verdüstert sich sein Gesicht: »So bilden sie mich ab, Tolstoi, den Gütigen, bei den Bauern, den Almosenspender, den edlen, hilfreichen Mann. Aber der mir ins Herz sehen könnte, der wüßte, ich war nie gut, ich versuchte bloß, das Gutsein zu lernen. Nichts als mein Ich hat mich wahrhaft beschäftigt. Ich war nie hilfreich, in meinem ganzen Leben habe ich nicht die Hälfte dessen an die Armen verschenkt, was ich früher in Moskau in einer einzigen Nacht bei den Karten verspielte. Nie ist es mir eingefallen, Dostojewski, von dem ich wußte, daß er hungerte, die zweihundert Rubel zu schicken, die ihn erlöst hätten für einen Monat oder vielleicht für immer. Und

271

dennoch dulde ich, daß man mich feiert und rühmt als den edelsten Menschen, und weiß innen doch genau, daß ich erst im Anfang des Anfanges stehe.«

Es drängt ihn schon zu dem Spaziergang im Park, und so ungeduldig läuft das flinke alte Männchen mit dem flatternden Bart, daß die anderen kaum folgen können. Nein, jetzt nicht viel reden mehr: nur die Muskeln fühlen, die Geschmeidigkeit der Sehnen, ein wenig hinblicken auf das Tennisspiel der Töchter, die Unschuld des flinken körperlichen Spiels. Interessiert folgt er jeder Bewegung und lacht stolz bei jedem gelungenen Schlag, seine düstere Laune lockert sich auf, er plaudert und lacht, mit helleren beruhigteren Sinnen wandert er durch das weicher duftende Moos dahin. Aber dann wieder zurück in das Arbeitszimmer, ein wenig lesen, ein wenig ruhen: manchmal fühlt er sich schon recht müde, und die Beine werden ihm schwer. Wie er so allein liegt auf dem wachsledernen Sofa, die Augen geschlossen, und sich matt spürt und alt, denkt er im stillen: »Es ist doch gut so: wo ist die Zeit, die schreckliche, da ich mich noch vor dem Tode fürchtete wie vor einem Gespenst, mich vor ihm verstecken und verleugnen wollte. Jetzt habe ich keine Angst mehr, ja, ich fühle mich wohl, ihm so nahe zu sein.« Er lehnt sich zurück, die Gedanken schwärmen in der Stille. Manchmal zeichnet er mit dem Bleistift rasch ein Wort auf, dann bückt er lange und ernst vor sich hin. Und es ist schön, das Antlitz des alten Mannes, umwölkt von Sinnen und Traum, allein mit sich und mit seinen Gedanken.

Abends dann noch einmal hinab in den gesprächigen Kreis: ja, die Arbeit ist getan. Freund Goldenweiser, der Pianist, fragt, ob er etwas vorspielen dürfe. »Gern, gern!« Tolstoi lehnt am Klavier, die Hände über die Augen geschattet, damit niemand sehe, wie die Magie des verbundenen Klangs ihn ergreife. Er lauscht, die Lider geschlossen und tiefatmender Brust. Wunderbar, die Musik, die so laut verleugnete, wunderbar strömt sie ihm zu, alles Weiche auflockernd, sie macht nach all den schweren Gedanken die Seele wieder lind und gut. »Wie durfte ich sie schmähen, die Kunst«, denkt er still in sich hinein. »Wo ist Tröstung, wenn nicht bei ihr? Alles Denken verdüstert, alles Wissen verstört, und Gottes Gegenwart, wo anders fühlen wir sie deutlicher denn in des Künstlers Bild und Wort? Brüder seid ihr mir, Beethoven und Chopin, ich fühle eure Blicke jetzt ganz in mir ruhn, und der Menschheit Herz schlägt in mir auf: Verzeiht mir, ihr Brüder, daß ich euch schmähte.« Das Spiel endet mit einem hallenden Akkord, alle applaudieren, und Tolstoi nach einem kleinen Zögern gleichfalls. Alle Unrast in ihm ist genesen. Mit einem sanften Lachen tritt er in den versammelten Kreis und freut sich guten Gesprächs; endlich weht etwas wie Heiterkeit und Stille um ihn, der vielfältige Tag scheint vollkommen geendet.

Aber noch einmal, ehe er zu Bett geht, schreitet er hinein in sein Arbeitszimmer. Ehe der Tag endet, wird Tolstoi mit sich noch letztes Gericht halten, wird, wie immer, Rechenschaft von sich fordern für jede Stunde sowie für sein ganzes Leben. Aufgeschlagen liegt das Tagebuch, das Auge des Gewissens blickt ihn aus den leeren Blättern an. Tolstoi besinnt sich jeder Stunde des Tages und hält Gericht. Er gedenkt der Bauern, des selbstverschuldeten Elends, an dem er vorbeigeritten, ohne anders zu helfen als mit kleiner, erbärmlicher Münze. Er erinnert sich, ungeduldig gewesen zu sein mit den Bettlern, und der bösen Gedanken gegen seine Frau. All diese Schuld zeichnet er auf in sein Buch, das Buch der Anklage, und mit grimmigem Stift vermerkt er das Urteil »wieder träge gewesen, seelenlahm. Nicht genug Gutes getan! Noch immer habe ich nicht gelernt, das Schwere zu tun, die Menschen um mich zu lieben statt der Menschheit: hilf mir, Gott, hilf mir!«

Dann noch das Datum des nächsten Tages und das geheimnisvolle »W. i. l.«, Wenn ich lebe. Nun ist das Werk vollbracht, wieder ein Tag zu Ende gelebt. Gedrückter Schulter geht er hinüber ins

Nachbarzimmer, der alte Mann, legt die Bluse, die klotzigen Stiefel ab und wirft den Leib nieder, den schweren Leib ins Bett und denkt, wie immer, zuerst an den Tod. Noch flügeln Gedanken, die farbigen Falter, unruhig über ihn hin, aber mählich verlieren sie sich wie Schmetterlinge im Walde immer tieferen Dunkels. Schon mattet der Schlummer ganz nah nieder ...

Da plötzlich – er schreckt auf –, war das nicht ein Schritt? Ja, er hört einen Schritt nebenan, leise und schleicherisch, einen Schritt im Arbeitszimmer, und schon springt er auf, lautlos, halbnackt, und preßt die brennenden Augen an das Schlüsselloch. Ja, es ist Licht im Nachbarzimmer, jemand ist mit einer Lampe hineingetreten und wühlt in seinem Schreibtisch, blättert im geheimsten Tagebuch, um die Worte zu lesen, die Zwiesprache seines Gewissens: Sophia Andrejwna, seine Frau. Auch in seinem letzten Geheimnis belauert sie ihn, nicht mit Gott selbst lassen sie ihn allein; überall, überall in seinem Hause, in seinem Leben, in seiner Seele ist er umstellt von der Gier und der Neugier der Menschen. Seine Hände zittern vor Wut, schon greift er an die Klinke, die Türe plötzlich aufzureißen und loszufahren auf die eigene Frau, die ihn verraten. Aber im letzten Augenblick bezähmt er seinen Zorn: »Vielleicht ist auch dies mir als Prüfung auferlegt.« So schleppt er sich wieder zurück auf das Lager, stumm, ohne Atem, wie in einen ausgeronnenen Brunnen in sich selber hinablauschend. Und so liegt er noch lange wach, Leo Nikolajewitsch Tolstoi, der größte und mächtigste Mann seiner Zeit, verraten in seinem eigenen Hause, zerquält von Zweifeln und frierend vor Einsamkeit.

Entscheidung und Verklärung

Um an die Unsterblichkeit zu glauben, muß man hier ein unsterbliches Leben leben.

Tagebuch, 6. März 1896

1900. Als Zweiundsiebzigjähriger hat Leo Tolstoi die Schwelle des Jahrhunderts überschritten. Aufrecht im Geiste und doch schon legendarische Gestalt geht der heroische Greis seiner Vollendung entgegen. Milder als vordem leuchtet das Antlitz des alten Weltwanderers aus dem verschneiten Bart und wie durchscheinendes Pergament, überschrieben mit zahllosen Runzeln und Runen, die mählich gilbende Haut. Ein ergeben geduldiges Lächeln nistet jetzt gern um die beschwichtigte Lippe, seltener bäumt sich die buschige Braue im Zorn, nachsichtiger und abgeklärter mutet er an, der alte zornige Adam. »Wie gütig er geworden ist!« staunt der eigene Bruder, der ihn ein Leben lang immer nur als Aufbrausenden und Unbezähmbaren gekannt, und wirklich, die starke Leidenschaft beginnt abzuklingen, er hat sich müde gerungen und müde gequält: ein neuer Glanz von Güte übersonnt sein Antlitz im letzten Abendlicht. Ergreifend, nun das einstmals so düstere zu betrachten: es ist, als hätte die Natur achtzig Jahre lang nur deshalb so gewaltsam darin gewirkt, damit endlich in dieser letzten Form seine eigenste Schönheit offenbar werde, die große, wissende und verzeihende Hoheit des Greises. Und in dieser verklärten Gestalt nimmt die Menschheit Tolstois äußere Erscheinung in ihr Gedächtnis. So werden Geschlechter und Geschlechter noch ehrfürchtig sein ernstes und ruhendes Antlitz in der Seele bewahren.

Erst das Alter, das sonst das Bildnis heroischer Menschen mindert und zerstückt, gibt seinem verdüsterten Gesicht vollkommene Majestät. Härte ist Hoheit geworden, Leidenschaft zu Güte und allbrüderlichem Begreifen. Und wirklich, nur Frieden will der alte

Kämpfer, »Frieden mit Gott und den Menschen«, Frieden auch mit seinem bittersten Feind, mit dem Tod. Vorbei ist, gnädig vergangen die grause, die panische, die tierische Angst vor dem Sterben, beruhigten Blicks, in guter Bereitschaft sieht der uralte Mann der nahen Vergängnis entgegen. »Ich denke daran, daß es möglich sei, daß ich morgen nicht mehr leben werde, jeden Tag suche ich mich diesem Gedanken vertrauter zu machen und gewöhne mich immer mehr an ihn.« Und wunderbar: seit dieser Angstkrampf von dem lange Verstörten gewichen ist, sammelt sich wieder der bildnerische Sinn. Wie Goethe, der Greis, gerade im letzten Abendlicht noch heimkehrt von wissenschaftlicher Zerstreuung zu seinem »Hauptgeschäft«, so wendet Tolstoi, der Prediger, der Moralist im unwahrscheinlichen Jahrzehnt zwischen dem siebzigsten und achtzigsten Jahre noch einmal sich der Kunst, der lange verleugneten, zu: noch einmal ersteht im neuen Jahrhundert der gewaltigste Dichter des vergangenen Jahrhunderts und ebenso herrlich wie einst. Den ungeheuren Bogen seines Daseins kühn überwölbend, besinnt der Greis ein Erlebnis seiner Kosakenjahre und entformt ihm das iliadische Gedicht »Hadschi Murat«, klirrend von Waffen und Krieg – eine Heldenlegende, einfach und groß erzählt wie in seinen vollkommensten Tagen. Die Tragödie vom »Lebenden Leichnam«, die meisterlichen Erzählungen »Nach dem Ball«, »Kornej Wasiljew« und viele kleine Legenden bezeugen glorreich die Rückkehr und Reinigung des Künstlers vom Unmut des Moralisten; nirgends ahnte man in diesen Spätwerken eines Greises zerfaltete, müdegeschriebene Hand: unbestechlich und unbeirrbar wägt der graue Blick des Uralten das ewig erschütternde Schicksal der Menschen. Der Richter des Daseins ist wieder Dichter geworden, und ehrfürchtig beugt sich in seinen wunderbaren Altersbekenntnissen der einst vermessene Lebenslehrer vor der Unerforschlichkeit des Göttlichen: die ungeduldige Neugier nach den letzten Lebensfragen mildert sich zu einem demütigen Lauschen in die immer näher rauschende Welle der Unendlichkeit. Er ist wahrhaft weise geworden, Leo Tolstoi, in den letzten Jahren seines Daseins, aber noch nicht müde; unablässig, ein urweltlicher Bauer, durchwerkt er, bis der Stift den erkaltenden Händen entsinkt, im Tagebuch den unerschöpflichen Acker der Gedanken.

Denn noch darf der Unermüdliche nicht ruhen, dem als Sinn vom Schicksal auferlegt ist, bis zum äußersten Augenblick um die Wahrheit zu ringen. Eine letzte, die heiligste Arbeit wartet noch der Vollendung, und sie gilt nicht mehr dem Leben, sondern seinem eigenen nahenden Tod; ihn würdig und vorbildlich zu gestalten, wird dieses gewaltigen Bildners letzte Lebensmühe sein, an sie wendet er großartig die gesammelte Kraft. An keinem seiner Kunstwerke hat Tolstoi so lange und leidenschaftlich geschaffen, wie an seinem eigenen Tod: als ein echter und ungenügsamer Künstler, will er gerade diese letzte und allermenschlichste seiner Taten rein und makellos der Menschheit übermitteln.

Dieses Ringen um einen reinen, einen lügenlosen, einen vollkommenen Tod wird die Entscheidungsschlacht im siebzigjährigen Kriege des Friedlosen um die Wahrhaftigkeit und gleichzeitig die opfervollste – denn sie geht gegen sein eigenes Blut. Eine letzte Tat ist noch zu vollbringen, der er sein Leben lang mit einer uns jetzt erst erklärbaren Scheu immer wieder ausgewichen: die endgültige und unwidersprechliche Loslösung von seinem Eigentum. Immer und immer, darin seinem Kutusow ähnlich, der die entscheidende Schlacht gern vermeiden will und in stetem strategischen Rückzug den furchtbaren Gegner zu besiegen hofft, war Tolstoi vor der endgültigen Verfügung über sein Vermögen zurückgeschreckt und vor seinem drängenden Gewissen in die »Weisheit des Nichthandelns« geflüchtet. Jeder Versuch, auf das Recht an seinen Werken auch über sein Leben hinaus zu verzichten, hatte den erbittertsten Widerstand der Familie gefunden, den mit einer brutalen Handlung gewaltsam zu überwinden er zu schwach und in Wahrheit zu menschlich war; so hatte er jahrelang sich beschränkt, persönlich kein Geld zu berühren und von seinen Einnahmen keinen Gebrauch zu machen. Aber – so klagt er sich selbst an – »diesem Ignorieren lag der Umstand zugrunde, daß ich prinzipiell alles Eigentum verneinte und aus falschem Schamgefühl vor den Menschen mich um mein Eigentum nicht kümmerte, damit man mich nicht der Inkonsequenz beschuldige«. Immer wieder, nach den verschiedensten fruchtlosen Versuchen, deren jeder eine Tragödie im engsten Kreise der Seinen zeitigt, schiebt er die klare und bindende Entscheidung über sein Vermächtnis von sich selbst weg und in einen unbestimmten Zeitpunkt hinaus. Aber 1908, im achtzigsten Jahre, da die Familie das Jubiläum zu einer mit reichlichem Kapital unternommenen Gesamtausgabe benutzt, ist es dem öffentlichen Feinde alles Eigentums nicht mehr möglich, tatenlos zu bleiben; im achtzigsten Jahre muß sich Leo Tolstoi mit offenem Visier dem Entscheidungskampf stellen. Und so wird Jasnaja Poljana, der Pilgerort Rußlands, hinter verschlossenen Türen der Schauplatz eines Kampfes zwischen Tolstoi und den Seinen, der um so grimmiger und gräßlicher ist, als er um ein Kleinliches geht, um Geld, und von dessen Grauenhaftigkeit selbst die grellen Schreie des Tagebuches nur unzulängliche Ahnung geben. »Wie schwer ist es doch, sich von diesem schmutzigen, sündigen Eigentum loszumachen«, stöhnt er auf in diesen Tagen (25. Juli 1908), denn an diesem Eigentum zerrt mit verkrallten Nägeln die halbe Familie. Szenen aus Kolportageromanen ärgster Art, erbrochene Läden, durchwühlte Schränke, belauschte Gespräche, Versuche der Entmündigung, wechseln mit tragischesten Augenblicken, mit Selbstmordversuchen der Frau und Fluchtdrohungen Tolstois: die »Hölle von Jasnaja Poljana«, wie er sie nennt, öffnet ihre Pforten. Aber gerade aus dieser äußersten Qual findet Tolstoi schließlich eine äußerste Entschlossenheit. Endlich, ein paar Monate vor seinem Tode, entschließt er sich um der Reinheit und Redlichkeit

278

dieses Todes willen, keine Zweideutigkeiten und Unklarheiten mehr zu dulden und ein Testament der Nachwelt zu hinterlassen, das undeutbar sein geistiges Eigentum der ganzen Menschheit überweist. Noch tut eine letzte Lüge not, um diese letzte Wahrhaftigkeit zu vollbringen. Da er im Haus sich belauscht und überwacht fühlt, reitet der Zweiundachtzigjährige zu scheinbar gleichgültigem Spazierritt in den Nachbarwald von Grumont, und dort, auf einem Baumstumpf – dramatischester Augenblick unseres Jahrhunderts –, unterschreibt Tolstoi in Gegenwart dreier Zeugen und der ungeduldig schnaubenden Pferde endlich jenes Blatt, das seinem Willen gültige Kraft und Geltung über sein Leben hinaus bezeugt.

Nun ist die Fußfessel hinter ihn geworfen, und er glaubt die entscheidende Tat getan. Aber die schwerste, die wichtigste und notwendigste wartet noch seiner. Denn kein Geheimnis hält stand in diesem menschendurchflackerten Hause des redseligen Gewissens, bald ahnt es die Frau, bald weiß es die Familie, daß Tolstoi heimliche Verfügung getroffen. Sie spüren dem Testament nach in Kästen und Schränken, durchforschen das Tagebuch, um eine Fährte zu finden, die Gräfin droht mit Selbstmord, wenn der verhaßte Helfer Tscherkow nicht seine Besuche einstelle. Da erkennt Tolstoi: hier inmitten von Leidenschaft, Gewinngier und Haß und Unruhe kann er sein letztes Kunstwerk, den vollendeten Tod, nicht gestalten; und Angst überkommt den greisen Mann, die Familie könnte ihn »in geistiger Hinsicht um jene kostbaren Minuten bringen, die vielleicht die herrlichsten sind«. Und mit einmal bricht aus der untersten Tiefe seines Gefühls wieder jener Gedanke auf, daß er um der Vollendung willen, wie das Evangelium fordert, Weib und Kinder lassen müsse, Besitz und Gewinn um der Heiligung willen. Zweimal war er schon geflohen, 1884 zum erstenmal, aber auf halbem Wege gebrach ihm die Kraft. Damals zwang er sich, heimzukehren zu seiner Frau, die in den Wehen lag und noch in derselben Nacht ihm ein Kind gebar – dieselbe Tochter Alexandra, die ihm nun zur Seite steht, sein Vermächtnis beschützt und bereit ist, ihm Helferin zu werden für den letzten Weg. Dreizehn Jahre später, 1897, bricht er zum zweitenmal aus und hinterläßt seiner Frau jenen unsterblichen Brief, mit der Darlegung seines Gewissenszwanges: »Ich beschloß zu fliehen, erstens, weil mich dieses Leben mit den zunehmenden Jahren immer mehr bedrückt und ich mich immer heftiger nach Einsamkeit sehne, und zweitens, weil die Kinder nun herangewachsen sind und meine Gegenwart im Haus nicht mehr nötig ist ... Die Hauptsache ist, daß – ähnlich wie die Inder in die Wälder entfliehen, wenn sie einmal das sechzigste Jahr erreicht haben – jeder religiöse Mensch im Alter den Wunsch fühlt, seine letzten Jahre Gott zu weihen und nicht dem Scherz und Spiel, dem Klatsch und dem Tennissport. So sehnt sich auch meine Seele nun, da ich in mein siebzigstes Jahr eingetreten bin, mit aller Macht nach Ruhe und Einsamkeit, um mit meinem Gewissen in Harmonie zu leben oder – wenn das nicht restlos gelingt – doch dem schreienden Mißverhältnis zwischen meinem Leben und meinem Glauben zu entfliehen.« Aber auch damals war er zurückgekehrt, aus überwogender Menschlichkeit. Noch war seine Kraft zu sich selbst nicht stark, der Ruf noch nicht mächtig genug. Aber nun, dreizehn Jahre nach jener zweiten, zweimal dreizehn Jahre nach jener ersten Flucht, hebt schmerzhafter als jemals das ungeheure Ziehen in die Ferne an, mächtig und magnetisch fühlt das eiserne Gewissen sich angerissen von der unerforschlichen Macht. Im Juli 1910 schreibt Tolstoi in das Tagebuch die Worte: »Ich kann nichts anderes außer Fliehen, und daran denke ich jetzt ernstlich, nun zeige dein Christentum. C'est le moment ou jamais. Hier bedarf doch keiner meiner Anwesenheit. Hilf mir, mein Gott, belehre mich, ich möchte nur eins, nicht meinen, nur Deinen Willen tun. Ich schreibe dies und frage mich: Ist es wirklich auch wahr? Spiele ich mich nicht nur so vor Dir auf? Hilf! Hilf! Hilf!« Aber immer noch zögert er, immer hält ihn die Angst um das Schicksal der andern zurück, immer erschrickt er selbst über seinen sündhaften Wunsch und horcht doch, schauernd über die eigene Seele gebeugt, ob nicht ein Anruf kommen wolle von innen, eine Botschaft von oben, die unwiderstehlich gebietet, wo der eigene Wille noch zögert und zagt. Gleichsam auf den Knien, im Gebet vor dem unerforschlichen Willen, dem er sich hingegeben und dessen Weisheit er vertraut, beichtet er im Tagebuch seine Angst und seine Unruhe. Wie ein Fieber ist dieses Warten im entzündeten Gewissen, wie ein einziges ungeheures Zittern dies Horchen im erschütterten Herzen. Und schon meint er sich ungehört vom Schicksal und dem Sinnlosen hingegeben.

Da, in der rechten und richtigsten Stunde, bricht eine Stimme in ihm auf, das uralte: »Stehe auf und erhebe dich, nimm Mantel und Pilgerstab!« der Legende. Und er rafft sich auf und schreitet seiner Vollendung entgegen.

Die Flucht zu Gott

Gott kann man sich nur allein nähern.
Tagebuch

Am 28. Oktober 1910, sechs Uhr morgens mag es sein, zwischen den Bäumen hängt noch stockdunkle Nacht, umschleichen ein paar Gestalten in sonderbarer Weise das Schloßhaus von Jasnaja Poljana. Schlüssel knacken, Türen klinken diebisch auf, im Stallstroh schirrt der Kutscher ganz vorsichtig, daß nur kein Lärm geschehe, die Pferde an den Wagen, in zwei Zimmern geistern unruhige Schatten, tappen mit abgeblendeten Taschenlaternen nach allerhand Paketen, öffnen Laden und Schränke. Dann gleiten sie durch lautlos aufgedrückte Türen, stolpern flüsternd durch das kotige Wurzelwerk des Parks. Dann rollt leise ein Wagen, den Weg vor dem Hause vermeidend, rückwärts zum Parktor hinaus.

Was geschieht da? Sind Einbrecher in das Schloß gedrungen? Umstellt endlich die Polizei des Zaren die Wohnung des allzu Verdächtigen, um eine Untersuchung vorzunehmen? Nein, niemand ist eingebrochen, sondern Leo Nikolajewitsch Tolstoi bricht wie ein Dieb, nur von seinem Arzt begleitet, aus dem Gefängnis seines Daseins. Der Ruf ist an ihn ergangen, ein Zeichen, unwiderleglich und entscheidend. Abermals hat er nachts die Frau überrascht, wie sie heimlich und hysterisch seine Papiere durchwühlt, und da ist plötzlich stahlhart und stoßhaft der Entschluß in ihm aufgesprungen, sie zu verlassen, »die seine Seele verlassen hat«, zu fliehen, irgendwohin, zu Gott hin, zu sich selbst, in den eigenen, ihm zugemessenen Tod. Plötzlich hat er über das Arbeitshemd den Mantel gestülpt, eine grobe Mütze aufgesetzt, die Gummischuhe angezogen, nichts anderes von seinem Eigentum mitnehmend, als was der Geist braucht, um sich der Menschheit zu übermitteln: das Tagebuch, Bleistift und Feder. Am Bahnhof kritzelt er noch einen Brief an seine Frau, sendet ihn heim durch den Kutscher: »Ich habe getan, was Greise meines Alters gewöhnlich tun, ich verlasse dieses weltliche Leben, um meine letzten Lebenstage in Abgeschiedenheit und Stille zu verbringen.« Dann steigen sie ein, und auf der schmierigen Bank eines Dritte-Klasse-Wagens sitzt, in den Mantel gehüllt, nur von seinem Arzt begleitet, Leo Tolstoi, der Flüchtling zu Gott.

Aber Leo Tolstoi, so nennt er sich nicht mehr. Wie weiland Karl der Fünfte, Herr zweier Welten, freiwillig die Insignien der Macht von sich legte, um sich einzugraben in den Sarg des Eskorials, so hat Tolstoi wie sein Geld, das Haus und den Ruhm, auch seinen Namen hinter sich geworfen; T. Nikolajew nennt er sich jetzt, erfundener Name eines, der sich ein neues Leben erfinden will und den reinen und richtigen Tod. Gelöst endlich alle Bande, nun kann er der Pilger sein auf fremden Straßen, Diener der Lehre und des aufrichtigen Worts. Im Kloster Schamardino nimmt er noch Abschied von seiner Schwester, der Äbtissin: zwei greise gebrechliche Gestalten sitzen beisammen inmitten von milden Mönchen, von Ruhe und rauschender Einsamkeit verklärt; wenige Tage später kommt die Tochter nach, das Kind, geboren in jener ersten mißlungenen Fluchtnacht. Aber auch hier in der Stille duldet es ihn nicht, er fürchtet erkannt, verfolgt, erreicht zu werden, noch einmal zurückgerissen in dieses unklare, unwahre Dasein im eigenen Haus. So weckt er, abermals von unsichtbarem Finger berührt, am 31. Oktober um vier Uhr morgens plötzlich die Tochter und drängt, weiterzufahren, irgendwohin, nach Bulgarien, nach dem Kaukasus, ins Ausland, irgendwohin, wo der Ruhm und die Menschen ihn nicht mehr erreichen, nur endlich in die Einsamkeit, hin zu sich selber, hin zu Gott.

Aber der furchtbare Widerpart seines Lebens, seiner Lehre, der Ruhm, sein Qualteufel und Versucher, noch läßt er sein Opfer nicht. Die Welt erlaubt nicht, daß »ihr« Tolstoi sich, seinem ureigenen, wissenden Willen gehöre. Kaum sitzt der Gejagte im Coupé, die Mütze tief in die Stirn gedrückt, und schon hat einer der Reisenden den großen Meister erkannt, schon wissen es alle im Zuge, schon ist das Geheimnis verraten, schon drängen außen an die Wagentür Männer und Frauen, ihn zu sehen. Die Zeitungen, die sie mit sich führen, bringen spaltenlange Berichte von dem kostbaren Tier, das dem Kerker entflohen, schon ist er verraten und umstellt, noch einmal, zum letztenmal steht der Ruhm auf Tolstois Weg zur Vollendung. Die Telegraphendrähte neben dem sausenden Zug surren von Botschaften, alle Stationen sind verständigt von der Polizei, alle Beamten mobilisiert, zu Hause bestellen sie bereits Extrazüge, und die Reporter jagen von Moskau, von Petersburg, von Nishnij-Nowgorod, von allen vier Flanken des Windes ihm nach, dem flüchtigen Wild. Der heilige Synod entsendet einen Priester, um den Reuigen zu fassen, und plötzlich steigt ein fremder Herr ein in den Zug, kommt wieder und wieder in immer neuer

Maske an dem Coupé vorbei, ein Detektiv: – nein, der Ruhm läßt seinen Sträfling nicht entfliehen. Leo Tolstoi soll und darf nicht allein mit sich sein, die Menschen dulden nicht, daß er sich selber gehöre und seine Heiligung erfülle.

Schon ist er umstellt, schon ist er umringt, kein Dickicht, in das er sich werfen kann. Wenn der Zug an die Grenze kommt, wird mit höflich gelüftetem Hut ein Beamter ihn begrüßen und ihm den Übertritt verweigern; wo immer er ausrasten will, wird der Ruhm sich ihm gegenübersetzen, breit, vielmündig und lärmend: nein, er kann nicht entkommen, die Kralle hält ihn fest. Aber da plötzlich bemerkt die Tochter, wie den greisen Körper des Vaters ein kalter Schauerfrost schüttelt. Erschöpft lehnt er sich an die harte Holzbank. Schweiß bricht aus allen Poren des Zitternden und tropft von der Stirn. Ein Fieber, aufgebrochen aus seinem Blute, Krankheit ist über ihn gekommen, um ihn zu retten. Und schon hebt der Tod seinen Mantel, den dunklen, ihn zu decken vor den Verfolgern.

In Astapowo, einer kleinen Bahnstation, müssen sie haltmachen, der Todkranke kann nicht mehr weiter. Kein Gasthof, kein Hotel, kein fürstlicher Raum, ihn zu bergen. Beschämt bietet der Stationsvorsteher sein Dienstzimmer an im einstöckigen Holzhaus des Bahngebäudes (Wallfahrtsstätte seitdem für die russische Welt). Man führt den Kälteschauernden hinein, und plötzlich ist alles wahr, was er geträumt; da ist das kleine Zimmer, niedrig und dumpf, voll Dunst und Armut, das eiserne Bett, das kärgliche Licht der Petroleumlampe – meilenweit weg mit einem Mal der Luxus und die Bequemlichkeit, vor der er geflohen ist. Im Sterben, im letzten Augenblick wird alles genau, wie sein innerster Wille gewollt: rein, schlackenlos, ein erhabenes Symbol fügt der Tod sich vollkommen seiner Künstlerhand. In wenigen Tagen türmt sich der großartige Bau dieses Sterbens empor, erhabene Bekräftigung seiner Lehre, nicht mehr zu unterwühlen von der Mißgunst der

Menschen, nicht mehr zu stören und zu zerstören in seiner urirdischen Einfachheit. Vergebens, daß draußen vor der verschlossenen Tür der Ruhm atemlos, mit lechzenden Lefzen lauert, daß die Reporter und Neugierigen, die Spione und Polizisten und Gendarmen, der vom Synod abgesandte Priester, die vom Zaren bestimmten Offiziere drängen und warten: ihre grelle und schamlose Geschäftigkeit vermag nichts mehr gegen diese unzerstörbare letzte Einsamkeit. Nur die Tochter hält Wache, ein Freund und der Arzt, stille und demütige Liebe umgibt ihn mit Schweigen. Auf dem Nachttisch liegt das kleine Tagebuch, sein Sprachrohr zu Gott, aber die fiebrigen Hände vermögen den Stift nicht mehr zu halten. So diktiert er aus jagender Lunge, mit verlöschender Stimme der Tochter noch seine letzten Gedanken, nennt Gott »jenes unbegrenzte All, von dem sich der Mensch als einen begrenzten Teil fühlt, seine Offenbarung in Stoff, Zeit und Raum« und verkündigt, daß die Vereinigung dieser irdischen Wesen mit dem Leben anderer Wesen einzig durch die Liebe geschehe. Zwei Tage vor seinem Tode spannt er noch alle seine Sinne, die obere Wahrheit, die unerreichbare, zu fassen. Dann erst schattet mählich die Dunkelheit über dieses strahlende Gehirn.

Draußen drängen die Menschen neugierig und frech. Er fühlt sie nicht mehr. Vor den Fenstern späht, von Reue gedemütigt, durch die Tränen ihrer strömenden Augen Sophia Andrejewna, seine Frau, herein, die ihm achtundvierzig Jahre verbunden war, um nur von ferne noch einmal sein Antlitz zu sehen: er erkennt sie nicht mehr. Immer fremder werden dem hellsichtigsten aller Menschen die Dinge des Lebens, immer dunkler und stockender rollt das Blut durch die brechenden Adern. In der Nacht des vierten Novembers rafft er sich noch einmal auf und stöhnt: »Aber die Bauern – wie sterben denn die Bauern?« Noch wehrt sich das ungeheure Leben gegen den ungeheuren Tod. Erst am 7. November kommt das Sterben über den Unsterblichen. Hin sinkt das weißumloderte Haupt in die Kissen, die Augen verlöschen, die wissender als alle die Welt gesehen. Und nun erst weiß der ungeduldige Sucher endlich die Wahrheit und den Sinn alles Lebens.

Ausklang

Der Mensch ist gestorben, aber sein Verhältnis zur Welt wirkt fort auf die Menschen und nicht nur so wie im Leben, sondern weit stärker, und seine Wirkung steigert sich an seiner Vernünftigkeit und Liebe und wächst wie alles Lebende ohne Pause und ohne Ende.

Brief

Einen menschheitlichen Menschen hat Maxim Gorki einmal Leo Tolstoi genannt: unübertreffliches Wort. Denn er war Mensch mit uns allen, geformt aus dem gleichen brüchigen Lehm und behaftet mit denselben irdischen Unzulänglichkeiten, aber tiefer um sie wissend, schmerzlicher an ihnen leidend. Nicht als ein andersartiger, ein höherer denn die andern seines Weltalters ist Leo Tolstoi gewesen, nur mehr Mensch als die meisten, sittlicher, hellsinniger, wacher und leidenschaftlicher – gleichsam ein erster und klarster Abdruck jener unsichtbaren Urform in des Weltkünstlers Werkstatt.

Dieses Bildnis des ewigen Menschen aber, von dem ein schattenhafter und oftmals schon unkenntlicher Entwurf uns allen zugrunde liegt, inmitten unserer vermengten Welt möglichst vollkommen zu entäußern, erwählt sich Tolstoi als eigentliche Lebenstat – eine nie beendbare, nie völlig erfüllbare und doppelt heldische darum. Er hat den Menschen gesucht in der äußersten Erscheinung dank einer unvergleichlichen Wahrhaftigkeit der Sinne, er hat ihn gesucht im Geheimnisraum des eigenen Gewissens, hinabdringend in Tiefen, die man nur erreicht, indem man sich verwundet. Mit einem grimmigen Ernst, mit einer unbarmherzigen Härte hat dieses vorbildlich ethische Genie rückhaltlos sich die Seele aufgewühlt, um jenes unser vollkommenes Urbild aus seiner irdischen Kruste zu befreien und der ganzen Menschheit ihr edleres und gottähnlicheres Antlitz zu zeigen. Nie ruhend, nie sich befriedend, nie seiner Kunst die arglose Freude des bloßen Formenspiels gönnend, arbeitet dieser unerschrockene Bildner achtzig Jahre an diesem großartigen Werke der Selbstvervollkommnung durch Selbstdarstellung. Seit Goethe hat kein Dichter derart sich selbst und gleichzeitig den ewigen Menschen offenbar gemacht.

Aber nur scheinbar hat dieser heroische Wille zur Weltversittlichung durch Prüfung und Prägung der eigenen Seele mit dem Atem dieses einmaligen Menschen geendet – unentwegt gestaltend und fortgestaltend wirkt der mächtige Impuls seines Wesens ins Lebendige weiter. Noch sind als Zeugen seiner Irdischkeit manche zur Stelle, die erschauernd in dies stahlgrau schneidende Auge geblickt, und doch ist längst schon der Mensch Tolstoi zum Mythos geworden, sein Leben eine hohe Legende der Menschheit und sein Kampf wider sich selbst ein Beispiel für unser und jedes Geschlecht. Denn alles aufopfernd Gedachte, alles heldisch Vollbrachte ist auf unserer engen Erde immer für alle geleistet, an jeder Größe eines Menschen gewinnt die Menschheit neues und größeres Maß. Nur an dem Selbstbekenntnis der inbrünstig Wahren ahnt der suchende Geist seine Grenzen und Gesetze. Nur dank der Selbstgestaltung seiner Künstler wird die Seele der Menschheit irdisch erfaßbar, der Genius Gestalt.